国家社科基金（编号：13BYY059）研究成果
国家语委后期资助项目（编号：HQ135-37）成果

刘楚群◎著

新词语构造与规范研究

中国社会科学出版社

图书在版编目(CIP)数据

新词语构造与规范研究 / 刘楚群著. —北京：中国社会科学出版社，2020.8
ISBN 978-7-5203-7045-5

Ⅰ.①新… Ⅱ.①刘… Ⅲ.①现代汉语—新词语—研究 Ⅳ.①H136

中国版本图书馆 CIP 数据核字(2020)第 159813 号

出 版 人	赵剑英
责任编辑	任　明
责任校对	韩天炜
责任印制	郝美娜

出　　版	中国社会科学出版社
社　　址	北京鼓楼西大街甲 158 号
邮　　编	100720
网　　址	http://www.csspw.cn
发 行 部	010-84083685
门 市 部	010-84029450
经　　销	新华书店及其他书店

印刷装订	北京君升印刷有限公司
版　　次	2020 年 8 月第 1 版
印　　次	2020 年 8 月第 1 次印刷

开　　本	710×1000　1/16
印　　张	19.25
插　　页	2
字　　数	326 千字
定　　价	98.00 元

凡购买中国社会科学出版社图书，如有质量问题请与本社营销中心联系调换
电话：010-84083683
版权所有　侵权必究

新时代的语言规范

——序刘楚群《新词语构造与规范研究》

刘楚群的《新词语构造与规范研究》，是他 2013 年度国家社科基金的研究成果。楚群 2012 年至 2015 年入教育部语用所博士后流动站，跟我和苏金智教授一起做博士后研究，进站之初即获国家社科基金项目。他本想在博后期间完成这个项目，但我当时更关心老年语言学问题，于是他便"一心二用"，同时做两个课题。楚群的博士后出站报告是《老年人口语非流利现象研究》，2018 年还获批老年语言研究的国家社科基金重点项目，但这也没有太影响他的语言规范研究，可说是"双丰收"。

楚群对新词语的造词效能和社会效应进行了深入的观察、描写和规则概括，在此基础上提出"中和诚雅"的语言规范观。这一规范观与古来的"雅正""中庸"观念相通，与当今构建和谐语言生活的理念相通，是很有价值的。

语言规范的理念、目标及具体内容，总与特定的国家语情、社会环境、时代背景相契合相关联。中国的语言规范活动可上溯周秦，规范成果主要体现在蒙学课本、字书辞书及经典文章之中，教育与科举是语言规范的两大发力处。读书人、做官人的语言规范观，上传承文脉，下影响社会，形成社会语言荣辱感的基础。现代语言规范活动起于清末，贯穿民国，语言规范的主要追求是言文一致、语言统一，意在通过语文现代化开启民智，救亡图存。

1949 年以来，语言规范承前以完成时代使命，启后而适应时代发展。70 年间推广普通话，改革整理汉字，制定汉语拼音方案，颁布《国家通用语言文字法》，实现语言文字的规范化、标准化和信息化，实现语言生活管理的法制化。国家语言资源初步得到保护，语言生活尽力追求和谐，国家和公民语言能力不断提升。

2020年是农历的庚子年，国内外形势都在发生巨大变化。全球化与"逆全球化"两种思潮在新冠疫情、经济合作、意识形态等领域激烈碰撞；互联网、物联网、人工智能推动数字经济快速发展；传统的维持与摈弃，新文化的创造与适应，同时积聚在一个历史时刻。在这个新时代，语言规范的民智基础、社会条件和目标内容都发生了重大变化，需要反思也需要前瞻。

第一，语言规范需要"百年反思"。

清末至今，现代语言规划走过了百余年路程，功绩巨大，史册早存。但是处在新的历史拐点上，也必须回顾百年之路，有所反思，有所校正。比如，语言的工具功能与文化功能的关系，语言的历史传承作用与对现实、未来的适应性，语言的人文功能与经济功能等。这些问题，牵涉到如何看待普通话与其他语言、方言的关系，如何看待汉字的前途命运，如何看待汉语拼音的功用，如何看待汉语与外语的关系等。特别是对百余年来发生的语言、文化争论，须站在当今历史制高点上给以新观察，有个新说法。当然，有些争论是周期性反复发生的，比如关于语言的历史传承作用与对现实、未来的适应性的争论，从清末、五四以来反复发生，有时连核心话语都成套再现。这些周期性轮发的有关"古今""中外""雅俗"的笔墨官司，不可能在今日了结，但也应有今日的看法。

第二，语言规范需要"高瞻远瞩"。

语言规范虽然规范的都是具体的语言文字现象，但也都有一定的语言目的和社会目标，语言规范是有理想的，不只是技术操作。语言规范是一种"评价-选择"活动，当某种语言现象具有表达分歧时，就需要评判这些分歧对语言活动的影响，需要确定诸分歧中的"优势变项"，需要采取合适的方式把优势变项推荐给社会。这种"评价-选择"活动，需要对语言内外的相关因素做出各种分析评价，而要评价得当，选择合适，必须了解语言和社会的发展规律，明察现状，洞察未来，需要登高望远。

当前，语言规范最需考虑的语言使用因素，主要有二：其一，语言生活是一个生态系统。各种语言及其变体同处共生，形成了一定的语言秩序和依存关系。语言规范须有语言生态系统意识，在规范某一具体语言现象时，须考虑与之有关的其他语言现象。其二，语言应用是多媒体、双空间、双"物种"的。语言使用的媒体条件发展迅速，有平面媒体、有声媒体和网络媒体，这些不同媒体正在快速地结合与融合，形成"全媒体、融媒体"的新局面。语言活动并不只发生在现实空间，虚拟空间的语言生活已经非常重要，并直接影响着、牵引着现实语言生活的发展变迁。语言交际多数是"人-机-机-人"模式，语言智能的发展已经将机器带入与人时时对话的生活状态，语言不仅是人类的，也是智能机器这个"物种"的。语言规范必须统筹考虑语言应用的多媒体、双空间、双"物种"这一新现实，不能只用"平面媒体意识、现实空间意识、'唯人'意识"去做语言规范。

语言规范最需考虑的社会因素，主要有四：其一，中华民族共同体意识。充分发挥国家通用语言的信息畅通、国家认同的功能，通过语言规范来维护国家统一、民族团结。也要处理好普通话与方言（特别是南方方言）和各民族语言的关系。其二，优秀传统文化传承。对待传统文化的态度关乎着民族的根脉，体现着文化自信，把传统看作包袱的观念已成历史。语言规范应当保留着古今通道，而不能削弱甚至切断古今文化的联系。其三，促进信息时代发展。信息时代是人们对工业时代之后的时代称谓，其实，它的社会形态和运作机理人们并不清楚，现在能够看到的是，语言智能将高度发达，社会空间、物理空间和"智能机器空间"（亦即常说的"虚拟空间、网络空间、信息空间"）的万事万物相互关联，甚至是通过自然语言进行关联。语言规范需要适应信息化，更要能够促进信息化。其四，人类命运共同体的构建。语言规范需要有国际视野，重视语言规范的国际合作。积极将汉语等语言规范国际化，以利于汉语及中国其他语言的国际学习和国际应用，同时也需要注意外语在中国的学习和使用规范。

站在新的时代高度反思历史，展望未来，校正路向，充分考虑前述的两大语言使用因素和四大社会因素，做好新时代的语言规范。语言规范需要"中和诚雅"的观念，对需要规范的语言现象要科学地"评价-选择"，同时还要有"资本意识"。依照社会学和经济语言学的观点看，语言规范也是重要的社会资本。规范的语言可以提升语言的社会资本和文化资本，良性的语言规范是提升语言资本的社会行为。个人掌握规范的语言，会增加自己的社会与文化资本；国家拥有规范的语言，会提升国家的社会与文化资本。认识到语言规范的资本价值，才能更有信心地做好语言规范工作。

李宇明
2020 年 8 月 8 日
序于北京惧闲聊斋

目 录

引言 ·· (1)

第一章　新词语概论 ·· (3)
第一节　新词语的界定 ································· (4)
　　一　新词和新语 ··· (4)
　　二　新词语的内涵 ······································ (6)
　　三　新词语的外延 ······································ (7)
第二节　新词语研究综述 ····························· (10)
　　一　新词语研究的分期 ································ (10)
　　二　新词语研究的内容 ································ (12)
第三节　新词语的生成特点 ·························· (16)
　　一　造词的类型化 ······································ (16)
　　二　事件的概念化 ······································ (20)
　　三　语言的游戏化 ······································ (21)
小结 ·· (23)

第二章　中国现代语言规范的时代演进 ············ (25)
第一节　民族觉醒和解放中的语言规范 ·········· (26)
　　一　白话文运动 ··· (28)
　　二　国语运动 ·· (31)
第二节　国家现代化进程中的语言规范 ·········· (33)
　　一　匡谬正俗、普及语言规范知识 ················ (34)
　　二　语言规范标准化、法制化 ······················ (38)
小结 ·· (43)

第三章　当代语境下新词语规范论争 (45)
第一节　新词语规范的理论探索 (46)
　　一　当代语言规范的理念 (46)
　　二　词汇规范及新词语规范的理念 (54)
　　三　新词语规范的操作原则 (57)
第二节　当代新词语规范论争 (58)
　　一　字母词规范论争 (59)
　　二　网络词语规范论争 (66)
第三节　新词语规范论争的文化解读 (75)
　　一　近代以来的文化转型 (75)
　　二　新词语规范之争的文化症结 (77)
　　三　语言文字的工具性和文化性 (79)
小结 (82)

第四章　新词语的造词效能 (84)
第一节　新词语音节特征考察 (85)
　　一　近年新词语的三音节倾向 (85)
　　二　三音节新词语大量产生的模因论理据 (87)
　　三　三音节新词语的模因方式 (90)
　　四　三音节新词语大量模因的语义和语法理据 (92)
第二节　别解造词现象考察 (96)
　　一　关于别解 (96)
　　二　别解造词的语言理据 (98)
　　三　别解造词的社会文化理据 (100)
　　四　别解造词的规范问题 (102)
第三节　亲属义类词缀造词现象考察 (103)
　　一　类词缀及亲属义类词缀 (103)
　　二　亲属义类词缀的造词理据及风格色彩 (106)
　　三　亲属义类词缀的衍生及语义特征 (110)
　　四　亲属义类词缀的造词能力 (115)
第四节　近义类词缀造词现象考察 (118)
　　一　"X族""X奴"的语义特点 (119)

二　"X族""X奴"的音节特点……………………………（120）
　　三　"X族""X奴"的语法性质……………………………（121）
　　四　"X族""X奴"的构造理据差异…………………………（122）
　　五　新词语规范的操作原则………………………………（125）
第五节　新词语个案考察……………………………………（127）
　　一　山寨……………………………………………………（127）
　　二　人肉搜索………………………………………………（132）
　　三　家庭煮夫………………………………………………（142）
小结……………………………………………………………（147）

第五章　新词语的社会效应……………………………（148）
第一节　新词语的社会共变…………………………………（148）
　　一　新词语记录社会的发展………………………………（149）
　　二　新词语反映社会的问题………………………………（151）
　　三　新词语与社会共变的计量分析………………………（159）
第二节　新词语的词媒体性…………………………………（164）
　　一　词媒体的传播优势……………………………………（165）
　　二　词媒体的传播效能……………………………………（167）
　　三　词媒体的负面评价语义倾向…………………………（171）
　　四　词媒体的生成模式……………………………………（172）
第三节　新词语的调侃效能…………………………………（175）
　　一　新词语的调侃性………………………………………（176）
　　二　调侃性新词语的特点…………………………………（177）
　　三　调侃性新词语的生成…………………………………（179）
第四节　新词语的社会知晓…………………………………（183）
　　一　新词语的社会知晓度…………………………………（184）
　　二　流行语的社会知晓度…………………………………（190）
小结……………………………………………………………（197）

第六章　当代语言规范观…………………………………（198）
第一节　语言规范的当代新语境……………………………（199）
　　一　时代文化的多元化……………………………………（199）

二　语言生活的多样化 …………………………………（201）
　　三　语言意识的多重化 …………………………………（204）
　　四　语言传播的全球化 …………………………………（207）
　　五　交际工具的智能化 …………………………………（209）
第二节　语言规范的当代理念 ………………………………（211）
　　一　语言规范要有国家观念 ……………………………（211）
　　二　语言规范要有包容意识 ……………………………（214）
　　三　要区分本体规范与使用规范 ………………………（216）
　　四　语言工具性要优先于文化性 ………………………（219）
　　五　"从今"要优先于"循古" …………………………（220）
第三节　当代新词语规范验察 ………………………………（223）
　　一　网络新词语的生成及规范问题 ……………………（225）
　　二　字母词的使用规范问题 ……………………………（235）
　　三　新词语规范的基本依据 ……………………………（248）
第四节　"中和诚雅"的当代语言规范观 …………………（250）
　　一　中国语言规范的历史演进 …………………………（251）
　　二　当代"中和"的语言本体规范观 …………………（260）
　　三　当代"诚雅"的言语行为规范观 …………………（269）
小结 ……………………………………………………………（284）

参考文献 …………………………………………………（286）

后记 ………………………………………………………（297）

引　言

　　新词语记录新的事物和现象，只要有新的事物和现象出现就一定有新词语出现，从古至今，新事物新现象层出不穷，新词语的出现也就从来没有中断过，尤其在社会转型或者发展比较快的时期，新词语的出现速度更加快捷。近代以来，中国社会转型和发展非常快，新事物新现象层出不穷，新思潮新观念日新月异，尤其是最近30多年来社会发展的速度几乎超过了历史上任何一个时期，因此新词语的出现又多又快。新词语的出现速度之快甚至超出了很多人的接受限度，从而产生了很多关于新词语规范与否的争议问题。

　　语言规范的争议本来主要是学术界的事，但是因为语言和人们的日常生活息息相关，语言和社会的联系非常紧密，因此很多语言规范的争议已经超出了学术的范围，向社会诸多领域和群体扩散了。特别是当代社会意识形态复杂，中国的文化转型又极其巨大，不同群体的思想观念、语言意识差别很大，因此有关语言规范问题的争议自然就非常多，比如近年来比较突出的字母词入典问题、网络语言使用问题、普通话和方言的关系问题、母语和外语的关系问题、汉语的纯洁与发展问题，等等。有些语言规范的争议很容易与社会问题、社会矛盾联系在一起，甚至有可能成为社会事件的导火索，引发社会的不安定，比如2010年广东"撑粤语"事件就是因语言使用问题而产生的不大不小的社会风波，2012年的所谓"百名学者状告《现代汉语词典》收录字母词违法"也在社会上产生了一定的负面影响。

　　新词语规范看起来是小事，但其实影响很大，一方面事关学术研究的科学性，另一方面还会关系到社会的和谐。田小琳（2004）指出，"规范在什么时候都是需要的，一个民族语言的规范化、标准化程度较高，是这个民族文化教育素养较高的表现，也是一个民族自立于世界民族之林的必备条件。不能因为新词新语的大量产生和使用而延缓规范的工作。"于根元（2006）认为，"研究新词新语不仅仅具有语言学的意义，具有语言本身就承载的人文精神的意义，而且具有社会学的意义，具有新时代精神的意义。从语言哲学的高视点来看，研究新词新语既具有语言工具的意义，也具有语言人文价值的意义；既具有语言工具理性的意义，又具有语言价值理性的意义，还具有语言审美理性的意义。"目前学界对新词语的研究尽管成果非常多，但主要是从语言本身的结构功能角度来考察，而从语言规范、语言和社会的关系、语言生活的角度展开研究的成果亟待加强。我们试图从语言与社会共变的理念出发去探究在当代文化大发展大繁荣背景之下新词语规范的科学理念和实践。

第一章

新词语概论

　　词汇是语言诸要素中最活跃的因素，是语言中最能跟上社会发展变化节奏的成员。语言中新词产生、旧词消亡、词义变化等都是社会发展变化的结果。美国学者布赖特（W. Pride）在他的《社会语言学》（1964）中提出了"语言和社会结构的共变"理论：当社会生活发生渐变或激变时，作为社会现象的语言会毫不含糊地随着社会生活进展的步伐而发生变化。语言作为社会必要的存在条件，作为一种特殊的社会现象，作为社会最重要的交际工具，它一方面对社会有绝对的依附性，另一方面，它对社会的发展有应变性。语言要适应社会的变化着的交际需要而不断地演变和发展，在语言和社会结构的共变中，它们相互接触，相互影响，相互作用，相互制约。社会生活的变化必然引起语言诸要素的变化（姚汉铭，1998）。这段话深刻地阐述了语言和社会发展的关系。进入近代以来，中国社会发生了翻天覆地的变化，新事物新现象新观念不断涌现，记载这些新内容的新词语相应地大量出现，所以今天的语言生活中时时处处充满着各种新词语，但新词语的数量到底有多少却是难以统计的。姑且不论层出不穷的科技新术语，即使是日常生活中到底有多少新词语，也是一个谁也说不清楚的问题。吕叔湘（1984）说，新词新义每天都在出现，不留意不觉得，一留意吃一惊。于根元（1998）说，当代汉语新词大量出现，每年以数百条的速度增加，从1978年至1998年二十年间约有7000条比较固定的新词诞生。沈孟璎编著的《新中国60年新词新语词典》收录了1949年至2009年出现的新词新语约7800条以及相关相近新词新语400余条。苏新春（2002）统计了1987年至2000年出版的19部新词语词典共收新词6万余条，不计重复也有37000余条。侯敏等人经过精心筛选，共搜获2006—2014年9年间的年度新词语5580个，平均每年约620个。尽管这其中大多数新词语都是词汇系统中的匆匆过客，昙花一现即销声匿迹了，能够最终保留下来的只是少数，但毋庸置疑，新词语的大量出现是一个无法否定的事实，它们忠实地记载了我们这个时代发展变化的轨迹和向前迈进的历程。曾荣汾（1998）认为，如要观察一个社会的演变，再没有比语词的观察更细致了。高楼大厦、车水马龙固然是社会环境演变的明显象征，但是未能如"虚拟医院、芳香疗法、霸机、网络咖啡"更加传神。了解青少年的心态，固然可以从服饰、行为去观察。但是若能一并去认识他们的特用语，如"炫、酷、逊、high、八卦、毙了"，那才叫了解今日的"Y世代、X世代"。对新词语的研究意义深远，不仅仅要了解语言本身的结构与功能，更要探究语言与社会的共变关系。陈章太（1994）指出，语文生活伴随着人类社会的产生、进步而存在、发展，它受语言文字本身的演变和社会多种因素（政治的、经济的、文化的等）的影响，因而不同时期、不同社会、不同国家、不同民族、不同地区常常有不同的语文生活。当今中国社会飞速发展，人们的观念急剧变化，大量的新词语如实地记录了这种发展变化。

第一节　新词语的界定

何谓新词语？新词语的范围有多大？这是探讨新词语相关特征之前首先必须解决的问题。本节先讨论新词语的内涵和外延，以确定我们的研究对象。

一　新词和新语

"词"和"语"的区分一直是汉语语法学界一个老大难的问题。吕叔湘（1979）指出：词的定义很难下，一般说它是"最小的自由活动的语言片段"，这仍然不十分明确，因为什么算是"自由活动"还有待于说明。词的两头都有划界问题：一头是如何区别单独成词的语素和单独不成词的语素；另一头是如何决定什么样的语素组合只是一个词，什么样的语素组合构成一个短语。一个语素组合是词还是短语？大致涉及五个因素：第一，这个组合能不能单用，这个组合的成分能不能单用；第二，这个组合能不能拆开，也就是这个组合的成分能不能变换位置或者让别的语素隔开；第三，这个组合的成分能不能扩展；第四，这个组合的意义是不是等于它的成分的意义的总和；第五，这个组合包含多少个语素，也就是它有多长。这其中每一个问题都非常复杂。邢福义（1996）也认为：典型的短语和典型的合成词有着明显的区别，然而，短语和合成词之间并没有严格的界限，无法一刀两断。短语和合成词纠缠不清之处，主要表现在双音节和三音节的现象上面。由于这种纠缠不清是不以人们意志为转移的客观事实，在语法分析中要确定一个单位是词还是短语，就只好人为地做出带有偏向性的规定。可以按照"音节基准"处理"两难"现象。但其实仍然有问题，因为到底是否"两难"，可以见仁见智，处理起具体现象来就会出现分歧。有个折中的办法，就是使用"短语词"。可见，不管用什么办法来解释有关事实，处理上出现分歧总是在所难免的。

既然，汉语中的词和短语是一个难以截然分开的东西，那么新词和新语之间自然就是剪不断理还乱的关系了。我们试从侯敏、杨尔弘主编的《2011汉语新词语》（商务印书馆2012年版）中随意挑出一些新词语来略作说明。如：

  a. 橙领、攒友、代堵、屌丝、房闹、官微、虎爸、混族、绿评、裸拼、恐聚、米聊、趴客、潘币、清望、瘦婚、刷库、糖妞、厅哥、微评、拖库、微讯

  b. 廉政隔离墙、旅游体验师、绿色买路钱、兰花草行动、满巢症候群、年会恐惧症、云海工程、娱乐反刍、微博外交、网络蓝军、团购新娘、最美妈妈

  c. 收视帝、私奔体、石墨门、睿智哥、扫帚姐、神棍节、微生活、鸟魂族、温跑跑、五钻女、限送令、云电视、蜘蛛鸡、被贫血、饼坚强、点心债

上边 a 类都是双音节，判断为词应该没什么争议；b 类都是四音节以上，判断为短语也应该没什么争议；但 c 类三音节的情况则比较复杂，在语法形式上不是太紧凑，中间往往可以插入某些成分，但在语义上其实又常常是作为整体来使用的，无论判作词还是短语都会有麻烦。

根据对近几年语言生活的检测分析，我们发现新词语在产生、传播、使用中，短语多而词少。新词语往往从短语开始，有些在减缩成词，减缩成为重要的造词手段。由于汉语词和短语的界限难判，词和短语相互勾

连，人们才把新产生的词汇单位智慧地叫作"新词语"，而一般不叫"新词"（李宇明，2007）。我们的主要目标是研究新词语的使用规范问题，无意从语言结构本身来讨论新词和新语的界限问题，因此无论新词还是新语都是我们的讨论对象，统称为新词语。

讨论新词语首先得确定新词语的内涵和外延。新词语的内涵指新词语的含义是什么，主要是界定"新"的时间范围；新词语的外延指哪些形式的词语算是新词语，即新词语包括哪些成员。

二 新词语的内涵

关于新词语的内涵，学界有很多说法。保加利亚语言学家阿塔纳索夫（A. D. Atanasov）认为，所谓新语条（Neolosismo），就是语言的使用者在常规的语条库中无法找到能确切表现他的思想、因而导入书面语或口头语中的新语词。吴启主（1990）认为，新词是指"内容新、形式新（面貌新）的词。新词在原来的词汇系统中一般没有，既包括利用原有的语言材料，按照固有的构词方法构成的内容新、形式新的词，也包括新吸收的音译外来词。胡裕树（1995）认为，新词是利用原有的语言材料，按原有的构词方式构成的。新词所表示的事物和概念都是新的。李建国（1996）认为，所谓新词语，就是新出现的、符合民族语言构词法则的、表义明确而能进行交际的词语。陈原（1997）认为，新的语词或者是新组合的、新引进的，或者是旧语词复活或被赋予新语义。周荐（2007）认为，新词语反映的是新近产生的事物、现象和概念。

很明显，新词语的内涵关键在于"新"。何谓"新"？"新"自是与"旧"相对，但"新"和"旧"之间没有明确的界限。葛本仪（2001）认为："判断新词，首先应该有一个时间概念，也就是说，必须立足于某一个时段上来认识新词。"曹炜（2004）认为新词语的时间是一个模糊的概念，出现多久以后的词语才不是新词语，这个问题难以界定。邢福义（2007）指出新词语具有时间性，各种《新词新语词典》中的新词语，其实都是"相对新词语"，都是跟旧词语或原有词语相对而言的。宗守云（2007）认为：论说时间、论说目的、论说主体等因素的不同会影响和制约着对新词语出现时间的不同认识，在界定新词语时间的时候，除了考虑科学性以外，还应该考虑研究的实用性、便利性、可接受性、可持续性。我们认为，既然"新"和"旧"都是相对的，所以可以根据研究的需要进行弹性处理。

我们的主要研究目的是解决新词语的规范问题，所以确定哪个时间点作为新词语的界限其实并不重要，讨论近 30 年等等都可以。有关新词语规范问题的讨论学界早在 20 世纪 80 年代就已经开始了，而有关语言规范问题的大规模讨论则在中华人民共和国成立初期就开始了。为操作方便，我们在对具体新词语进行结构考察时主要是讨论 21 世纪以来出现的新词语，特别是国家语委自 2005 年以来所公布的新词语是我们主要的语料来源，另外也会适当地补充其他来源的语料。而在讨论新词语规范的理念时也会涉及更早的新词语。

三　新词语的外延

新词语的外延指新词语包括哪些词语形式，不同的学者其表述或具体做法有差别。吕叔湘在《大家来关心新词新义》（1984）中提到的新词语包括词语的新构成、旧词新义和北京口语新词，并提出了一个新词语认定的著名原则："与其失之于严，无宁失之于宽。"姚汉铭（1990）认为新词语包括三类：一是从未出现过的；二是中华人民共和国成立前虽然存在，但在中华人民共和国成立以后几乎已经消失了，而最近几年又醒目地涌现出来的；三是几十年来一直存在着，但最近几年却以过去从未有过的新意义高频率地出现的。邢福义（2007）在《新词语的监测与搜获》中讨论的新词语，既包括采用新语表形式的词语，也包括增加了新义项的词语。宗守云（2007）的《新词语的立体透视》认为新词语有三种情形：新词形、新意义和新用法，当然三者也经常会纠缠在一起。

我们确定新词语的基本指导思想是吕叔湘先生的理念，"与其失之于严，无宁失之于宽。"凡是用来指称新事物、新现象、新规律的词语都是属于新词语，既包括新造的词语，也包括原有词语发展出新的意义或用法的词语，还包括从别的语言或方言中吸收过来的词语。具体说来包括如下七种类型：

第一类，新造词语。即利用汉语已有的造词材料和造词规则创造出来的新词语，此类新词语数量较大，而且一看就明白，不太容易出现理解障碍。如：

限塑、吸费、蛆柑、裸官、婚嫂、动卧、川震、蹭年、奥姐、

网政

住车族、言塞湖、宅生族、求职街、农二代、牛肉门、公健操、抄底团

问题奶粉、造福大学、纸上公司、三鹿事件、新兴经济体、万人购房团

上述新词语都来自侯敏、周荐主编的《2008汉语新词语》（商务印书馆2009年版），此类新词语都比较好理解，如"限塑"就是"限制塑料"，"住车族"就是"经常住车里的一类人"，"问题奶粉"就是"有质量问题的奶粉"。当然也有一些相对比较隐晦，使用了一定的修辞手法，如"童养蟹""言塞湖""裸官"等。

第二类，旧词新义。即在汉语已有词语的基础上衍生出新的意义或用法，从而产生了新词语，俗称为"旧瓶装新酒"。如：

雷：本指云层放电时发出的响声，新义指像人被雷击中一样的震惊、诧异。

山寨：本指山林中设有防守栅栏的地方，新义指具有仿制、假冒、廉价特点的行为或事物。

水军：本指水上作战的军队，新义指在互联网上灌水（发帖顶贴）的人。

打酱油：本指买酱油这一行为，"艳照门"事件后指对某事件反应冷淡、不关心，或对新闻炒作的无奈。

做俯卧撑：本指一种力量素质训练方式，瓮安事件后表达对某种说法的不信任和内心的不满，或对某件事不关心。

旧词出新义是语言的常见现象，是语言发展和充满活力的表现，汉语从古就有的词义引申其实就是一种旧词新义现象，只不过古代的词义引申相对要直接一点，新旧词义之间联系更紧密、更中规中矩一点，而今天的旧词新义现象更多了一点现代气息，有时甚至显得有点"无厘头"或搞笑的成分，比如"做俯卧撑""打酱油"。

第三类，外来词语。指从别的民族语言中借用来的词语，包括借形、借音、借义等情况。

a. 借形，即直接借用别的民族语言的词形。如"ok、high、e-mail、hold"等，这样的借形词虽然数量不多，但使用范围却比较广泛。

b. 借音，即把别的民族语言词语翻译成汉语的同音词语，这样的新词语数量比较多，汉语从诸多民族语言都吸收了借音新词语。如，来自德语的"纳粹（nazi）、海洛因（heorin）、马克思（Marx）"，来自英语的"酷（cool）、粉丝（fans）、秀（show）、黑客（hacker）、谷歌（google）"，来自俄语的"杜马、苏维埃"，来源于西班牙的"厄尔尼诺现象"等。

c. 借义，即用意译的方式吸收别的民族语言词语。如"超市（supermarket）、禁忌（taboo）、双胞胎（twins）、收音机（radio）"等。

第四类，从汉语方言及港台吸收的词语。方言是普通话的基础，方言词汇进入普通话从来就没有停止过，特别是广州、上海、北京等一些经济文化比较强势的地区其方言词语更容易进入普通话，而改革开放以来，大量的港台词语也涌入了汉语普通话。来自北京的新词语如"侃、宰、托儿、泡妞"，来自上海的新词语如"瘦身、打工、发廊、走秀、开盘、割肉、拷贝、模特儿、高尔夫"，来自广州的新词语如"按揭、靓、盗版、公关、文员、物业、义工、炒鱿鱼"，来自港台的新词语如"八卦、百分百"等。

第五类，来自互联网的新词语。互联网是新词语创造的狂欢场，每天都有不计其数的新词语在此产生，其构造形式千奇百怪而又五彩斑斓，如"灌水、潜水、偶、拍砖、顶、虾米、表、稀饭、酱紫、吐、衰、JJ、GG、ID、BT、PF、小P孩、3166、9494、520"等，此类新词语主要用于网络论坛或网络聊天室，不常网聊的人往往不太明白其含义。

第六类，新的字母词。字母词是当代汉语创造新词语的一种很常见的方式，以其简洁、快捷而大受追捧，这也是当代快节奏社会生活的反映。字母词常见有五种类型：一是来源于外文词语的缩略，如"WTO、NBA、GDP、IQ"；二是汉语拼音的缩略，如"GB、HSK、RMB"；三是由阿拉伯数字和西文字母混合而成，如"F1、3D、MP4、PM2.5"；四是由汉字和西文字母混合而成，如"卡拉OK、AA制、B超"；五是由阿拉伯数字、西文字母和汉字混合而成，如"4S店、4D影院"。

第七类，专业术语。专业术语的意义泛化或转移，从而扩大或改变了其使用范围或情感色彩，成为生活中的常用新词语。如"软件、硬件、启动、热处理、冷处理、套牢、触电、三聚氰胺"等，这些词语本都是某些领域的专业术语，现已进入大众视野，成为日常用语中的新词语。

当然，这七种类型之间是有交叉的，比如专业术语与新造词语、网络词语与字母词等之间就有概念的交叉。但我们的目的不是要对新词语的类型进行严格意义上的科学划分，只是想了解新词语的外延有多宽，新词语这个大家庭都包括哪些成员，所以即使这些类型相互之间有些交叉也不会影响我们对其使用特征和规范化问题的讨论。

第二节 新词语研究综述

当代汉语新词语研究肇始于20世纪80年代，首推吕叔湘先生的《大家来关心新词新义》（1984）和陈原先生的《关于新语条的出现及其社会意义》（1984），此后，新词语渐渐引起了学者们的关注。30多年来新词语研究成果众多，我们在2015年2月份以"新词"为主题词在中国知网上检索到相关论文达3600多篇，仅研究综述就有9篇，还有相关专著数十部。我们从如下三个方面进行总结。

一 新词语研究的分期

当代新词语研究三十多年，我们以世纪交替为分界点分成前后两段。

（一）20世纪的新词语研究

周洪波的《近年来汉语新词语的整理和研究》（1995）把改革开放之后十五年的新词语研究分成三个阶段：第一是酝酿阶段（1980—1983），标志性内容是王德春在《论词典的类型》（1980）中指出"及时编写新词词典是一项重要任务"，这一阶段的特点是出现了编写新词语词典的呼声，并有了零星的新词语札记。第二是发展阶段（1984—1989），标志性文章是吕叔湘的《大家来关心新词新义》（1984）以及陈原的《关于新语条的出现及其社会意义》（1984），这一阶段的特点是，由札记性、解说性的词条一跃而为多年本词典和理论性文章，势头较猛，辐射面广，研究也呈多角度、多层次和立体化的趋向。第三是思考阶段（1990—1995），标志性事件是1990年8月在江苏宜兴召开的"语法学修辞学研讨会"上王希杰提出应当"重新认识我们的研究对象——语言、语法现象和修辞现象"的主张。这一阶段的特点是，研究角度较新，视野更为开阔，注意引进新的理论和方法。词典由多年本跨入编年本，多年本也更趋成熟和完善。

周洪波的总结是科学合理的，符合新词语研究的实际状况，但总的看来，20世纪的最后20年，语言学的研究队伍并不壮大，当时的研究者主要集中在一些重点科研院所，所以研究成果相对来说数量不多，且研究者的目光主要集中在字典辞书的编纂及相关理论问题上，因此研究范围相对比较狭窄。

（二）21世纪以来的新词语研究

进入21世纪以来，语言学研究的队伍迅速壮大起来，分布在全国各个高校和科研院所，有关新词语研究的成果迅速增加，研究的角度也丰富复杂起来。开始全面探讨新词语的内涵、产生原因、类别、变异、造词等方面，还将新词语与其他学科的理论相结合，从社会心理、文化等角度观察新词语。我们2015年在中国知网（http：//search.cnki.net）以"新词"作为主题词、在"中国语言文字"目录之下、以1952年以来共60余年为时间段展开搜索，共找到3640篇文献，包括期刊论文、会议论文、硕博论文、报纸文章。通过"计量可视化分析"，显示新词语研究成果发展趋势如图1-2-1所示：

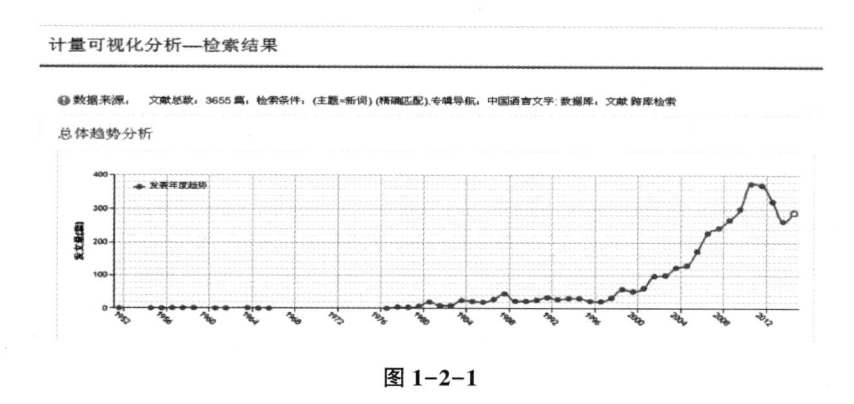

图 1-2-1

从趋势图可以看出，中华人民共和国成立到60年代只有极少量成果，而从改革开放到1983年（吕叔湘、陈原发表文章），每年发表的文献量基本在20篇以下，这一阶段算是新词语研究的酝酿阶段；从1984年到世纪之交，每年发表的文献量基本维持在20—40篇之间，曲线图比较平稳，这一阶段算是新词语研究的发展期；进入21世纪以来，新词语研究成果迅猛增加，年年都在增加，曲线图几乎是垂直上升，到 2010 年竟达到了近 400 篇，这一阶段是新词语研究的繁荣期。

21 世纪以来的新词语研究成果多，研究内容广泛，包括新词语的界定，新词语的来源及产生途径，新词语的音节、语法、语义、修辞等方面特征，具体新词语的考释，以及新词语与社会、文化的关系，新词语的规范化问题，新词语词典编纂，等等。其研究方法也多种多样，有传统的结构主义描写法，有新近的功能认知方法，也有社会语言学的调查统计方法，等等。

二　新词语研究的内容

自 80 年代以来，新词语研究成果卓著，研究内容丰富多彩，总体来说可以分成两大块，一是新词语的基本结构特点研究，二是新词语应用方面的研究。

（一）新词语的结构特点研究

对于任何一种语言现象，最基础的研究自然是了解其基本的结构特点和运用规律，新词语研究也不例外。学界对新词语基本结构特点的研究涉及面非常广泛，总体上可以分成宏观研究和微观研究，宏观研究主要包括新词语的界定、新词语的产生途径、新词语的音节语法语义修辞等方面的研究，微观研究主要是针对具体的某个或某类新词语进行多角度的解读。

第一，新词语的界定问题。

新词语的界定并不容易，不同学者看法也有一些差异。保加利亚语言学家 A. D. Atanasov 在其《世界语的语言本质论》（1983）中就下过定义。国内的吴启主（1990）、王铁昆（1991）、姚汉铭（1994）、刁晏斌（1994）、胡裕树（1995）、李建国（1996）、陈原（1997）、周永惠（1999）、周一民（2003）、周荐（2007）、邹嘉彦（2008）等诸多学者都做过探究。顾名思义，新词语应该是新近产生的词语，但"新近产生的词语"并不好界定，在四个方面存在争议。第一，怎么界定"新"的问题。"新"与"旧"相对，使用了多久的词语不算"新"呢？大致的时间当然是确定的，但具体的时间点并不好界定，一般可以根据研究的需要来确定，可以是 21 世纪以来的，也可以是新时期以来的，还可以是改革开放以来的，最远的可以是中华人民共和国成立以来的，再早产生的词语一般就不能算是新词语了。第二，对"语"的归属和界定问题。有人认为所谓新词语的范畴最好应该控制在"词"之内，不要扩大到短语，因为短语是语言单位临时组装起来的使用单位，其成员是无限的。但是"词"和"语"怎么区分，这一直就是一个老大难的问题，所以更多学者认为应该把新造短语也纳入新词语的范畴。但是"语"的上限并不好界定，多长的短语才纳入新词语的范畴呢？比如国家语委公布的 2008 年新词语："半小时经济圈、奥运指路地图衫、国民休闲计划、金融危机宝宝、两岸一日生活圈、南方雨雪冰冻灾害、5·12 汶川大地震"，这些新词语最长竟达到 8 个音节，那么新词语的音节界限在哪里？这个问题似乎并不好确定。另外什么结构关系的短语可以纳入新词语的范畴呢？比如国家语委公布的新词语把"被贫血、被现房、被上网、被小三、被上楼、被志愿、被明星"等"被XX"结构都收录进去了，但"很黄很暴力、很北京、很中国、很官僚"等"很+N"结构，以及"羡慕嫉妒恨、神马都是浮云"却并没有收录进去，其标准是什么？似乎也不好确定。第三，在"内容新"和"形式新"之间如何取舍的问题。有人主张只要内容新即可，有人则主张既要内容新也要形式新，这涉及到对旧词新义这一类词的取舍问题。现在一般倾向于把旧词新义现象都当作新词语对待，即只要有新的语义出现就算是新词语。第四，新词语是否要符合传统民族语言构词习惯问题。这涉及对待外来的字母词以及一些网络数字词、谐音词的合法性问题。如"WTO、AIDS、TOFEL、1314、520、886、酱紫、稀饭、大虾"等，对这些词的身份认同争议非常大，有人认为它们影响了汉语的纯洁性，应该排除出汉语，也有人认为它们恰好是汉语充满生机和活力的体现。总之，新词语的界定问题目前并没有很好解决。

第二，新词语的来源及产生途径。

关于新词语的来源及产生途径，姚汉铭（1990）、朱永锴和林伦伦（1999）、孙大军（2001）、刘晓梅（2003）、田宇贺（2003）等都做过详细探讨。现在一般认为新词语来源于五方面：新造词语、旧词新用、外来词（包括字母词）、方言词语及港台词语、网络新词语。

第三，新词语的音节、语法、语义、修辞等方面研究。

此类研究是新词语研究的主体，主要探讨新词语的基本结构及构造特征。关于新词语的音节特征，韩晨宇（2007）、张小平（2008）、刘禀诚和聂桂兰（2009）、邱雪玫和李葆嘉（2011）、刘楚群（2012）等诸多学者调查发现，新词语的音节特点表现为三音节和四音节词语数量明显增多，打破了汉语传统的以双音节为主的造词特征，这是概念复杂化在语言上的反映。关于新词语的语法、语义、修辞等方面的研究成果很多，研究角度也多，研究方法也多，如，刘大为（1997）、江傲霜（2004）、鄢春艳和刘建立（2006）、刘禀诚（2009）等，从认知语法的角度探究新词语的生成机制；赵金铭（1985）、沈孟璎（1986）、王海棻（1990）、徐晔松（1998）、马琳（2003）、张春华（2009）、杨振兰（2009）等，从词汇语义角度探究新词语的特征；沈孟璎（1988）、姚汉铭（1989）、周洪波（1994）、沈玉（2004）、王进安（2005）、刘楚群（2013）等从修辞角度探讨新词语的生成。总之，这方面的成果非常多，不一一赘述。

第四，具体新词语研究。

即研究单个新词语或某一类新词语，这方面论文数量最多，如，张谊生（2007）的"X门"、何洪峰（2010）的"被X"、于全有（2007）的"晒"族新词、李伟（2009）的"宅"词新解、邵长超（2009）的"裸X"再认识、胡丽珍（2008）的"奴"族新词、刘楚群（2010）的"X族"与"X奴"等等。宗守云的《新词语的立体透视》（2007）收录了其对二十多个新词语研究的论文。

(二) 新词语的应用研究

在语言的诸多要素中，词汇是与社会联系最紧密的部分，而新词语则是最能紧跟时代足迹的，新词语的研究自然离不开社会，离不开应用。从已有文献来看，新词语的应用研究主要包括三方面内容：

第一，新词语与社会、文化方面的研究。

语言与社会具有共变关系，新词语的出现和社会的发展变化息息相关。当代中国社会发展非常快，思想观念变化巨大，新词语出现数量非常多。通过新词语可以窥测社会发展变化的轨迹，通过社会的变化可以了解新词语产生的理据。诸多学者在这方面做了可贵的探讨，如，王德春《汉语新词语的社会文化背景》，王希杰《从新词语看语言与社会的关系》，张蕾《都市新词语与社会生活变迁》，赵喜桃、朱小琴《从汉语新词构造看汉民族思维方式》，曾祥喜《从当代汉语新词语看中国社会文化的变迁》等。还有人对新词语的社会认知度进行了田野调查，如，谢俊英《新词语与时尚词语社会知晓度调查与分析》，齐沪扬、邵洪亮《新词语可接受度的多角度审视》，等。

第二，新词语的规范化问题研究。

语言的规范与发展一直是学术研究的一个重要的话题，新词语规范问题几十年来吸引了诸多学者的关注，从规范理念到规范实践都有人进行了深入研究。如，陈原《变异和规范化》、李行健《从语言发展和社会心理看某些词语的规范问题》、候敏《关于新词和生造词的判定标准问题》、王铁昆《新词新语的规范问题》、沈怀兴《汉语词汇规范问题的思考》、于根元《新词新语和语言规范》、杨兴功《试论汉语新词新语的规范化》，等等。学者们的观点理念基本可以概括成"三观"，即"追认观""阶段观"和"规范观"。后文将有详述，此处不赘。

第三，新词语词典编纂问题。

30多年来，学者们在新词语词典编纂的理论和实践方面都付出了辛勤的劳动，也获得了丰硕的成果，新词语词典大量出现。如，李达仁《汉语新词新语词典》（1993），周洪波《精选汉语新词语词典》（1997），周一民《北京现代流行语》（1992），郭大松《五十年流行词语》（1999），夏中华《中国当代流行语全览》（2007），沈孟璎《中华人民共和国60年新词新语词典》（2009），邹嘉彦、游汝杰《全球华语新词语词典》（2010），等等。值得一提的还有一些编年体新词语词典，如，于根元的《1991汉语新词语》《1992汉语新词语》，刘一玲的《1993汉语新词语》《1994汉语新词语》，宋子然《汉语新词新语年编（1995—1996）》，王均熙《汉语新词词典（2005—2010）》，以及周荐、侯敏、杨尔弘等主编的《2006—2013汉语新词语》等。

总之，新词语研究30多年来，成果非常丰富，研究范围广、角度多，涉及词汇学、语义学、修辞学、社会语言学、文化语言学、比较语言学、语言变异等许多方面，并且关注研究的现实社会价值，取得了比较大的成就。但是也还存在一些问题，最主要也是最基本的问题就是对新词语的界定一直没有很好地解决，怎么理解"新"，以及"词"和"语"的界定，都有争议，这个问题直接导致新词语规范与否的争议，这个问题不仅仅是一个学术问题，处理不好甚至可能引发一些不必要的社会问题。

关于新词语，其实不仅仅语言学界在关注，诸多学科都在关注，因为新词语忠实地记录着时代发展的脉搏，显示了社会前进的脚步。我们检索中国知网的3640篇新词语的文献，分析显示，尽管社科基础研究是主体，但也只占76.04%，其他有近24%的成果是其他学科贡献的。具体数据如图1-2-2所示：

图 1-2-2

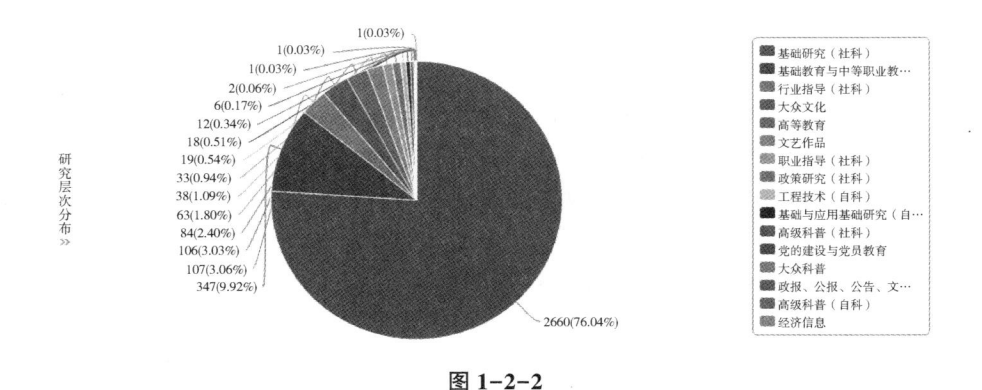

由数据图可知，除了社科基础研究外，教育、文化、文艺、工程技术、党建、经济等领域都在关注新词语，可见，新词语研究引发了诸多学科的关注和兴趣，有广阔的研究空间。

第三节　新词语的生成特点

新词语生动地记录了当代社会生活的点滴变化。凡是社会中出现了新的东西，如新制度、新措施、新思潮、新物质、新概念、新工具、新动作等等，都会千方百计在语言中表现出来。这种对新东西指称的客观需求是新词语产生的原初动力。但新词语的大量产生还需要有科学高效的生成机制，能方便快捷地把指称对象固化为新的词语形式。新词语的生成在传统方法的基础上表现出了一些新的特点，恰是因为这些新的特点大大加快了新词语生成的速度，也使新词语更能反映五彩斑斓的当代社会生活。当代新词语生成的新特点主要表现为三方面，一是造词的类型化，二是事件的概念化，三是语言的游戏化。

一　造词的类型化

新词语本应该是一个一个地造出来的，但是当代新词语却是一类一类、一群一群地造出来的，表现出明显的造词类型化倾向。某个新词语出现以后，很容易发生连锁反应，从而产生一批类似模式的新词语。比如"X哥"类新词语，第一个产生的是"犀利哥"，指一名叫程国荣的乞丐，因其特别的举止、不伦不类的着装方式、犀利的目光而在互联网上爆红一时。也恰是因为这个词吸引了网民造词的兴趣,一时之间,大量"X 哥"类新词语都冒出来了。如:

保证哥、啵乐哥、红娘哥、极客哥、解套哥、孔雀哥、上墙哥、未来哥、摆摊哥、逼停哥、标尺哥、蹭课哥、大衣哥、垫钱哥、断臂哥、贩菜哥、街净哥、举牌哥、力学哥、麻袋哥、幕后哥、浓烟哥、排队哥、抢修哥、收碗哥、送水哥、忧民哥、帐篷哥、仗义哥、托举哥、外语哥、围巾哥、顺风哥、碰瓷哥、新闻哥、牛 B 哥、大 B 哥、pp 哥、power 哥、笔袋哥

"犀利哥"大致产生于 2010 年 2 月末,我们 2014 年 3 月初利用网络搜索到"X 哥"类词语共 233 个,而且这种新词语的数量可以说是无限的,只要有需要、有语境就可以不断造出新词语,可见类型化生成新词语的能力是非常强大的。

类型化造词有一些固定的模型,李宇明(1997)称之为"词语模",由模标和模槽两部分构成,模标是固定的,通过在模槽中填入语言材料就可以生成新词语。当代通过类型化造词的词语模非常多,形式也多种多样,模标可以在词语的前部,也可以在词语的后部,有时甚至还看不到具体的模标。如:

"裸 X":裸考、裸替、裸博、裸退、裸官、裸演、裸辞、裸购、裸账、裸乘航班

"雷 X":雷词、雷点、雷剧、雷民、雷人、雷语、雷主、雷文化、雷人雷事

"X 体":甄嬛体、梨花体、脑残体、蜜糖体、凡客体、乡愁体、羊羔体、子弹体

"X 死":冲凉死、发狂死、盖被死、洗脸死、做梦死、洗澡死、鞋带死、喝开水死

"X 立方":水立方、蓝立方、油立方、冰立方、光立方、竹立方、清立方、金立方

"X 二代":官二代、富二代、农二代、导二代、房二代、漂二

代、垄二代、权二代

"xaa"：楼薄薄、楼抱抱、楼断断、楼高高、楼晃晃、楼靠靠、楼垮垮、楼裂裂

"xvv"：范跑跑、郭跳跳、姚抄抄、朱抢枪、黄贩贩、李染染、吕传传、何逛逛

"abc"：姜你军、糖高宗、煤超疯、油你涨、蒜你狠、豆你玩、腐不起、鸽你肉

目前造词能力比较强的类型化模式主要有"X门""X族""被X""微X""山寨X"等。如：

电话门、杯具门、监控门、茶杯门、解说门、骷髅门、打错门、翻新门、代表门、国旗门、虎照门、发言门、滤油门、女友门、饭局门、违法门、感谢门

奔奔族、半裸族、吊瓶族、傍傍族、黑飞族、刹那族、合吃族、急婚族、赖校族、乐活族、汉堡族、陪拼族、房托族、捧车族、海豚族、试药族、洋漂族

被时代、被出国、被慈善、被弟子、被代表、被第一、被当爸、被坚强、被富裕、被酒驾、被高速、被联盟、被股东、被明星、被冠军、被上楼、被结婚

微单、微耳、微访、微爱情、微动力、微革命、微管、微简历、微民、微情书、微骚客、微时代、微世界、微投诉、微文化、微喜剧、微新闻、微谣言

山寨版、山寨帮、山寨潮、山寨车、山寨风、山寨街、山寨剧、山寨军、山寨品、山寨药、山寨族、山寨文化、山寨货币、山寨经济、山寨精神、山寨春晚

造词类型化甚至表现出立体化的特征，从横向和纵向两个维度都表现出类型造词的特性，从而大大加强了造词的能力，如"保证哥""红娘哥"等"X哥"类词的集合可以看作是一个平面，这个平面是可以无限铺展开来的，可以造出数量巨大的新词语，然而类型化造词能力的强大不仅仅体现在单一平面的无限铺展上，还表现出平面的多层性，呈立体化特

征。"X哥"中的"X"可以被无限替换而造出大量的以"哥"为词缀的新词语,同时"哥"本身又处在"哥、弟、姐、妹、爸、妈"等亲属语义场中,网民的造词能力是非常强的,既然能造出"X哥"类新词语,自然就能造出"X姐""X弟",也能造出"X妹""X爸""X妈"。如:

微笑姐、失控姐、阅读姐、奋斗姐、喂奶姐、犀利姐、暴力姐、旗袍姐、祖德姐、钢管姐、蛋糕姐、漂浮姐、大襟姐、真纯姐、停车姐、菜刀姐、格格姐

土豪弟、烧烤弟、泡泡弟、卖萌弟、咆哮弟、国歌弟、杀鱼弟、长发及腰弟

豆花妹、奶茶妹、菜刀妹、环保妹、犀利妹、云端妹、帐篷妹、龙套妹、扣子妹、祖德妹、招聘妹、校服妹、牙套妹、亲嘴妹、取经妹、艳腿妹、双刀妹

辣妈、狼妈、虎妈、潮妈、靓妈、萌妈、羊妈、熟妈、猫妈、鹰妈、土豪妈

辣爸、狼爸、虎爸、潮爸、靓爸、奶爸、萌爸、羊爸、空爸、熟爸、猫爸、鹰爸、土豪爸

这种新词语的生成模式表现出明显的立体化特征。现图示如图1-3-1所示:

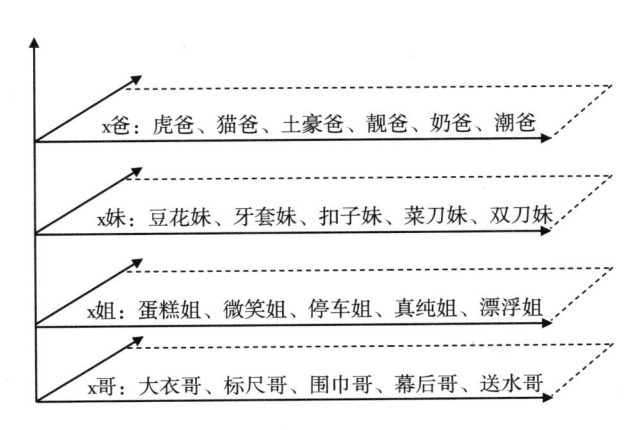

x爸:虎爸、猫爸、土豪爸、靓爸、奶爸、潮爸
x妹:豆花妹、牙套妹、扣子妹、菜刀妹、双刀妹
x姐:蛋糕姐、微笑姐、停车姐、真纯姐、漂浮姐
x哥:大衣哥、标尺哥、围巾哥、幕后哥、送水哥

图1-3-1

通过这样的类型化造词数量多,速度快,呈批量生成的趋势。

二　事件的概念化

所谓事件的概念化通俗地说就是用一个新词语概括某一社会事件或现象。大千世界，每天都有很多很多的事发生，在网络时代，信息传递速度非常快，出现在人们面前的是海量信息，民众没有时间也没有兴趣去了解每一件事的来龙去脉，而是希望用最快捷的方式去获取最大限量的信息，事件概念化恰是解决这个问题的有效途径。诚如侯敏（2011）所言：随着互联网的建立，我们已进入信息社会时代。这一时代的特点是信息呈爆炸式铺天盖地向我们袭来。时间有限，空间有限，人脑有限，资源有限，为了信息传递的高效便捷，为了信息记忆的长期存储，为了能最大化实现信息价值，作为信息载体的语言，也在悄然发生变化。当一个事件或一种社会现象出现时，人们不再是四平八稳地用一堆旧有词语去讲述它，而是将其代码化——概括成一个新词，于是就形成这个时代新词语的三个特点：一是表事件、表社会现象的新词语特别多；二是新词语表达的信息高度浓缩，每一个这样的新词语背后都有一个故事，都有一道特别的社会风景；三是新词语的隐退、消亡也比较迅速。事件概念化是用新词语概括社会事件或现象，但这个新词语不仅限于客观地记录事件和现象，而且还附加了一定的主观情感和是非观念，此类新词语把某一事件或现象的本质特征抽象出来加以概括，成为概念。如：

　　周老虎：陕西省镇坪县农民周正龙，他拍摄的野生华南虎照片公布后立即受到网民和专家的质疑，后经调查，照片是拍摄年画伪造的，因此被戏称为周老虎。现在一般把"周老虎"与不诚实联系在一起。
　　躲猫猫：2009年2月，青年李乔明在云南玉溪的看守所意外死亡，警方隐藏真相，称因玩"躲猫猫"不慎撞墙而死，后经调查是被牢头狱霸殴打致死，"躲猫猫"成为某些执法部门严重不作为甚至可能是恶意执法的代名词。

上述每一个新词语背后都有一个社会事件或一个故事，但都不仅仅是客观地记录事件本身，而且还对事件进行了概念化，蕴含了人们的某些主观情感态度，一般都带有某种负面情绪。如上述"周老虎"是对不诚实行为的调侃,"躲猫猫"表达了民众对某些执法部门不作为或目无法纪的不满。这样造词的量非常大,因为当代中国正处于社会转型时期,各种消极现象大量存在,而在网络非常发达的今天这些消极现象又非常容易暴露出来,加之又有造词的类型化倾向,造出一个就会带出一批。如:"周老虎"首兴造假之风后,"刘羚羊、张飞鸽、西毕生、董暴雨、周至尊"就都出来了;"躲猫猫"事件之后,"冲凉死、发狂死、盖被死、上厕所死、骷髅死、洗脸死"等都出来了。

三 语言的游戏化

"游戏"(game)是现代语言学研究的一个重要概念。把语言看作游戏是维特根斯坦(Wittgenstein)在语言哲学上的一个重大的理论贡献。维特根斯坦说,"语言游戏一词的用意在于突出下列这个事实,即语言的述说乃是一种活动,或者是一种生活形式的一个部分"(韩林合,1996)。维氏并没有给语言游戏下一个准确的定义,但举了大量的例子说明语言的游戏特征。辛斌(2003)认为,维特根斯坦的"语言游戏"观至少包括下列要点:(1)语言与活动具有不可分割的联系,它是人的一种现实活动;(2)语言的使用,词的功能,上下文关系,都是无穷无尽的;(3)词的用法只能从上下文的联系中才能了解,词的意义只有在其使用规则中才能发现出来;(4)一个词的用法像一个棋子的走动,总有一个目的;(5)使用词或语言需要遵守规则,但理想的语言和绝对遵守规则都是不可能的。很明显维氏是把语言看作是一种活动,这是广义的游戏,我们讨论的语言的游戏化是从狭义上理解的游戏,指娱乐活动,狭义的游戏是广义游戏的一个组成部分。新词语的创造也是一种活动,这种活动有很鲜明的时代特色,很多新词语创造过程就是一种带有很明显调侃意味的娱乐活动。如:

范跑跑、郭跳跳:前者指汶川地震中不管学生而自己逃生的四川都江堰光亚学校教师范美忠;后者指在凤凰卫视与范美忠展开辩论时使用"无耻、畜生、杂种"之类的词对范美忠进行辱骂的时评人郭松民。

董暴雨、周至尊:前者指山西临汾襄汾县宣传部长董凤妮,她在襄汾溃坝事故后接受新华社和中央电视台采访时谎称是暴雨引发的泥石流，事实只下了零星小雨。后者指南京江宁区房产局长周久耕，因其抽"九五至尊"牌天价香烟（1500元一条）而被网友戏称。

被富裕、被冠军：前者指人们不认同自己的生活水平已达到某些机构或媒体所说的"上中等国家富裕水平"；后者指体育比赛中由于组织内定或裁判不公正等原因而成为冠军。

猪坚强、猪超强：5·12汶川地震中分别被废墟埋了36天和80天还坚强活着的猪。

上述例子都带有明显的调侃性、游戏性，"范跑跑、郭跳跳、董暴雨、周至尊"都是以调侃的方式表达了对某个人的某种行为的否定，"被富贵、被冠军"也是对某些社会负面现象的调侃，"猪坚强、猪超强"则纯粹是搞笑娱乐。这些新词语初看起来不合汉语表达习惯，但深究就会发现趣味无穷，把汉语的游戏功能充分发挥出来了。申小龙（1990）认为：汉语思维善于把大千世界的复杂形态分析成一个一个音义全息的发散性的基本粒子。……汉语的一个个基本粒子往往就是一个个含义丰富的具象。它们自由灵活、易于组合……汉语这种极端的分析必使词语的组合十分方便，不受形态的拘束，只要语义上合乎逻辑事理，就可以搭配。

语言永远是发展变化的，新形式总是会不断出现，作为语言中最活跃部分的词汇自然会不断增加新成员。任何一个语言的使用者都有可能创造新词语，而网络时代民众造词的欲望更强，造词的实践更精彩。葛本仪（2001）就认为，"造词活动具有广泛的社会性。社会上的任何成员都可以创制新词，这正是体现了语言社会性的一个方面。社会成员造出的新词，只要能为社会约定俗成，就可以作为语言成分被保留下来，语言本身也因此而得到了不断的丰富和发展。"当代中国正处于社会的重大转型时期，新词语的游戏成分正体现了社会转型时期民众的思想状况、精神风貌、是非观念和价值标准。当代中国，民众思想得到极大的解放，不再拘泥于传统的中规中矩的生存方式，而社会阶层分化越来越明显，社会消极现象非常多，巨大的生活压力导致草根民众要努力寻找发泄郁闷的途径，新语言模式创造的无准入性和网络使用的方便性使创造新词语成为缓解压力的重要途径，所以草根民众具有很强的创造新词语的冲动和欲望，而民众在新词语创造过程中往往以一种调侃的方式巧妙地融入了自己对社会事件和现象的态度和情感，这就造成了新造词语具有很强的游戏性。

新词语创造的游戏化表现形式多种多样，如上边的改造人名、使用"被 X"格式等都具有明显的游戏化，另外，使用某些修辞方式来造词也很容易产生游戏的效果。修辞现象从来就与词汇现象密切相关，在一定条件下修辞现象中以辞格构成的词语能够逐渐脱离语境的制约，转化为词汇现象，成为新词语产生的一种重要途径（周洪波，1994）。很多修辞格都是新词语创造的方式，能产生游戏效果的修辞格主要有仿词、谐音、比喻、别解，等等。如：

童养蟹：仿"童养媳"，指异地蟹苗送到阳澄湖养殖长大，对外称为阳澄湖大闸蟹。

经济适用男：仿"经济适用房"，指外貌与经济实力一般，但性情温和、有家庭责任感的未婚男子。

煤超疯、蒜你狠：谐"梅超风、算你狠"，对煤炭和蒜等物价疯涨的调侃。

擒人节：谐"情人节"，因为这一节日成了部分人捕捉婚外情信息的日子。

裸体烟：指没有外包装的高档香烟，通常为干部提供，散放在会议室的盘子里，因其没有香烟盒，难以或无法辨识商标，如同裸体，故称。

钓鱼执法：执法人员设计圈套，故意引诱当事人从事违法活动，从而在惩罚中牟利。因执法过程如同以诱饵钓鱼，故名。

随便：别解为随地大小便。

居里夫人：别解为整天待在家里，不愿出门，也不愿意参加社交活动的女子。

上述新词语对熟悉其语义的人来说，其幽默游戏的效果非常明显。诚如侯敏（2011）所言，某些新的词语格式的使用，总会使熟悉它的人产生联想，不禁莞尔一笑，充分体现了语言的游戏功能。

小　　结

社会永远是向前发展的，语言也永远是向前发展的，社会发展的点点滴滴都会在语言中留下痕迹，当代大量出现的新词语客观地记录了社会发展的脚步。当代社会发展速度超过了以往任何一个时代，各种文化也出现前所未有的交融和冲撞，人们的思想观念发生了极大的改变，加之全民文化水平的提高，从而使新词语的产生速度大大加快，新词语的形式也多种多样，异彩纷呈。可以说我们已经进入了一个语言狂欢的时代，各种新颖独特甚至千奇百怪的新词语层出不穷，这是社会发展进步、语言生活丰富多彩的表现，但同时也对民众的语言使用习惯语言文化心理构成了极大的挑战，因此新词语规范问题成为当代语言生活中的热点问题，引起了社会各界的广泛关注。

第二章

中国现代语言规范的时代演进

语言规范问题并不是现代才产生的新鲜问题，从古就有，历史上一直就有关于语言规范的讨论和措施，但是古代语言规范和现代语言规范的目的和服务对象都有很大的差别，所以其规范的理念和措施也当有很大差别。诚如戴昭铭（1998）所言，中国古代以"雅正"观念为基础的规范理论是一种为士大夫阶级服务的、以仿古复古为目标的贵族化规范理论，中国现代的语文规范化运动则是以"言文一致"为目标的通俗化和以普及教育、方便民众为宗旨的大众化运动。了解这两者之间的差异是讨论现当代语言规范的基本前提。

讨论今天的语言规范问题有必要先梳理一下中国现代语言规范的历史脉络，只有把今天的语言规范问题放在一个比较大的历史时空中才能有比较清醒和科学的认识。苏培成在《当代中国的语文改革和语文规范》（2010）中对一百多年来的语言规范进行了非常系统的梳理，共分成八个阶段：第一阶段是前奏，从1892年至1948年。卢戆章的《一目了然初阶》揭开了切音字运动的序幕，也标志着轰轰烈烈的中国现代语文运动的开始。第二阶段是起步阶段，从1949年至1955年。中华人民共和国的成立使现代语文运动进入一个崭新的阶段，语言规范运动在政府的主导下有序开展。第三阶段是高潮阶段，从1956年至1959年。1955年10月召开现代汉语规范问题学术会议把语言规范运动推向了高潮。第四阶段是调整阶段，从1960年至1965年。为适应这段时期党和政府对国民经济调整的宏观形势，语文工作也进行了调整。第五阶段是挫折阶段，从1966年至1976年。语言文字工作陷入了混乱和倒退的局面，这十年，语言规范工作遭受了重要的挫折。第六阶段是拨乱反正阶段，从1977年至1985年。在党和政府把工作重点转移到社会主义现代化建设上来的新的政治形势之下，语言文字工作也回到了正确的路线上来了。第七阶段是新时期，从 1986 年至 2000 年。1986 年 1 月召开了全国语言文字工作会议，总结过去、部署未来，对国家的语言文字政策做了必要的调整，使语言文字工作出现了新的局面。第八阶段是实施国家语文发展战略阶段，从 2001 年至 2007 年。经过二十多年的改革开放，中国在现代化和信息化的道路上取得了巨大成就，社会语言生活空前活跃，语言文字工作面临着前所未有的发展形势，承担着促进经济发展社会发展所提出的新使命。苏培成先生以历史大事和语言文字工作中的重要事情作为分期的主要依据，无疑是科学合理的。

语言规范问题从来就不仅仅是语言学学科内的学术问题，而是和社会发展紧密地联系在一起。离开特定的历史时期和社会发展的大环境来谈语言规范问题无疑是水中月镜中花，都是不切实际的，也难以解决现实问题。中国现代语言规范的理论和实践一直是伴随着中国现代化的历史进程而发展变化的。近百年中国历史中最重大的事件是中华人民共和国的成立。中华人民共和国成立之前的一切社会运动都带有明显的革命色彩，其目标是唤醒民众推翻封建帝制，赶走帝国主义侵略者；中华人民共和国成立之后的一切社会运动都是为了提高人民生活水平，实现国家的现代化。因此我们以中华人民共和国的成立为分水岭，把中国现代语言规范分成两个阶段：第一阶段是民族觉醒和解放运动中的语言规范，从清朝末年到中华人民共和国的成立，此阶段语言规范运动的主要成就是确立了白话文在书面语中的正统地位和推广了全国通用语；第二阶段是国家现代化进程中的语言规范，从中华人民共和国成立至今，此阶段语言规范的主要成就是基本确定了国家通用语言的语音词汇语法各项规范标准并在全国范围内基本普及。

第一节 民族觉醒和解放中的语言规范

民族觉醒和解放中的语言规范指从清朝末年至中华人民共和国成立这六十余年的语言规范。清朝末年，由于封建制度的没落和帝国主义的侵略，中华民族已经处于风雨飘摇之中，为了挽救危亡，振兴中华，一批时代精英开始探索救国救民的道路，一场轰轰烈烈的变革运动在全国范围蓬勃开展。变革的目标是要提高民众的文化水平。清朝末年国民的整体文化水平相当低下,"文盲、半文盲占全国人口的80%以上,国民的大多数只有口语而没有书面语,在口语方面虽然有共同语,但是缺少明确的规范,而且流传狭窄,只在部分官吏和商人中使用。就大多数人来说,实际上使用的是方言。……文言文脱离口语、脱离实际生活,要十年寒窗才能学会执笔为文,而它又束缚人们的思想,远离时代的发展。"(苏培成 2010)当时已经有一部分进步人士认识到近代欧美国家胜过中国的根本原因是其文化教育得到普及,而我国语言(也包括文字)脱离广大民众的现状已经成为制约中国教育普及和社会向前发展的沉重枷锁,如何让语言文字为广大民众服务就成为时代精英迫切需要解决的问题。马建忠《马氏文通》(1898)后序中的一段话就反映了诸多有识之士的共识:

  余观泰西,童子入学,循序而进,未及志学之年,而观书为文无不明习;而后视其性之所近,肆力于数度、格致、法律、性理诸学而专精焉,故其国无不学之人,而人各学有用之学。计吾国童年能读书者固少,读书而能文者又加少焉,能及时为文而以其余年讲道明理者以备他日之用者,盖万无一焉。……遂使结绳而后,积四千余载之智慧材力,无不一一消磨于所以载道所以明理之文,而道无由载,理不暇明,以与夫达道明理之西人相角逐焉,其贤愚优劣有不待言矣。……则为此书者,正可谓识当时之务。(光绪二十四年九月初九日)

  语言文字是全社会须臾不能离开的工具,也是开启民智的基础,社会的变革很容易从语言文字的改革开始,中国如此,西方也如此,著名学者胡愈之先生指出:"西欧的文艺复兴、启蒙运动以语文运动为先锋,中国的启蒙运动也是以语文运动为先导。"(周有光 2013)中国近代积贫积弱的国情,尤其是中日甲午海战的惨败,使中华大地弥漫着保种图强的悲情,社会精英在苦苦寻找着民族的出路。"中日甲午战争之巨大冲击,有识之士,已深感危亡迫在眉睫,谋求以自立自存,唯有共图富强。欲共图富强,又不能不唤起民众,结合群力。欲唤起民众,使人民共抒建国智能,自须使众民先有知识有技能……于是语文工具,首先必须健全而简易,因是普及知识实为当时知识分子觉醒后急求达成之重大目标,语文改良则是达成此项目标之必要手段。"(王尔敏,2002)"识字者多,则民智,智则强;识字者少,则民愚,愚则弱。强弱之攸分,非以文字之难易为之本哉!然则今日而图自强,非简易其文字不为功矣。"(劳乃宣,1958)中国近代语文运动就是在这种救亡图存的社会大背景之下展开的。李宇明(2011)认为,从清末到民国,改革语言文字的切音字运动、国语运动、白话文运动等,都汇入到救亡图存的滚滚历史洪流中。中国近代语文运动的主要目标就是消除语言文字的阶级特权,实现语言文字的大众化,使语言文字成为普通民众方便的交际工具,为教育的普及打好坚实的基础。从内容上看,中国近代的语文运动主要包括切音字运动、白话文运动、国语运动、简体字运动四个重要组成部分,其中和语言规范最密切相关的是白话文运动和国语运动。

一 白话文运动

汉语书面语自中古以来就有两个系统:文言文和白话文。何为文言?何为白话?江蓝生(2008)简明扼要地概括为,句中带有"之、乎、者、也、矣、焉、哉"的书面语是文言,而那些跟人们口头上讲的话大体一致的书面语是白话。文言最初也是建立在口语基础上的,但是后来日益脱离口语,变成一种僵化的、基本上保存先秦语法和词汇特点的书面语。白话是跟文言相对的书面语,它跟一定时代的口语相接近。到了近代,文言文已经和口语严重脱节,但却占据着书面语的支配地位,主要在上流社会通行,成为少数人的特权;而比较接近口语的白话文被限制在通俗文学的范围之内,只在下层社会通行,难登大雅之堂。然而,随着近代西学的兴起和民众的觉醒,文言和白话严重脱节、文言主导着书面语的现实已经不能适应蓬勃兴起的新思想、新科学、新生活的需要,时代的发展迫切要求提升白话文的地位,扩大白话文的使用范围。裘廷梁1898年在《苏报》上发表的《论白话为维新之本》深刻地论述了"崇白话、废文言"的意义。

有文字为智国,无文字为愚国;识字为智民,不认字为愚民;地球万国之所同也。独吾中国有文字而不得为智国,民识字而不得为智民,何哉?裘廷梁曰:此文言之为害矣。……呜呼!文言之害,靡独商受之,农受之,工受之,童子受之,今之服方领习矩步者(指儒生学者)皆受之矣;不宁惟是,愈工于文言者,其受困愈甚。二千年来，海内重望，耗精敝神，穷岁月为之不知止，自今视之，廑廑足自娱，益天下盖寡。……

请言白话之益。一曰省日力：读文言日尽一卷者，白话十之，少亦五之三之，博极群书，夫人而能。二曰除骄气：文人陋习，尊己轻人，流毒天下。夺其所恃，人人气沮，必将进求实学。三曰免枉读：善读书者，略糟粕而取菁英；不善读书者，昧菁英而矜糟粕。买椟还珠，虽多奚益？改用白话，决无此病。四曰保圣教：《学》《庸》《论》《孟》，皆二千年前古书，语简理丰，非卓识高才，未易领悟。译以白话，间附今义，发明精奥，庶人人知圣教之大略。五曰便幼学：一切学堂功课书，皆用白话编辑，逐日讲解，积三四年之力，必能通知中外古今及环球各种学问之崖略，视今日魁儒耆宿，殆将过之。六曰炼心力：华人读书，偏重记性。今用白话，不恃熟读，而恃精思，脑力愈瀹愈灵，奇异之才，将必迭出，为天下用。七曰少弃才：圆颅方趾，才性不齐；优于艺者或短于文，违性施教，决无成就。今改用白话，庶几种精一艺，游惰可免。八曰便贫民：农书商书工艺书，用白话辑译，乡僻童子，各就其业，受读一二年，终身受用不尽。……

由其言之，愚天下之具，莫文言若；智天下之具，莫白话若。吾中国而不欲智天下之斯已矣，苟欲智之；而犹以文言树天下之的，则吾前所云八益者，以反比例求之，其败坏天下才智之民亦已甚矣。吾今为一言以蔽之曰：文言兴而后实学废，白话行而后实学兴；实学不兴，是谓无民。

裘廷梁深入阐述了文言之危害和白话之功效，甚至把白话文提到了"维新之本"的高度，尽管其说法有点夸大化，但主要论点是符合实际的，在当时特定历史条件下具有非常重要的理论意义，成为彻底废止文言文的战斗檄文。教育家陈荣衮在1899年发表《论报章宜改用浅说》中明确提出："大抵今日变法，以开民智为先，开民智莫如改革文言。不改文言，则四万九千九百分之人，日居于黑暗世界之中，是谓陆沉；若改文言，则四万九千九百分之人，日嬉游于琉璃世界中，是谓不夜。"

白话文运动最初是在文学领域展开的，提倡写白话大体上是一种文学主张。提倡"诗界革命"的黄遵宪在1868年的《杂感》一诗中写的"我手写我口"后来成为文体革命的口号。倡导白话文运动的重要先驱是胡适和陈独秀,其重要阵地是陈独秀主编的《新青年》。1916年10月,《新青年》第2卷第2号上发表了胡适致陈独秀的一封信,提出作为文学革命写作要点的"八事",后来在第2卷第5号(1917年1月)上,胡适在《文学改良刍议》中把"八事"调整为:须言之有物,不模仿古人,须讲求文法,不作无病之呻吟,务去烂调套话,不用典,不讲对仗,不避俗字俗语。并且指出:"今人犹有鄙夷白话小说为文学小道者。不知施耐庵、曹雪芹、吴趼人皆文学正宗,而骈文律诗乃真小道耳。""然以今世历史进化的眼光观之,则白话文学之为中国文学之正宗,又为将来文学必用之利器,可断言也。"陈独秀支持胡适的主张,在《新青年》第2卷第6号(1917年2月)发表《文学革命论》,提出文学革命的"三大主义":推倒雕琢的、阿谀的贵族文学,建设平易的、抒情的平民文学;推倒陈腐的、铺张的古典文学,建设新鲜的、立诚的写实文学;推倒迂晦的、艰涩的山林文学,建设明了的、通俗的社会文学。

  继胡适、陈独秀打出文学革命的旗帜后,钱玄同、刘半农等人积极响应。钱玄同在《新青年》第3卷第1号(1917年3月)发表《寄陈独秀》,表示赞同胡适的《文学改良刍议》。刘半农在《新青年》第3卷第3号(1917年5月)发表《我之文学改良观》说:"今既认定白话为文学之正宗与文章之进化,则将来之期望,非做到'言文合一',或'废文言而用白话'之地位不止。"1918年5月,《新青年》从第4卷第5号起,完全改用白话文,同期刊登了鲁迅的白话小说《狂人日记》。之后,各种白话文的报刊相继出现,一大批白话文学作品也相继问世。五四以后,白话文在汉语书面语的正统地位得到确立。1919年国语统一筹备会举行第一次大会,刘复、周作人、胡适等人提出《国语统一进行方案》,其中第三件事就是"改编小学课本",主张"国民学校全用国语,不杂文言;高等小学酌加文言,仍以国语为主体"。此议案获得通过,并呈报教育部建议施行。1920年,当时的教育部训令小学一、二年级教语体文(白话文)。

  白话文运动提升了白话文的社会地位,但那时的白话文发展还不成熟,一方面白话文主要存在于知识分子圈子里,还没有完全进入普通民众,另一方面当时的白话文带有很明显的半文半白和欧化的倾向。在30年代出现了一些复兴文言的言论。为了抵御文言复兴的错误言论,许多进步人士又发动了"大众语"运动。鲁迅在 1930 年发表《文艺的大众化》指出:"目下通行的白话文,也非大家能懂的文章""应该多有为大众设想的作家,竭力来作浅析易解的作品。"1931 年 11 月,中国左翼作家联盟执行委员会决议指出:"作品的文字组织,必须简明易解,必须用工人农民所听得懂以及他们接近的语言文字,在必要时容许使用方言。因此作家必须竭力排除知识分子式的句式,而去研究工农大众言语的表现法。"在"大众语"运动中,鲁迅、瞿秋白、陈望道、陈子展、胡愈之等人发挥了非常重要的作用。经过"大众语"的讨论,现代白话文的发展方向进一步明确。

二 国语运动

国语运动指清末至民国推广现代汉民族共同语、消除方言隔阂的语文运动。与白话文运动一样,国语运动的初始动机也是普及教育、凝聚人心、实现民族自强。王理嘉(2011)认为,国语运动的汉字改革和汉语拼音运动,始终贯穿着一条鲜明的爱国主义的红线。当时,社会上在宣传学习官话、统一语言时,主调都是"要救中国先要联合中国人的心;要联合中国人的心,先要统一中国的言语,这才是变弱为强的下手第一着"。"书同文,语同音,人同心"成为当时社会一致的民心民意。近代中国屡受西方列强欺凌,进步的知识分子纷纷向西方学习,尤其是甲午海战的失败,知识精英纷纷把学习的目光投向了近邻日本。1902 年京师大学堂总教习吴汝纶去日本考察,日本官员伊泽修二关于国语的谈话使吴汝纶认识到推行国语的重要性。下边是伊泽修二谈话的一些内容:

> 伊泽氏:欲养成国民爱国心,须有以统一之。统一维何?语言是也。语言之不一,公同之不便,团体之多碍。种种危害,不可悉数。察贵国今日之时势,统一语言尤其亟亟者。……前世纪人犹不知国语之为重,知其为重者,犹今世纪之发明,为其足以助团体之凝结,增长爱国心也。(吴汝纶,1958)

吴汝纶看到日本推行国语(东京话)的成绩,认识到全国统一语言的重要性和迫切性,回来后就跟管学大臣张百熙、张之洞一起提呈"学堂章程"(1903),推荐王照的《官话合声字母》,并要求"以官音统一天下之语言"，立即得到了朝廷允准，并让地方上设立学堂，正式传习。1911年6月清政府进一步采用了王照在《官话合声字母》凡例中"国语"这一名称，并通过了一个"统一国语办法案"，但还没来得及实行，辛亥革命就爆发了，之后中华民国成立，所以"统一国语"的事业实际上是由民国政府组织开展的。

　　国语运动的主要目标就是要推行民族共同语，其主要内容就是要实现"语同音"。国境之内方言林立，各方言语音差异非常大，这种情况一方面不利于不同地域人们的相互交流，更主要的是不利于增强民族的凝聚力。那时的知识精英普遍认为，要救国图强就要团结民心，要团结民心就要普及民族共同语。作为民族共同语的国语就成了维系国民情感的纽带，是国民的精神寄托。蔡元培（1992）认为："中国人民肯替家族、地方牺牲，而不肯替国家牺牲，就是因为感情的不融洽，像广东一省，广州、潮州、汀州、漳州都各有各的语言，所以时起纠葛，虽然也有其他种原因，但是语言的不统一，总是一个重大原因。"有识之士普遍认为语言不统一、方言隔膜造成了国人之间犹如一盘散沙，国族性不强（张国人，1930）。"方今南北纷争，忧国之士力谋统一，但统一南北，非先联络感情，则言语之效力乃大"。"国语统一，国民精神才能统一，现代的国家，没有不承认的。"（潘公展，1935）钱玄同在总结国语运动的成果时指出："我们相信这几年来的国语运动是中华民族起死回生的一味圣药，因为有了国语，全国国民才能彼此互通情愫，教育才能普及，人们底情感思想才能自由表达。"（钱玄同，1925）

　　"语同音"的关键问题是以一种什么样的语音作为推行全国的标准语音。1912年7月10日，中华民国教育部在北平召开"临时教育会议"，决定实施国语教育，先从统一汉字读音做起。1913年2月15日，教育部在北平召开"中国读音统一会"，确定了以"京音为主，兼顾南北"且具有入声的国音，这就是史称"老国音"的国音系统，1919年商务印书馆出版了《国音字典》，其字音就是读音统一会审定的国音。这个语音系统不是以某个具体地点的自然语音为标准，而是一个"人为杂凑、折衷南北，牵合古今"的产物，在实际生活中难以应用，在"全国就没有一个能完整照着《国音字典》说话的人！"（黎锦熙，1934）"老国音"产生以后，不断有人呼吁进行修改，提出应该以北京语音（即"京音"）为标准音，于是爆发了长达十年之久的国音与京音的论争（即"京国之争")。1924年国语统一筹备会议讨论《国音字典》的增修问题,决定以北京语音为标准音(即"新国音"),并开始在全国学校推广。

总之,国语运动和白话文运动都是在近代民族救亡运动背景下发生的,二者构成一种互为依靠的关系。高天如(1993)在其《中国现代语言计划的理论和实践》中说:"国语运动和白话文运动是'五四'时期中国语文变革的两翼。白话文运动的目标是变革现代书面用语,弃文言而用白话,实行'言文一致';国语运动的目标,则重在推行标准语,弥补方言的隔阂,谋求语言的统一。白话文要实行'言行一致',没有统一的语言就失去了它的基础,而要推行标准语,如果不借助于它的书面形式白话文,也是难以奏效的。"无论是白话文运动还是国语运动,其主要成果都是对语言地位的确立,即确立白话文在书面语中的正统地位,确立以北京语音作为民族共同语的标准音向全国推行。白话文运动和国语运动基本上没有涉及语言系统内部的词汇、语法的规范问题。这些语言规范的工作在中华人民共和国成立后由党和政府领导有序地开展,取得了巨大的成绩,使汉民族共同语在现代化的道路上大大地前进了一步。

第二节 国家现代化进程中的语言规范

国家现代化进程中的语言规范指中华人民共和国成立以来的语言规范。中华人民共和国的成立使中国社会的主要矛盾发生了根本性的改变,社会运动的重心很自然发生了转变,由民族解放运动转为社会主义现代化建设。社会大环境的变化不可避免地导致语言规范工作任务和内容的变化。民族觉醒和解放运动中语言规范的主要任务是确立白话文和以北京话为基础的国家通用语言在国民语言生活中的正统地位;而国家现代化过程中的语言规范则主要是确立国家通用语言内部各个子系统的规范标准并向全国乃至全世界推广,以适应当代全球化和信息化的需要。

中华人民共和国成立六十多年来,语言规范工作取得了巨大的成就,从时间上可以分成几个阶段。于根元(1996)认为:"解放以来的现代汉语规范工作,以1955年现代汉语规范问题学术会议召开、1966年'文化大革命'开始、1978年《中国语文》复刊、1986年全国语言文字工作会议举行为标志,大致上可以分为五个阶段。(一)宣传、准备和积极学习

(1949—1955),（二）确定标准和大力推广（1955—1965),（三）惨遭破坏和缓慢前进（1966—1978),（四）恢复和发展（1978—1985),（五）徘徊和思考（1986—）。"于根元先生的分期立足于社会发展和语言规范工作中的标志性事件，其结论无疑是科学合理的。陈章太、谢俊英（2009）则根据不同时期的语言文字工作方向、重点以及特点，把中华人民共和国成立60年来的语言文字工作分为三个阶段：第一阶段是立国建设阶段的语言文字工作，从1949年至1976年。这一阶段语言文字工作的主要任务包括简化汉字、推广普通话、制订和推行汉语拼音方案、加强现代汉语规范化。这一阶段语言文字工作的总特点是：方向明确，思路清晰，步骤分明，措施切实。第二阶段是改革发展阶段的语言文字工作，从1977年至1996年。这一阶段的前期主要是恢复、继续前阶段的文字改革工作——简化汉字、推广普通话和推行汉语拼音。经过反思，结合改革开放、社会发展、技术进步和人们思想观念的转变，1986年开始调整语言文字工作的方向、目标、方针和重心。这个阶段的语言文字工作顺势而为，提高社会大众的交际效率，提高社会集团的凝聚力和统一性。第三阶段是法制社会和信息时代的语言文字工作，从1997年至今。颁布《中华人民共和国国家通用语言文字法》是这个阶段具有划时代意义的重大事件，这一阶段的侧重点是构建和谐语言生活，保持发展语言文字主体化和多样性。我们以于根元先生和陈章太先生的分类为基础，立足中国现代化进程和当代全球化和信息化的宏观语境，把60多年来的语言规范工作分成两个时期：第一是匡谬正俗、普及语言规范知识的时期，时间上是从中华人民共和国成立到改革开放初期30余年；第二是语言规范标准化、法制化的新时期，从改革开放初期至今40余年。1986年全国语言文字工作会议的召开可以看作是两个时期的分水岭。

一 匡谬正俗、普及语言规范知识

从中华人民共和国成立到改革开放初期30余年时间，语言规范的主要任务是匡谬正俗和普及语言规范知识，即根据当时社会语言使用不规范的现状，确立作为全国通用语言普通话的使用规范标准，并号召全社会都来学习语言规范的知识。中华人民共和国成立之初，规范社会语言（也包括文字）的使用就纳入了党和政府的工作计划，这是由特定社会现实决定的。尽管民国时期已经确立了白话文作为书面语的合法地位，但是并没有形成一个统一的书面语言使用规范标准，加之中华人民共和国成立初期全民文化水平普遍较低，文盲半文盲所占的比重很大，所以社会上存在严重的语言使用不规范甚至错误的现象，影响了各项工作的顺利进行。吕叔湘于1950年在《学习》杂志第2卷第5期发表《读报札记》，指出《人民日报》刊登的四个文件在语法、修辞方面存在的问题并提出了修改的方法。吕先生有一段评论性话语："本文引的例子可以代表一般常见的文字，不是太经心，也不是太草率。就是这类例子告诉我们，一般的写作者，尤其是议论文的写作者，对于长句的运用还没有十分把握，还不能指挥如意，脉络分明，做到精密而又流畅的地步。"即使是《人民日报》这样高级别的报纸都出现了明显的语言不规范现象，其他书刊就更不用说了。当时的情况迫切需要纠正社会上语言使用不规范和错误的现象，并宣传语言规范的知识。1950年5月21日《人民日报》结合吕叔湘先生的《读书札记》发表短评《请大家注意文法》，号召人们"应当努力用正确无误的语言文字来表达正确无误的思想；应当把文法上的一切错误，从我们所有发表的文字中逐步地，最后是彻底地消灭掉"。1951年2月1日，中共中央发出《关于纠正电报、报告、指示、决定等文字缺点的指示》。该《指示》指出当时有许多文电在文字上存在着严重缺点，必须予以纠正。这些缺点之最常见者，有滥用省略、句法不全、交代不明、眉目不清、篇幅冗长五类。《指示》还分别规定了纠正的办法。1951年6月6日《人民日报》开始连载吕叔湘、朱德熙合著的《语法修辞讲话》，目的是帮助学习写文章的人解决一些实际问题：哪些格式是正确的，哪些格式是不正确的，某一格式怎样用是好的，怎样用是不好的。在《人民日报》这样的党中央机关报上连载语言学的文章，在历史上是第一次，也是唯一的一次。1951年6月6日《人民日报》在发表《语法修辞讲话》的同时刊载了《正确地使用祖国的语言，为语言的纯洁和健康而斗争！》的社论，现摘录部分内容如下：

  语言的使用是社会经济政治文化生活的重要条件，是每人每天所离不了的。学习把语言用得正确，对于我们的思想的精确程度和工作效率的提高，都有极重要的意义……

  我们在语言方面存在着许多不能容忍的混乱状况。先拿词汇来说。毛泽东同志告诉我们："语言这东西，不是随便可以学好的，非下苦工不可。第一，要向人民群众学习语言。人民的词汇是很丰富的，生动活泼的，表现实际生活的。这种语言，我们很多人没有学到，所以我们在写文章做演说时没有几句生动活泼切实有力的话，只有死板板的几条筋，像瘪三一样，瘦得难看，不像一个健康的人。第二，要从外国语言中吸收我们所需要的成分。我们不是硬搬或滥用外国语言，是要吸收外国语言中的好东西，于我们适用的东西……第三，我们还要学习古人的语言。现在民间的语言，大批的是由古人传下来的。古人的语言宝库还可以掘发，只要是还有生气的东西我们就应该吸收，用以丰富我们的文章、演说和讲话……

这种语言混乱现象的继续存在，在政治上是对于人民利益的损害，对于祖国的语言也是一种不可容忍的破坏。每一个人都有责任纠正这种现象，以建立正确地运用语言的严肃的文风。

应当指出：正确地运用语言来表达思想，在今天，在共产党所领导的各项工作中具有重大的政治意义……党的组织和政府机关的每一个文件，每一个报告，每一种报纸，每一种出版物，都是为了向群众宣传真理、指示任务和方法而存在的。它们在群众中影响极大，因此必须使任何文件、报告、报纸和出版物都能用正确的语言来表现思想，使思想为群众所正确地掌握，才能产生正确的物质的力量。

"这篇社论的发表在社会上引起了强烈的反响，促进汉语规范化受到人们的高度重视，成为全社会关注的事业，不久就出现了讲求语文应用和自觉地学习语法修辞的热潮。这篇社论的发表表明了党和政府把汉语规范化作为国家的重要语文政策、作为国家的语文教育和语文建设大事，列入了议事日程。"（苏培成，2010）之后，各级党政机关部门和广大群众掀起了学习语法修辞知识的高潮，使语法知识得到了空前的普及。

50年代的语言规范工作基本上是在党和政府的指导和参与之下进行的，学术界也就语言规范的理论问题展开了一系列的讨论。《中国语文》1955年8月号发表了林焘的《关于汉语规范化问题》，10月号发表了罗常培的《略论汉语规范化》，《人民日报》1955年10月12日发表了王力的《论汉语规范化》。这些文章从理论上阐述了汉语规范化的必要性和重要意义、汉语规范化的对象和内容、规范化的原则等一系列问题。明确了现代汉语规范化的对象是普通话的文学语言，主要对象是书面语，规范化的内容是现代汉语的语音、词汇和语法，以及文字和标点符号的使用。汉语规范化不能强制，而应该因势利导。这些文章为接下来的"现代汉语规范问题学术会议"的召开做了一定的理论准备。

1955年10月25日至31日，中国科学院哲学社会学科部在北京召开"现代汉语规范问题学术会议"。这次会议在现代汉语规范史上具有非常重要的意义。于根元（1996）认为：这是解放以来现代汉语规范问题研究承上启下的盛会，它在现代汉语规范问题学术讨论方面达到了前所未有的高峰，是解放至今四十六年多来现代汉语规范问题学术讨论的非常重要的里程碑。会议的主要任务是明确现代汉语规范化的必要性和可能性、对汉语规范化的一些原则性问题进行讨论、动员全国语文工作者共同进行汉语规范化工作。大会的主题报告是罗常培、吕叔湘合写的《现代汉语规范问题》，该报告全面阐述了现代汉语规范的一系列问题，具体内容分为三个部分，一是为什么要在这个时候提出现代汉语的规范问题，二是现代汉语规范化有些什么原则性问题需要解决，三是怎么进行规范化工作。于根元（1996）如此评价罗、吕两位先生的报告："报告第一次全面阐述了现代汉语规范工作的意义，深入探讨了一系列原则性问题。报告特别提出，'语言规范是人们在语言实践中逐渐形成的，规范的模糊或分歧不是出于偶然，因而规范的整理也不能草率从事。武断和教条是不能解决问题的，需要的是虚心和谨慎，勤恳的调查，耐心的研究。'并且要求用发展的眼光来看待规范化。报告以巨大的理论价值和切实的指导作用，成为现代汉语规范的理论基石和丰碑。"《人民日报》于1955年10月26日发表题为《为促进文字改革、推广普通话、实现汉语规范化而努力》的社论，对现代汉语规范问题学术会议给予了很高的评价，指出这次会议标志着汉语规范化工作的开端。

在党和政府的宏观指导和诸多语言学家身体力行的参与之下，一方面语言规范知识在全社会得到了宣传推广，另一方面也形成了几个重要的语言规范的蓝本，包括标点符号、语法、词汇等方面的规范蓝本。

一是《标点符号用法》的公布。1951年9月，国家出版总署公布了《标点符号用法》，规定了14种标点符号的名称、形式及用法，这是中华人民共和国颁布的第一个规范的标点符号方案，规范了标点符号的使用。二是《暂拟汉语教学语法系统》的拟定。1956年人民教育出版社拟定《暂拟汉语教学语法系统》（简称"暂拟系统"），构建了一个比较适合中小学教学使用的语法系统，这个系统对于语法规范知识的推广和普及起了非常重要的作用。三是《现代汉语词典》的编辑出版。根据国务院指示，中国科学院语言研究所词典编辑室在1956年开始编写《现代汉语词典》，1960年印出《现代汉语词典（试印本）》，1965年印出《现代汉语词典（试用本）》，1973年《现代汉语词典（试用本）》正式出版，内部发行，1978年12月《现代汉语词典》第1版正式出版发行。之后，在1983年、1996年、2002年、2005年、2012年、2016年分别出版了第2版、第3版、第4版、第5版、第6版、第7版。《现代汉语词典》是"一部以推广普通话、促进汉语规范化为宗旨的现代汉语中型词典。因此对于字形、词形、注音、释义、用法和举例，都要求准确和科学，做到规范化。这对推广普通话、促进现代汉语规范化，起到了积极作用"（苏培成，2010）。"《现代汉语词典》之所以取得成功，成为国内外同类辞书中比较杰出的一部，很重要的一点是：它是从现代汉语的语言事实出发，运用先进的语言学理论作为指导而编写出来的。当它问世之后，又对现代汉语的规范化、对人民群众的语言实践，起着一定的指导作用。"（胡绳，2004）

中华人民共和国成立初期这十几年语言规范工作取得了巨大的成就，使国家语言生活健康有序地发展起来，顺应了国家社会主义现代化建设的需求。然而，1966年之后，因众所周知的原因，语言规范工作基本处于停滞甚至倒退的状态。1976年之后，语言规范工作才慢慢恢复，1978年《中国语文》复刊、1982年《文字改革》（后改名为《语文建设》）复刊、1992年《语言文字应用》创刊，为语言规范工作提供了重要的理论探讨阵地，在语言规范化工作中发挥了非常重要的作用。

二　语言规范标准化、法制化

（一）语言规范的标准化

语言规范的标准化工作自中华人民共和国成立起就开始了，李宇明（2009）认为，1949年至1965年，是中华人民共和国语言文字标准建设的首个黄金时期，此期制定的语言文字标准，大都属于语言文字的最为基本的标准，涉及语言问题的标准比如《普通话异读词三次审音总表初稿》（1963）、《标点符号用法》（1951）、《汉语拼音方案》（1958）；1986年以后，进入语言文字规范标准建设的第二个黄金时期，此期的特点是总结和反思，一方面修订了原有的规范标准，另一方面制订了一系列新的规范标准。

改革开放以后，整个国家焕发出一片生机，社会主义现代化的脚步大大加快了，语言文字工作自然面临着新的形势和任务，为适应这种新的变化，1986年1月召开了全国语言文字工作会议。这次会议总结过去，部署未来，标志着我国的语言文字工作进入新时期。本次会议明确了新时期语言规范工作的意义和未来的方向是为国家现代化建设服务。会议指出："促进语言文字的规范化、标准化，对教育、科学和文化事业的发展，贯彻执行对外开放、对内搞活的方针，以及加强国内外经济、文化的交流，都有十分重要的意义。""当前，要广泛进行语言文字规范化、标准化的宣传和咨询服务，以调动各方面的积极性，更好地发挥语言文字在现代化建设中的作用。"新时期以来，全球化和信息化已经成为不可阻挡的时代潮流，中国的发展也融入了这个时代潮流之中，这种宏观的社会语境迫切需要语言的各个子系统都制订规范标准，不仅仅适用于中国人自身的交流，也要适用国际之间的交流，不仅适用于人与人的交流，也要方便机器的使用。在这种现实需求之下，一些规范标准应运而生，既有硬性标准，也有软性标准，前者是必须遵从的标准，后者是推荐使用的标准。其中比较重要的标准包括标点符号用法、出版物上数字用法、异形词使用以及一些面向信息处理的标准。

修订发布《标点符号用法》。中华人民共和国第一次公布《标点符号用法》是在1951年，时隔三十多年后，由于社会语言生活发生了很多的变化，国家语委于1987年聘请专家进行了修订，并由国家语委和国家新闻出版署于1990年向社会公开发布。国家技术监督局于1995年将修订后的《标点符号用法》提升为国家标准，即中华人民共和国国家标准《标点符号用法》（GB/T15834—1995）。2012年又对《标点符号用法》进行了修订发布。

发布《出版物上数字用法的规定》。针对书面文本中数字使用的不统一状况，1987年，国家语委、国家出版局、国家标准局、国家计量局、国务院办公厅秘书局、中宣部新闻局、中宣部出版局联合公布了《关于出版物上数字用法的实行规定》，规定了出版物上数字用法规范。后来国家语委语言文字应用研究所把这个规定的内容制定为国家标准，最后形成中华人民共和国国家标准《出版物上数字用法的规定》（GB/T15835—

1995），由国家技术监督局于 1995 年批准、发布。在 2011 年又进行了修订发布，形成《出版物上数字用法》（GB/T15835—2011）的国家标准。

发布《第一批异形词整理表》。2001 年由教育部、国家语委发布的《第一批异形词整理表》（GF1001—2001），是一个推荐性规范。该表选取了普通话书面语中经常使用、公众取舍倾向比较明显的 338 组异形词进行整理，给出了每组异形词的推荐使用词形。

发布《现代汉语常用词表（草案）》。2009 年由教育部和国家语委发布《现代汉语常用词表（草案）》（A001）（绿皮书），这是国家语委以"中国语言生活绿皮书"A 系列名义发布的第一个"软性"规范。该词表收录了现当代社会生活中比较稳定的、使用频率较高的汉语普通话常用词语 56008 个。

面向信息处理的国家标准已经发布的主要有三个：（1）GB 12200.1—90 汉语信息处理词汇 01 部分：基本术语，国家技术监督局，1990；（2）GB/T 12200.2—94 汉语信息处理词汇 02 部分：汉语和汉字，国家技术监督局，1994；（3）GB/T 13725—1992 信息处理用现代汉语分词规范，国家技术监督局，1992。

根据国家语委网站的数据，目前国家公布的各类语言文字规范标准已经达到 100 多项。这些规范标准的制订公布正适用了全球化尤其是信息化大语境的需要。1995 年，时任国务院副总理李岚清出席"文字改革和现代汉语规范化 40 周年纪念大会"时发言指出，"认真搞好中文信息处理中的语言文字规范化、标准化是当前需要重点抓好的工作"。新时期语言规范工作的重要任务就是实现语言规范的标准化。

（二）语言规范的法制化

进入 20 世纪 90 年代，改革开放已经走过了十多个年头，国家的经济发展取得了比较大的成就，人们生活开始变得富裕起来，思想观念也变得复杂起来，各种文化观念都涌现出来，传统文化与现代文化、本土文化与外来文化、高雅文化与低俗文化、精英文化与大众文化，多元文化交融过程中的冲撞也在所难免，这种社会环境的转型使语言文字应用领域出现了很多新的现象，语言规范的任务和方法也发生了很大的变化。这种社会思想观念的多元导致了语言文字的应用领域出现了新的不规范甚至混乱的现象。苏培成（2010）认为，90 年代以来社会用词、用语的混乱大致属于两种情况：一是思想内容有殖民、封建、色情、庸俗、低级趣味等不健康色彩，不利于社会主义精神文明建设；二是谐音乱改成语对中小学生造成了误导。解决社会用词、用语的混乱问题，的确是一个重要而紧迫的问题，不加强这方面的管理，不利于社会主义精神文明建设。比如，某些商店起一些低俗下流的名称，"狗屎面、小兔崽子童装店、妈的酸梅汤、他奶奶个熊、塔玛蒂、包二奶内衣、迷你魂发廊、野花香酒家、销魂夜总会、丈母娘水豆腐、泡二奶（奶茶店）"；乱改成语的情况如"百里挑'衣'、好色之'涂'、'琴'有独钟、'骑'乐无穷、随心所'浴'、以'帽'取人、'礼'所当然、'酒'霄云外"。这些不健康语言使用现象充斥于社会语言生活之中，成为社会关注的热点，引起了社会有识之士的忧虑，但这些语言使用不规范现象并不是语言错误，大多属于道德和价值观念层面的问题，需要有新的管理方法。

　　90年代以来，依法治国已成为了国人的基本共识和国家的基本国策，以法律来管理社会语言生活也就成为新时期语言规范工作的一个发展趋势，所以很多有识之士都呼吁通过立法来管理社会语言生活，人大代表和政协委员都在极力促成语言文字立法。"1990年至1996年，全国人大代表和全国政协委员关于语言文字问题的议案和提案达97项，其中全国人大代表提出加速语言文字立法的议案有28项。特别是1996年，语言文字立法的呼声最高。在八届全国人大第四次会议上，有227位代表提出了7件要求对语言文字进行立法的议案。1997年又有164位代表提出了5件要求对语言文字立法的议案。语言文字工作无法可依的状况亟待改变，语言文字立法十分迫切。"（苏培成，2010）为顺应民意，1997年1月，全国人大教科文卫委员会牵头起草《中华人民共和国语言文字法》，历时近4年完成。2000年10月31日，九届全国人大常委会第18次会议审议并通过了《中华人民共和国国家通用语言文字法》（简称《国家通用语言文字法》），同日，由国家主席江泽民以主席令的方式公布，自2001年1月1日起施行。《国家通用语言文字法》科学地总结了我国建国50多年来语言文字工作的成功经验，第一次以法律形式确定了普通话和规范汉字作为国家通用语言文字的法律地位，充分体现了国家的语言文字方针、政策，是中国第一部语言文字方面的专门法律。这部法律的颁布实施是中国人民语文生活中的一件大事，标志着中国语言文字规范化、标准化工作开始走上法制轨道，对中国社会语文生活产生了重大而深远的影响。《国家通用语言文字法》的公布，一方面是"对过去一个世纪的语文现代化工作做一次肯定的小结,保障语文现代化的成果进一步顺利推行"(周有光,2007)。另一方面是适应信息化、全球化时代对语言文字规范化、标准化程度高要求的时代需求,有利于促进国家通用语言文字的规范化、标准化、信息化。《国家通用语言文字法》的公布也使我国的语言文字规范化工作从此有法可依,走上了法制化的轨道。"现代社会是法治的社会,一切政府机关都必须依法行政,语言文字工作部门自然也不例外。《国家通用语言文字法》出台前,语言文字应用的管理主要靠政策性文件,权威性小,规范性差,法律依据不足,致使一个时期以来,尽管各级语言文字工作部门做了很多努力,语言文字应用的现状与社会发展的要求相比,仍然存在某些滞后现象。……《国家通用语言文字法》的顺利通过并颁行,从根本上改变了语言文字应用管理无法可依的尴尬状况。"(王铁昆,2001)

《国家通用语言文字法》颁布后,中宣部、全国人大教科文卫委员会、教育部、司法部和国家语言文字工作委员会等五部委联合发出《关于学习宣传和贯彻实施〈中华人民共和国国家通用语言文字法〉的通知》,要求各地可结合本地实际情况,制定本地区《国家通用语言文字法》的实施办法或语言文字方面的地方性法规、规章,逐步把语言文字工作全面纳入法制轨道。之后,各地开始制定地方语言文字方面的法规,成果显著。根据教育部语用司的统计,到2010年,西藏、黑龙江和新疆修订了已颁布的语言文字方面的地方法规;北京、山西、四川、重庆、山东、湖北、天津、云南、辽宁、吉林、上海、江苏、湖南、福建、广西、安徽、宁夏、浙江、贵州、内蒙古、陕西、河北以及汕头、太原、大连、西安、南昌、贵阳新颁布了28个语言文字地方法规和规章,总共出台了31个地方法规和规章。其中,地方法规23个,地方政府规章8个,涉及25个省(自治区、直辖市),6个省会市、计划单列市和国务院公布的较大的市。语言文字法律法规体系框架已经形成。(魏丹,2010)语言文字规范的法制化是社会发展的必然要求,也是一项长期而艰巨的任务,特别是在当代社会转型较快时期,各种新的思潮、新的观念、新的现象层出不穷,导致语言文字领域出现了很多难以预料的新现象,这些问题一旦处理不当轻则引起思想的混乱,严重者甚至会引起社会的混乱,用法律的手段来管理语言文字使用问题是时代的需要,是构建和谐语言生活的需要,也是依法治国的重要表现形式。

小　　结

　　语言规范有自发规范和自觉规范两种形式，讨论语言规范必须把二者区分开来。戴昭明（1998）认为，自发规范是一种比较零碎的、局部的、或因一时一地的交际需要、或以习得母语为目标而发生的规范行为；而自觉的规范是由国家机关、语言决策机构、语言研究机构和语言专家所发起和从事的宏观的、全局的、大规模的规范活动，它以国家民族的总体利益和长远发展为目标，是在对语言文字发展变化的总规律的认识基础上进行的，目的是要推行一种全国或各民族共同使用的标准语。陈章太（1996）指出，自发规范是社会在语言应用中自然的调节行为，是比较消极的规范形式；自觉规范是人们对语言应用有意识地采取某些措施，进行必要的干预，以维护语言的纯洁，促其健康发展，便于社会应用，这是一种积极的规范形式。我们需要了解、重视自发规范，但更要研究、提倡、加强自觉规范。中国现代化过程中的语言规范更多的是一种自觉规范，任何一个阶段语言规范的具体措施都是适应特定时代的需要，是为国家富强社会发展服务的。清末民国语言规范的主要宗旨是救亡图存，其具体措施都是围绕这个目的展开的，不管是语言共同化、文体口语化，还是文字简便化、注音字母化，都是为了凝聚社会各阶层民众的力量，以挽救民族危亡。中华人民共和国成立初期语言规范的主要宗旨是为了快速建设社会主义，实现民族富强，特殊的历史原因造成翻身作为主人的中华人民共和国国民文化水平普遍偏低，已经影响到了社会主义现代化建设，所以匡谬正俗、推广语言规范知识就自然成为当时语言规范的主要内容。进入新时期以来，民族共同语和规范汉字的推广已经卓有成效，国民文化水平已经有了大幅度提高，语言交际的障碍基本不再存在，另外，社会信息化、全球化以及法制建设的快速发展又对语言规范化提出了更高的要求，因此语言规范的标准化和法制化就成为语言规范发展的必然趋势。所以说，语言规范问题从来就不是某个人或某些人的事，而是关涉到全社会的所有成员；语言规范也不仅仅是语言本身的问题，而是关系到语言所依托的集体、国家、民族；语言规范的目的不仅仅是为了日常交际的问题，而是关系到政治、经济、文化等诸多方面的问题。语言规范离不开时代背景，不同时代其语言规范的目标是不一样的，只有把语言规范放在社会发展的宏观语境下，才能对其有比较清楚的认识。

当代中国具有四个比较明显的时代特征，一是信息化，二是全球化，三是法制化，四是文化大发展大繁荣。在当代讨论语言规范问题必须联系这四个大的时代背景。语言的规范问题不仅仅要解决人与人之间交际的问题，还要解决人与机器、机器与机器交际的问题；语言规范要有全球眼光，要为中国走向世界服务；语言规范要纳入法制的轨道，也要有法可依、有法必依、以法治"语"；语言规范要有利于文化大发展大繁荣，为社会主义文化建设服务。

第三章

当代语境下新词语规范论争

语言永远是发展变化的，新的语言现象一定会随着社会的发展而出现，特别是近代以来，社会政治、经济、思想、文化迅速发展，各种新的语言现象特别是新词新语不断涌现。面对这些新的语言现象，有人喝彩，认为这些新的语言现象是语言充满活力的表现，是社会飞速发展的证明；但也有人反对，认为这些新的语言现象破坏了语言的已有规则，应该进行规范。因此，有关语言规范问题就成为现代语言学界的一个持续关注的热点。据我们 2015 年 2 月份对中国知网的"中国语言文字"范围的检索，自上世纪 50 年代以来，共发表以"语言""规范"为主题的论文 6176 篇，以"新词""规范"为主题的论文也有 351 篇。具体曲线图如图 3-1-1 所示：

计量可视化分析——检索结果

数据来源： 文献总数: 6176 篇；检索条件：（主题=语言 并且 主题=规范）（精确匹配),专辑导航, 中国语言文字, 数据库, 文献 跨库检索

总体趋势分析

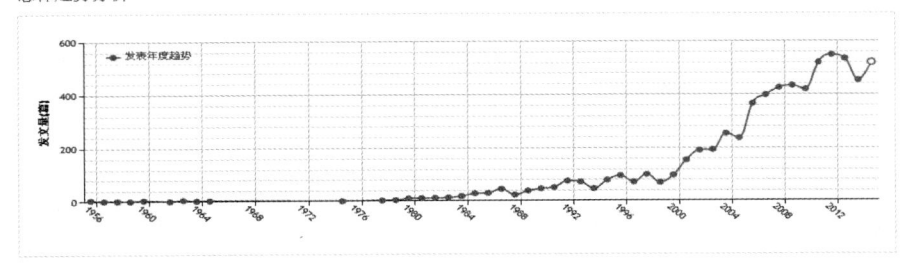

图 3-1-1

从图 3-1-1 和图 3-1-2 两个曲线图可以看出，语言规范问题一直是学界关注的一个热点问题，特别是进入 21 世纪以来，对语言规范的关注

计量可视化分析—检索结果

❶ 数据来源： 文献总数：351 篇； 检索条件：（主题=新词 并且 主题=规范）(精确匹配)；专辑导航：中国语言文字；数据库：文献 跨库检索

总体趋势分析

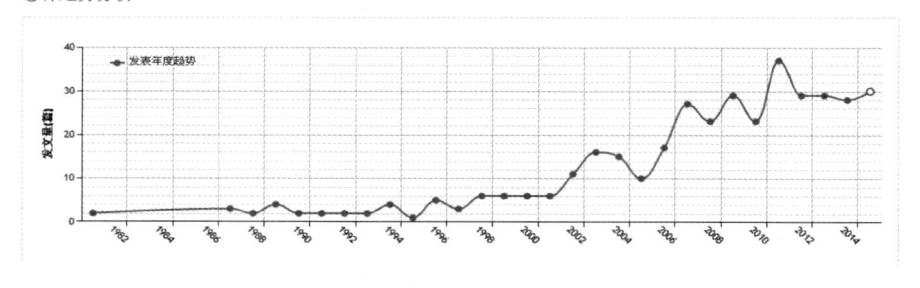

图 3-1-2

度持续升高，其中新词语规范问题尤其凸显。本章将回顾学界在语言规范和新词语规范方面的理论探讨，并分析当代语境下新词语规范方面的纷争及其原因。

第一节 新词语规范的理论探索

有关新词语规范理论的探索在我国还只有几十年的时间，但语言规范的理论探讨则古已有之，古代最有影响的当推孔子的"正名"思想和荀子的"约定俗成"论。孔子曰"名不正则言不顺"，虽然其主要表达的是一种政治理想，但也说明了语言需要规范的思想。荀子说"名无固宜，约之以命，约定俗成谓之宜，异于约谓之不宜。"这已经是一种成熟的语言规范理论。现代结构主义语言学的创始人索绪尔提出语言符号的能指和所指结合具有任意性，其基本思想和荀子是一致的。在荀子之后两千多年的封建社会，语言规范的实践工作一直在有效开展，但理论研究则相对沉寂，直至中华人民共和国成立后，语言规范尤其是新词语规范的理论研究才重新活跃起来。本部分主要回顾当代语言规范尤其是新词语规范在理论方面的研究成果。

一 当代语言规范的理念

中华人民共和国成立以来，语言规范工作的第一次高潮是 50 年代，无论是在语言规范的实践上还是理论上都取得了巨大的成果。在理论上产生了一批重要的成果，比较有代表性的有：林焘的《关于汉语的规范化问题》(《中国语文》1955 年第 8 期)，黎锦熙《从汉语的发展说到汉语规范化》(《中国语文》1955 年第 9 期)，罗常培的《略论汉语规范化》(《中国语文》1955 年第 10 期)，王力的《论汉语规范化》(《人民日报》1955 年 10 月 12 日)，尤其是罗常培、吕叔湘于 1955 年 10 月在"现代汉语规范问题学术会议"上的主题报告《现代汉语规范问题》更是这一时期的最具代表性的成果。这些文章首次较系统地探讨了语言规范的理论，阐述了语言规范的必要性和重要性、规范的对象和内容、规范的原则，要求用发展的眼光看待规范，语言是发展的，语言规范也不可能一成不变，语言学家在规范化工作中可以起很大作用，但语言规范化不能强制，应该因势利导。罗常培、吕叔湘的《现代汉语规范问题》指出："'语言规范化'的'语言'指的是民族共同语，民族共同语的集中表现是文学语言，文学语言的主要形式是书面形式，所以规范化的主要对象是书面语言。""什么样的词汇（词的形式和用法）和什么样的语法（语法格式和用法）应该被承认为现代汉语的规范？我们知道，语言的规范是随着文学语言的发展而逐渐形成的，因此，应该从现代文学语言的作品里找我们的规范。更明确一点可以这样说：现代汉语的规范就是现代的有代表性的作品里的一般用例。""语言有一定的稳固性，具体表现在确定的规范上；但是语言是发展的，所以语言的规范也不可能一成不变。""语言规范化和文体多样化是不矛盾的，和个人风格也是不矛盾的。一种文学语言是一个复杂的整体。它有一个中心部分，有一系列用途有限制的部分：古语、外来语、俗语、方言、专门术语、会话体、论文体、公文体、翻译体，如此等等。这些成分在一定的场合是可以用的，甚至是非用不可的。"50 年代的这些理论文章成为中国现代语言规范的理论基石，之后学界讨论语言规范的理论绝大多数都是对 50 年代提出的理论的进一步阐发和深化。

1986 年 1 月全国语言文字工作会议召开，把现代汉语规范化作为新时期语言文字工作的一项重要任务，之后，有关语言规范问题的讨论和理论思索成为学界的一个重要话题。同年 2 月 3 日，中国社会科学院语言研究所和语言文字应用研究所召开座谈会，专门讨论语言文字的规范化和标准化问题，十二位专家就此发表了意见。龚千炎认为，语言规范既是一个静态的系统，又是一个动态的系统；既是绝对的，又是相对的。"规范又是不断向前发展的，它具有阶段性。""规范是相对的，一般说只要能传递信息、表达思想就行，我们毋需管得太宽。""进行规范工作，必须持灵活的、发展的观点，辩证的观点，要留有余地。"李行健认为，要有一个科学的规范标准。"语言是发展的，对语言进行规范的标准也应该是发展的。但在一定的时期内，标准又应该是固定的。……对于那些一时还无法确定其是否符合规范的语言现象，不妨让它们在群众的语言实践中考验一段时间再进行判断。"陈建民认为，规范和语体、规范和时间、规范和得体性之间有密切的关系。"不同的语体，规范化的程度有高低不同的要求。""规范是慢慢形成的，有一个发展过程。……三十年来语言规范的实践告诉我们，对有争论的'中介物'，判断它是向规范这一头发展，还是向不规范那一头靠拢，社会上的使用频率是最重要的依据。"徐枢认为，语言规范的标准应该是能否达到交流思想的目的，"讲语言规范无非就是给语言运用立个法。这个法立宽了，不成；立严了，恐怕也不成。要合乎实际，要适度。……少数语言现象是否规范一时拿不准，就不妨先让它在实践中考验一段时期，不忙于下结论。"在社会和学界高度关注语言规范的背景之下，80年代末90年代初，《语文建设》先后就语言规范问题展开了三次非常有影响的讨论，第一次是1986年至1987年，第二次是1991年至1993年，第三次是1992年至1993年，前两次主要是讨论规范观的问题，第三是讨论文学语言的规范问题，这三次讨论集中产生了一批重要的理论成果。之后，学界对语言规范理论问题的探讨越来越多，成果非常丰富，形成了一些非常有理论价值和实际指导意义的思想观点。

  新时期以来的语言规范理论已经不再固守匡谬正俗的思想，而是更多的尊重语言使用的实际情况，认为规范来源于语言实践，规范的标准是约定俗成的，规范的标准应该是发展的，因为语言是发展的。赵元任（1985）认为，"语言规范标准是发展的，不是一成不变的，不能死死抱住旧的规范标准不放；规范标准常常是约定俗成的，非规范的语言现象在一定的条件下可以转化为规范的东西；不同的使用场合可以有不同的规范标准，标准可以有多重，标准是相对的；评价规范的标准不是简单地判断对和错，而是看它在使用过程中的得体性，其标准不是绝对的。"龚千炎、周洪波、郭龙生（1991）提出语言规范的本质是应用、发展中的规范，"语言规范是一个不断变化发展的过程，它属于语言应用中的问题，而语言又只有在应用当中才能不断得到发展，因此，语言规范的本质是应用、发展中的规范——简称'发展链'。""发展链"具体包括三方面内容，第一，语言规范是动态和静态的辩证统一；第二，语言规范是统一和差异的辩证统一；第三，语言规范是相对和绝对的辩证统一。苏金智（1993）提出传播决定规范，"语言本身是一种社会规范，因此，语言文字的传播过程实际上是一个规范化的过程。……规范的语言是随着人类传播的产生而产生的。就这个意义而言，传播在先，规范在后；传播第一性，规范第二性。传播需要规范并且决定规范。也就是说，规范的目的是为了更好地传播，是为了保证传播的有效性、准确性和简明性。……不同的传播方式，其规范程度大不一样。口头传播的规范程度低些，书面传播、新闻媒介传播和多媒体传播的规范程度相对较高。"刘福长（1993）认为语言规范的最终标准是实际使用，"从规范的形成过程看，有自然的，也有人为规定并通过行政或其他手段实施的，但从整体来说，语言的规范主要还是自然形成的。""规定性和描写性，孰为语言规范的根据？……大体上可以说，规定性以逻辑为标准，描写性以实际使用为标准。""不管规定性所依赖的逻辑标准是如何正确，某条规则是否成立却要看是否被普遍接受，即是否是约定俗成的。""不管在哪一种语言里都有许多不合逻辑、不合理的成分，因此不能把逻辑性当成判断是非的唯一标准。""对语言进行判断时，除有逻辑标准外，还应有实际使用等其他的标准。而在二者相互冲突时，更应以实际使用作为判断标准。"王培光（1998）提出语感是制定语言规范的重要依据，"人的语感各有不同，语言规范如果要顺利推行，最好能符合大多数人的语感。……大多数人认为恰当的语言规范，自然得大多数人乐于遵从。大多数人觉得无关紧要的语言规范，语言规划者很难把这些规范强加于众人头上。"陆洋（1999）提出语言规范要尊重约定俗成的语言习惯，"在语言的发展中，某些约定俗成的语言现象即使稍有些偏离规律，但只要没有完全背离规律，无碍语言发展的大局，而且使用它的主体——人民群众已经形成了某种语言习惯，有时这种习惯的形成又是由于以前的规范标准所致，故大可不必反潮流而动来显示自己学识的渊博、高深和正确。因为语言毕竟是广大人民使用的一种特殊工具，统一、通用是方向。使用与研究，知其然与知其所以然终究还有一定的距离。"詹伯慧（1999）提出语言规范是为应用而规范，"我们强调从应用中来，到应用中去的原则，也就是要体现出'源自实践，服务实践'的精神。""必须充分认识到约定俗成在语言应用中的约束力，牢牢树立语言规范不违背语言习惯的思想，才不至于在面对一些似通非通的语言现象时无所适从。"晁继周（2005）认为正确的语言规范应该与语言实践相一致，"社会语言生活，即人民群众的语言实践，是语言规范的基础和依据，也是检验语言规范正确与否的惟一标准。"从以上论述可知，学者们的基本主张就是语言的基本规律来源于语言使用的实践，语言规范应该以语言使用的实际情况为依据。语言不是突然产生的，有一个历史的传承问题，但语言不是静止不变的，语言会随着社会的发展而不断发生变化，所以语言是传承和现实的结合，但最关键的还是现实的价值，离开老百姓语言使用的现实情况来谈论语言规范问题无疑是无源之水、无本之木。

经过一段时期的讨论，以约定俗成作为语言规范的基本理念获得了大多数人的认可。到了世纪之交，语言规范理论的探究进一步深入。学者们进一步认识到语言的规范不是笼统的，要区分语言规范和言语规范，而且应该分层次分领域处理规范问题，同时对约定俗成的认识也越来越深入，开始探讨学理和俗实的关系。

自索绪尔的结构主义理论传入中国之后，在语言研究中区分语言和言语就成为语言学界的共识，90年代末以来，有一批学者提出语言规范也应该区分语言规范和言语规范，其中语言规范主要指向语言的结构形式和结构规律，而言语规范则主要指向语言的使用规律。周一龙（1996）提出要区分语言规范和言语规范，"应该在汉语规范化的理论和实践中，区分'语言'和'言语'这一对互相交叉的概念。""语言规范是一种工具的规范，而言语规范则是技能的规范。""语言规范也是一种静态的规范、工具的规范和构件的规范；而言语规范则是动态的、技能的、整体的规范。""语言规范应讲究全民性和稳定性的特点；言语规范则包含了普通言语、专业言语和艺术言语三个层次，它应讲究的是适切性。两者相互依存、相互转换和共同发展。"黄佑源（1996）提出要区分语言规范标准和语言使用标准，"语言规范的标准，不完全等于语言使用的标准。""规范的标准较多从语言形式着眼，使用语言时首先考虑的则是内容。""注意协调语言规范化和语言使用多样化的关系。"王希杰（1998）提出要区分语言规范化和言语规范化以及言语得体性，"语言的规范化是语言自身的问题，是语言体系的相对稳定性问题。言语规范化是某一个时代、某一个社会的语言使用中所约定俗成的相对稳定的一般原则。言语得体性是特定的交际环境中话语对于交际环境的适应程度的问题,即同特定文化背景的协调性和对于交际心理的可接受性,或者说是合作和礼貌的问题。言语的规范化不能够包括言语的得体性,而言语的得体性可以包括言语的规范性,言语规范性是言语得体性的最重要的内容之一,也是一个最重要的基础,但是言语规范性并不是言语得体性的全部内容。语言的规范化是一个语言的习得或语言的学习的问题,而言语的规范化和言语的得体性是一个人的社会化的问题。它们的性质是完全不同的。"郑远汉(2007)提出要区分语言规范和言语规范,"语言规范问题实际上有着眼于'语言'的,有着眼于'话语'的,它们属于不同的层面。语言层面的规范和言语(话语)层面的规范之间既有联系,又有区别,不是等同的关系,也不是完全对立的关系。语言层面的规范对言语活动有指导意义,但不可能取代不同言语环境的具体要求。因此,我们谈语言规范不能只着眼于语言系统本身的规范问题,还必须重视和研究言语活动的特点和实际要求。""语言层面有两种性质的规范:约定俗成的规范和明文规定的规范。""言语层面的规范体现在两个方面,首先,不论是怎么的交际任务、交际场合,要使你的言语能够起到沟通思想、交流感情的作用,就必须接受所使用的那种语言自身规范的指导。……其次,不同语域或语体的言语有不同的言语特点,也就必然有不尽相同的规范要求。"

随着对语言规范理论认识的不断深入,有关规范讨论的视角也越来越广阔,有学者开始讨论语言规范的分层次分领域问题,也有学者讨论"俗实"和"学理"的关系。李宇明(2002)提出,规范应考虑语言的职能和领域差异,应处理好学理和俗实的关系,应给语言发展留足空间,"语言是人类用于交际、思维和文化传承的最为重要的符号系统。……词汇作为语言的重要子系统,在进行规范时当然应当充分考虑到语言的三大社会职能。""语言规范除了'匡谬正俗'之外,更重要的是要方便语言交际、促进语言发展、保持文化连续、维护民族形象等等。""规范不是静态的,不是千秋不易的金科玉律。正相反,规范应该是动态的,应当随着语言的发展而发展,因此对已有规范应该不断地进行修订、维护、升级,使之更好地为语言生活服务。"邹韶华(2004)提出语言规范中习性原则应该优先于理性原则,"语言规范的原则可以大分为二,一个是理性原则,另一个是习性原则。理性原则主张判别正误要以所谓学理为依据,分简明性、类推性、保守性和预见性四个方面来讨论。这些理据对语言规范虽有一定的解释力,但都属下位层次,有一定的偏误和局限性。习性原则主张以可量化的语用实际为依据,这个原则基于语言音义结合的任意性,具有显现群体智慧的客观性及对待具体规范的可操作性,是一个上位的而且既科学又便于遵循的原则。"而施春宏(2009)则进一步提出,"语言规范化应以理性原则(交际值原则)为主导性原则,习性原则只能成为下位层次的原则和策略。""语言规范化的根本目标是使语言交际更加有效、及时、到位。"宗守云(2007)认为,处理规范中的理据性和习惯性关系时应该从社会文化认知的高度来讨论,高层次的理据性基本可以解决低层次的理据性和习惯性的矛盾,"如果习惯性不能被更高层次的理据性所制约,那仍然不能说是规范的。"

进入世纪之交,语言规范理论的探讨可以说是大放异彩,卓有成效,各种规范理念、规范观以及新的概念也大量出现。于根元(1996)提出"交际值"和"规范度"的概念以及"规范就是服务"的规范理念,"交际值是衡量规范的原则","语言规范的目的是便于人们使用语言来交际、思维、认知,是使语言健康地发展。规范的大原则应该跟规范的目的一致。"并进一步提出"规范度"的概念,"交际即使比较规范了,还有个规范度","交际效果好也就是交际度高,规范度当然高。""'规范就是服务'体现在认识上,是认识到为人们的交际、思维、认知服务是规范工作的立足点、目的和目标。……千万不能本末倒置,为了要合乎某种所谓的'规范'而妨碍语言的发展,妨碍人们的交际、思维和认知。"高万云(1998)引入"语言规范场和语言规范度"的概念,提出语言规范的整体性、立体关照的原则,"区别对待语言的本体规范与道德规范。""严格区分语言的静态规范和动态规范。"王建华(2000)提出宽容的规范观、动态规范观、发展规范观、层次规范观等。"比如一些词语的用法、语法的变异,在出现之初或许让人不很习惯,但没有必要匆忙做出是否'失范'的结论,而应该由社会来检验、大众来抉择。""要正确认识系统与开放的关系,树立动态的语文规范观。要提倡并鼓励语言系统广泛地吸收各种养料,以丰富、发展自己;要对吸收的成分及时地整理和规范,以保证语言的健康发展。""我们讨论语言规范问题的目光就不仅限于已有的语言现象,还要延伸到可能出现的语言现象。""语言应用中的不同语体有不同层次的规范,普通言语层、专业言语层和艺术言语层所要求的规范就有较大的差别。"丁崇明(2002)提出语言演变不同阶段的变异规范度有差异,"从语言规范的角度来看,我们不能笼统地说语言变异都是不规范的,要做具体分析。变异可分为个人语言变异、部分人模仿变异、部分群体模仿变异、泛群体变异和言语社团变异等阶段。"个人语言变异可以说是不规范的,但群体模仿变异已经具有一定的规范度了。"语言的变异有的是由偶然产生不规范的'失误'引发的,而当这种'失误'迅速传播开来,汇入群众言语的汪洋大海之后,语言工作者规范的呼声,就像卷入大海的一片叶子转眼间就被翻腾的群众言语波涛淹没。"戴昭铭(2003)提出动态规范观,认为规范化是对语言变化的评价和抉择。"语言创新是极为重要的因素,是语言生命力的表现。没有创新就没有语言的发展,否认创新,抵制创新,就等于扼杀语言的生命。但是并不是所有的语言变化都是创新形式,语言变化中包含着大量错误的和不合理的成分。如果采取放任主义,势必造成严重的语文混乱。为了判别语言变化中的创新形式和错误形式,就需要对语言变化进行评价。只有经过充分的科学的评价,才能作出恰当的抉择。所以,对语言变化的评价和抉择问题以及由此产生的规范标准问题,应当是规范语言学的核心问题和本质问题。""语言规范化的对象与其称为'不规范的语言现象',不如称为'语言的变化',语言规范化工作的性质应当是对语言变化的评价和抉择。"施春宏(2005)提出以语用为本位的规范观,"任何语言现象都是人、语言、社会的时空结合点,而且只有在具体的时空分布中才能实现、发现其价值。它必须从语用本位出发,倡导具体问题具体分析。""可以将现实同一性原则作为语言规范的根本原则,也就是元原则。"语言规范的一般性原则具体包括动态性原则、系统性原则、层次性原则、人文性原则以及刚柔相济的弹性原则。苏宝荣(2005)提出动态发展的规范观,"语言文字总是处于动态的发展变化之中,语言文字的规范化,必须是在不断发展中'规范',在不断研究中确定'规范的标准'。""语言文字的规范是一个动静辩证统一的历史概念。语言文字就某一个历史时段来说,具有相对的稳定性;而在历史长河中,又是动态的,不断发展变化的。'规范'的标准应当是尊重语言动态发展的事实,'规范'的实现应当是从社会人群语言实际出发的一个不断完善的过程。"资中勇(2008)认为规范的关键是要把握好"度","语言规范是具有稳定性的,而现实生活中活的语言又是不断发展变化的,要实现统一与多样、不变与变异的辩证统一,关键在于把握一个'度'——既不能一味追求规范,忽视活生生的语言现象,也不能片面注重对现实语言的描写，忽略了促进语言规范这一根本目的。"姚喜双（2012）提出辩证规范的原则，"语言规范应该坚持辩证的原则，不仅要做到分清层次、突出重点，还应兼顾整体和全局，解决规范中的不平衡，防止片面化和绝对化。遵循语言文字自身发展规律，处理好语言文字规范与发展之间的辩证关系。规范不是要求语言文字一成不变，而是要根据时代发展的不同阶段，不断吸收新词新语，实现自我发展。"

近70年来，中国语言学界对语言规范的理论问题进行了多角度、多层面、全方位的探讨，形成了诸多语言规范的理论成果，各种规范理念、规范方法、规范思路乃至规范观异彩纷呈，影响深远，有效地指导了中国语言规范的实际工作。

西方学者也就语言规范问题有过深入的阐述。Christine M. Korsgaard从哲学视角提出，成功的规范应该充分考虑行为主体的立场，一个合格的规范性理论必须满足"透明性"（transparency）的条件。Voloshinov认为，规范化是具有强烈政治意图和高度意识形态的产物，依赖于权威部门强制推行其运用的任意标准。Sue. Wright认为，政治、机构的影响促使人们接受语言规范化，同时，个体倾向于使用偏离规范的创造性语言。E. Haugen认为，语言规范化工作的性质应当是对语言变化的评价和抉择，并提出有效率、适合性和可接受性三个标准。A. Bamgbose认为语言规范是供另外一些语言形式和语言实践作参照物的一种标准语言形式和语言实践。另外，Tegn. r、Noreen、Jespersen、Mathesius、B. Havr. nek 等提出"弹性语言规范"，即语言规范应保持稳定，但也要有一定的弹性。

二　词汇规范及新词语规范的理念

词汇是语言三要素之一，也可以说词汇是语言最重要的组成部分，因为语言的意义主要是通过词汇来承载和传递，而且相比于语音、语法而言，词汇的更新扩容最快，社会的发展变化基本上都会在词汇中体现出现，新的社会现象出现就会有新的词汇产生，新的词汇是最容易突破语言的传统规范标准的，因此词汇的规范问题自然成为语言规范的重要组成部分。词汇也是语言三要素中最难规范的部分，一方面因为词汇发展变化非常快，特别是在社会发展比较快的时期，新的词汇成员层出不穷、日新月异，突破传统规范界限是常有的事；另一方面，词汇中蕴含着丰富的民族文化特征和情感因素，特定的词语往往承载着特定群体的文化心理，甚至关系到国家形象。所以词汇的规范问题极其重要而又极难处理,"现实生活表明,词语的规范使用同现代社会的民族文化、经济的发展密切相关,特别是关联到国家、民族的尊严,成为一个相当敏感的问题。"(刘叔新,1995)

词汇规范的宏观原则自然与语言规范是相一致的,但其具体措施有其独特之处。赵怀印(1993)提出词汇规范化应具有层次观念,"进行现代汉语词汇规范化应正确处理好词汇规范化规律与词汇规范化理论、词汇规范化理论与中初等学校词汇规范化教学的关系。而要处理好这些关系,就应该树立词汇规范化的层次观念。我们认为,现代汉语词汇规范化有三个层次:词汇规范化规律层次,词汇规范化理论层次,词汇规范化教学层次(指中初等学校的词汇规范化教学这一普及性层次)。"陈章太(1996)提出"约定俗成,逐渐规范"和"宽容对待,重视动态"的原则,"语言既有系统性又有社会性,语言规范化离不开语言的这两种属性。而以'约定俗成,逐渐规范'为原则的普通话词汇规范,正是符合语言的这两种特点。也就是说普通话词汇规范既离不开普通话词汇系统的状况,又要充分考虑社会应用的有关需要;对普通话词汇既要按照一定的标准进行控制和规范,又不可以脱离语言应用的实际,过急地实行'主观规范'。""为了更好地、有效地贯彻'约定俗成,逐渐规范'的原则,应当确立求实、辩证两个观点,即'宽容对待'和'重视动态'。"刘兴策(1999)认为,汉语规范化应该遵循约定俗成、刚柔相济、自我调剂三条原则。词汇规范化应该遵循普遍性原则、需要的原则、明确的原则、历史性原则。"对于经常地、普遍地使用的词语,应该吸收到普通话词汇体系中来。""普通话不但要从基础方言中接受大量的词语,还要从文言词语、方言词语、外来词语、专门用语等成分中吸收有用的成分。""选取表意明确的词语,舍弃含义不明确、不易了解的词语。""对一种语言的词汇进行规范,必须以其历史渊源为依托。"资中勇(2008)认为,"在词汇规范工作中,应当本着'约定俗成、逐渐规范、词竟众择、适者生存'的原则,充分考虑规范性与习惯性两方面的因素,与时俱进,对词汇进行合理的吸收与删汰,同时要为语言这个动态系统留出足够的发展空间。词汇规范的基本理论原则在学界已经基本取得了共识,但在面对具体问题时则时有争议,而近年来争议较大的是新词语的规范问题。

当代社会快速发展,新词语层出不穷,突破传统习惯的新词语自然大量出现,怎么对待这些新词语就成为语言规范必须面对的问题。新词语规范最基本的问题是怎么处理"宽"和"严"的关系问题,即怎么处理兼容并包和从严把关的问题。吕叔湘(1984)提出"与其失之于严,无宁失之于宽"的观点基本上奠定了学界对新词语应该采取宽容态度的宏观指导思想。后来的学者基本上都是在吕叔湘先生这一基本原则的基础上加以不同程度的阐发。李行健(1987)提出新词语规范不要"热处理","最科学的态度要求我们对新出现的现象进行耐心的观察和分析,对拿不准的东西,不妨先不要对它们进行处理,待它们在语言实践中经过一段考验后再去分析研究它们是否符合规范,决定其命运。这就要求我们,不要把不合规范的东西看得绝对不好,语言正是在不合原来规范的新东西冲击下发展的,要求我们对规范(标准)不要看得太死板,应该把规范看成既是固定的又是发展的。忽视规范的稳定性就无法进行规范工作,看不到规范的发展性就要阻碍语言的发展,使规范同语言发展形成对立,最终使规范工作受到挫折。同时更不要忽视对暂时不规范的语言现象的观察和研究,切忌对这类现象进行"热处理",否则也会受到语言实践对我们的嘲弄,丧失规范工作的严肃性。"顾设(1987)认为语言规范要有一点宽容精神,"对新词新语新用法要尽可能地承认,不要使规范化和现实语言生活脱节。""要充分考虑语言运用的因素,不能有框框。""要尊重语言规律,但不能过于拘泥。"陈章太(1996)提出宽容对待新词语的态度。"对待新词语总体上宜持热情、谨慎的态度,多进行观察、研究,必要时加以说明、引导,适当进行干预和规范;少作批评、指责,更不宜轻易判处其'死刑'。"钱乃荣(1998)提出对新词语要宽容,"对于新词语,我们应该采取宽容态度,在一段时期内不加限制,群众用开了,说明它自有其生命力,我们应予以追认,积极地编入新词典,加以推广。我们对新词语如同对待新事物一样,要抱有积极欢迎的态度。""因此我们要树立一个动态的、开放的语言观,即语言的变化是绝对的,语言的规范工作应该是积极引导而非被动限定的一种社会服务。"张德鑫(2000)提出"宽容、柔性、约成"的新词语规范观,"对新生词语的产生和'入境'首先应采取宽容的态度,如吕叔湘先生所倡'宁滥勿缺',此谓'有容乃大,厚德载物'也;对新生词语的规范原则,要变过去的消极规范(或曰'刚性规范')为积极规范(或曰'柔性规范'),化刚为柔,以柔克刚,树立一种柔性的规范观来拥抱多姿多彩的新生词语;柔性原则主要表现在尊重约定俗成,如果说规范是因需制订的一种主观功力,约定俗成则是无可替代的客观伟力,体现了语言特别是语汇发展过程中'物竞天择、适者生存'的自然法则。"陈章太(2005)进一步指出,在新词语规范方面要考虑人文性和宽容性,"对外来词和新词语的规范,也要考虑人文因素。……近20年来产生的大批新词语,是我国改革开放时期社会、文化的反映,对其规范应当表现这个时期的一定人文特点,体现其时代色彩的人文性。""语言是有层次的,是不断发生变异、变化的,语言使用不单纯是语言问题,与各种因素有关,语言生活是丰富复杂的,所以语言规划要体现宽容性,保持一定的灵活性。……对比较活跃的外围部分,如某些音素和个别读音、一般词汇(特别是新词新语)和某些一般语法格式的规范要从宽,可有多一些指导性内容。"总的看来,学界对新词语的基本态度是宽容对待,静观其变。

对待新词语规范与否的态度上,根据于根元(1996)的总结,有三种主要的理论观点,主要包括追认观、阶段观、选择观、预测观等。第一种规范观是追认观和阶段观。追认观在早期比较有影响力,认为一种语言现象用的时间长了、用的人多了,从而追认它是规范的,如果还没有被很多人用开,就不能认为是规范的;跟追认观有关的是阶段观,认为当初用的时间短,用的人少,确实是不规范的,如果用的时间长了,用的人多了,就是规范的,规范是分阶段的。追认观和阶段观的基本观念来源是约定俗成思想。第二种规范观是选择观,认为语言规范化的性质是对语言的变体进行评价从而选择出规范的一种或者几种。选择观没有对一切新的语言现象持否定态度,而是根据"效率原则"对它们进行评价和选择,具有较好的科学性。第三种规范观是预测观,即根据已有的语言使用情况和新词语生成的基本规律预测可能会出现的新词语。预测观具有较强的学理性,也基本符合实际情况,但新的语言现象的出现很多具有偶发性,不一定按照人们预测的方向发展,所以预测观也不可能完全奏效。

三 新词语规范的操作原则

学界对新词语规范的基本理念有比较强的共识,那就是"宽容对待""约定俗成",但这仅仅是一个宏观的指导思想,当处理一些具体的新词语是否规范时,则需要有一些可操作的办法或基本原则,对此学界也有过许多探讨。侯敏(1988)提出新词和生造词判定的两条标准,第一是看在社会交际中是否需要,包括表义的需要、经济的需要、修辞的需要;第二是词语本身是否表义明晰准确、构词合乎规律、语音上没有混淆可能。王铁昆（1989）提出对新词新语进行规范除要遵循"约定俗成"的总原则外，还需要制定遵循必要性原则、明确性原则、高效率原则以及普遍性原则。在研究新词语的规范问题时，还必须考虑求新、求雅、求和谐的民族社会心理。姚汉铭（1995）提出处理新词语与生造词的四条原则——填空性、明确性、效率性、互补性，即有四类新词语是符合规范的，一是填补了原有普通话词汇空白的新词语，二是表义明确的新词语，三是用最经济的手段达到交际目的的新词语，四是与原有等义词在语用、色彩等方面存在互补性的新词语。于根元（1995）提出"规范度"概念，即品位高、交际度高的新词语其规范度也就高。王建华（2000）提出新词语规范应该遵循四条原则：第一，规范是一个动态发展的过程，规范和变异是对立的统一，规范总是相对的，而变异才是绝对的，词汇的发展证明了这一点；第二，规范应符合约定俗成的原则，约定的基本原则包括经济（表达的简洁性）、易懂（表达的可接受性）、能产（构词的自我繁殖性）；第三，规范要考虑社会心理因素和社会文化因素，包括趋新心理、求雅心理、地域文化；第四，规范要正确把握词汇的预测和追认。张斌（2003）提出书面语对新词的选用，应遵循三条基本原则，一是需要原则，二是简明原则，三是合乎造词法原则。

总的看来，国内外语言规范的基本理念是一致的，即认为语言规范是动态的，应该随着语言的发展而变化，这符合语言发展的基本规律。对于新词语的规范问题，基本上是持一种宽容的态度，根据约定俗成的原则来处理。但是新词语规范问题非常复杂，从理论上说可能比较好办，而一旦遇到具体的词语时往往很容易遇到麻烦。新词语规范的问题不仅仅关乎语言本身的问题，而且关乎人的文化心理甚至民族情感，与时代语境也息息相关。在当代中国文化大发展大繁荣、国际交往日益频繁、信息化步伐加快的大背景之下，怎么进行新词语规范，科学语言规范观的内涵是什么，都还需要深入探究。

第二节　当代新词语规范论争

新词语的类别多种多样，从来源看，主要包括七个大的类型，第一是新造词语，即利用汉语已有的造词材料和造词规则创造出来的新词语，如"限塑、吸费、裸官"等；第二是旧词新义，即在汉语已有词语的基础上衍生出新的意义或用法，如"山寨、水军、打酱油"等；第三是外来词语，即从别的民族语言中借用来的词语，如"纳粹、海洛因、马克思"等；第四是从汉语方言及港台吸收的词语，如"瘦身、发廊、走秀、八卦、百分百"等；第五是网络新词语，如"灌水、潜水、拍砖、稀饭、酱紫、人艰不拆、十动然拒"等；第六是新的字母词，如"WTO、NBA、GDP、IQ"等；第七是专业术语，如"软件、硬件、启动、热处理、冷处理"等。新词语以一种最快捷的方式记录了当代社会的发展变化，反映了当代人多姿多彩的生活状态，在当代语言生活中非常活跃，使用领域也非常广阔。对于新词语，有人钟爱有加，也有人恨之入骨，爱之者认为新词语适应了新的社会生活，也是语言发展和有活力的表现，应该顺其自然接受他们；恨之者则认为有些新词语的构造不符合汉语的传统理据，破坏了汉语的纯洁性，扰乱了正常的语言生活，应该规范或禁止新词语的泛滥。目前争议比较大的主要是字母词和网络新词语的规范问题。

一 字母词规范论争

（一）字母词的类型及利弊

一般认为字母词指包含有西文字母的词语。但对字母词的定义不同学者的看法有差异。较早提出字母词概念的学者是刘涌泉。刘涌泉（1994）认为："字母词是指汉语中带外文字母（主要是拉丁字母）或完全用外文字母表达的词，前者如 B 超、卡拉 OK，后者如 CD、UFO，它是一种新形式的外来语。"之后不断有学者对字母词的概念内涵和外延进行界定。从表现形式上看，字母词大致可以分成五个类型：第一，外文缩略语，如"WTO、NBA、GDP、CD、CEO、CT、DNA、DVD、GPS、ISO、SARS、VCD、VIP"等；第二，汉语拼音缩略语，如"GB、HSK、RMB、PSC、WSK"等；第三，由阿拉伯数字和西文字母混合而成的，如"F1、3D、MP3、Win98、MP4、PM2.5"等；第四，由汉字和西文字母混合而成的，如"卡拉 OK、γ射线、A 股、AA 制、B 股、B 超、IP 卡、O 型（血）、维生素 C"等；第五，由阿拉伯数字、西文字母和汉字混合而成的，如"4S 店、4D 影院"等。字母词的大量出现大致始于 20 世纪 80 年代，伴随着改革开放，各种新事物、新现象、新思潮大量涌入国门，记录它们的相关词语来不及完全汉化就以各种形式直接进入了我们的语言生活，从而产生了各种类型的字母词。

　　字母词在当代语言生活的各个领域中广泛存在，其原因可以概括为三：第一，简洁，符合语言使用的经济原则。如"ABS、APEC、BRT"这些字母词明显比对应的汉字词"防抱死制动系统""亚太经济合作组织""快速公交系统"要简洁。有些字母词如果用汉字词还真不容易表达，如"4S店"，是一种包括整车销售（Sale）、零配件（Sparepart）、售后服务（Service）、信息反馈（Survey）等内容的"四位一体"的汽车销售店，要概括成准确反映全部信息内容而又简洁的汉语词表达确实很难。第二，国际化，方便与国际接轨。很多字母词就是英文字母的缩略，在国际交往中基本没有什么障碍，可以减少翻译的环节，如"BBC（英国广播公司，British Broadcasting Corporation）、CBD（中央商务区，central business district）、IOC（国际奥林匹克委员会，International Olympic Committee）"。第三，符合时代潮流，在当今中国文化转型和全球化语境之下，很多人特别是年轻人都乐意接受外来文化，使用带有明显外来特色的字母词恰是这种开放心理和追赶潮流意识的体现。

　　当然，字母词大量或不当使用也存在明显的弊端，主要体现有二：第一，冲击了国人的文化心理。汉语汉字的优雅凝练是举世公认的，几千年流传下来，具有深厚的文化底蕴和民众基础，不仅仅记载了传统文化，同时本身也承载着民族的文化特征和思想情感。对于绝大多数中国人来说，使用汉语汉字已经成为深入骨髓的文化习惯，不可能轻易改变。尽管字母词的使用有其可行性甚至必要性，但字母词毕竟是外来的东西，初看总有点怪模怪样的，与汉字词组合在一起总觉得有点不伦不类。民族的接触自然会导致语言的接触和成分的相互借用，传统上汉语借用外来语是以意译为主，如"胡笳""琵琶""石榴""经济""民主""科学""电话""集体""马克思主义"等都是外来语，但它们都已经融入了汉语之中，甚至看不出其外来语的痕迹。当代社会发展太快，成千上万的外来语来不及进行合适的翻译就已经被大量使用了。虽然我们无法避免，但总是心有不甘，总想对其进行汉化，使其融入汉语。第二，产生了一定的交际障碍。由于各种原因，很多字母词尽管很常见，但使用者并不完全清楚其含义，比如"SCI（科学引文索引）、ITS（智能交通系统）、EMS（邮政特快专递）、CPI（消费者价格指数）、CATV（有线电视）"等等。笔者随手翻阅了几张《南昌晚报》，在很多广告词中就出现了一些字母词，列举如下：

恒大地产商务钜作，首献南昌。35—88m² SOHO 公寓，送满屋名牌精装。

阅尽精工，倾献 CBD 稀世洋墅。

保腺体，不开刀，"MWA 超导消融术"治疗更彻底。

美国辅酶 Q10 每天 1 块 1，心脏强有力。

九州天虹广场营销中心盛大开放——九洲上郡 T2 火热开抢。

美国叶黄素，美国 FDA 认证。

上边广告中直接使用字母词，其实很多消费者并不一定明白这些字母词的意义，特别是一些专业性较强的字母词，如"MWA、FDA"等，这其实已经影响了广告的效用。字母词的使用有时还会给生活带来不便，甚至产生意想不到的麻烦。2003 年上海就曾发生过字母词使用的纠纷，当时上海的机票上只印字母词"上海 PVG"和"上海 SHA"来指称"上海浦东机场"和"上海虹桥机场"，导致一名乘客弄错了机场从而错过了航班，在商议退票无果的情况之下，该乘客将航空公司告上法庭，最终获得机票的全额退款。之后，民航总局也做出了改进，现在国内出售的航空机票的起飞地和降落地都用了中文标识，以方便广大旅客识别。

总之，字母词的使用有利有弊，从而引发了社会各界的争论，自 21 世纪以来，这种争论基本上就没有中断过，而且近年来这种争议似乎有愈演愈烈之势。

（二）字母词规范之争

字母词的大规模使用应该是在改革开放之后，特别到了世纪之交，字母词已经渗透到了社会生活的各个领域，时至今日，有人就认为字母词已经泛滥成灾了。看看《人民日报》引用的一段话语：

APEC 记者招待会后，我约了 STV 的记者和一群 MBA、MPA 研究生朋友，讨论中国加入 WTO 后 IT 业对 GDP 的影响。读 MBA 的张小姐本来想去 COM 当 CEO，但觉得 IT 业风险大，转而想去 Nike 公司。读 MPA 的李先生却认为加入 WTO 后政府职能将大有改变。随后大家相约关掉 BP 机，也不上 Internet 的 QQ 和 BBS 聊天，而是去了 KTV 唱卡拉 OK……（刘汉俊《请尊重我们的母语》，《人民日报》2004 年 4 月 20 日）

这段话中字母词的使用可能有点极端，但却在一定程度上反映了当今字母词使用泛滥的情况。周健（2001）概括了世纪之交我国外文字母词使用的四种问题：一是滥用，即在无需使用或不该使用的地方使用外文字母词语；二是误用，对所使用的外文字母词语做了错误的翻译解释或所用的外文字母词语本身就是错误的；三是缺注，对所引用的外文词语既不做翻译，也没有任何说明解释；四是格式不当。文章还提出了外文字母词语使用的"必要、从众、适当"三原则，防止误用、滥用。当时一些大报要报都发文章讨论字母词的问题，一部分人觉得字母词影响了汉语的健康发展。《北京日报》（2001 年 5 月 14 日）发表《我们的语言出了什么问题?》，文章指出，改革开放以来，汉语里夹带外文字母的词数量明显增加，像 AA 制、T 恤、卡拉 OK、B 超、CT、DNA 等等。汉语中使用数量有限的外文字母词是有必要的，因为它们简便，有些由于国际通用也便于与国际接轨，但是，凡事都要有个度，现在有些报纸，外文字母词充斥字里行间，给阅读造成很大困难，不利于汉语的健康发展。《人民日报》（2004 年 4 月 20 日）发表《请尊重我们的母语》，文章认为，滥用外来语和不规范字母词造成的支离破碎的语境，既破坏了汉语言文字的严整与和谐，影响了汉语表意功能的发挥，也消解了中国文化精深而丰富的内涵，在潜意识中损害了人们的民族感情。但也有人认为，字母词的使用有其客观必要性，不必过于恐慌，要用理性的心态来对待。在 2001 年 6 月，专家学者汇聚北京举行"纪念《人民日报》社论《正确地使用祖国的语言，为语言的纯洁性和健康而斗争!》发表 50 周年座谈会"，在座谈会上，大家一致认为汉语应与时俱进，要正确认识外来语。原国家语委副主任王均认为，不能误解语言"纯洁性"的意思，走到"语言净化主义"的极端上去。语言是随着时代、随着社会的发展而发展的，因而，对于规范，也要有动态的观点，发展的观点。社科院语言所研究员刘涌泉指出，目前，像 VCD、WTO、IP 电话等外来语已为广大群众所接受，而且，这些写法简捷通用，如果一定要写成中文反而复杂了，一般人看不懂。

毋庸置疑，字母词已经进入了我们的语言生活，这是任何人都无法回避的一个事实，但是，字母词毕竟是舶来品，从形式上看就"非我族类"，如果任其泛滥也不合适，所以规范字母词的使用就成为当代语言生活中的一个重要的话题。关于怎么规范字母词的使用问题，《中国教育报》记者顾雪林和潘国霖于 2004 年采访了相关领域的多位专家学者，专家们的基本观点是不排斥字母词，但也不能滥用字母词：北京语言大学方立教授认为，在行文中夹杂外文词的情况在世界各国都是少见的，正确使用外文就是维护汉语的民族性和国家的尊严；中国艺术研究院陈醉教授呼吁宣传部门和语言文字机构尽快作出规范，以纯洁祖国的语言文字、保护她的健康发展，并强调，政府部门要率先垂范，传播媒介尤其要严格规范；中国社会科学院语言研究所韩敬体研究员指出，汉语不排斥外来词，也不排斥行文中有少量的字母，但在汉语中随意、过多夹杂使用外文词、缩略语和字母词也有诸多弊端，我们应积极引导大家正确使用；教育部语言文字应用研究所厉兵研究员强调，中文出版物不能完全排除外文，但这里面要有一个"度"，中文出版物滥夹英文，不合乎中国国情，这涉及文化传统和民族情结的问题；商务印书馆汉语编辑室周洪波主任认为，对待字母词应该"疏"而不"堵"，政府文件、新闻联播、新华社通稿、中小学教材等不使用字母词，其他情况可以区别情况对待，不必过于较真；中国传媒大学于根元教授认为，滥用外语词是一种语言污染，但也不要过于情绪化，要看适用条件，即是否有必要，用得准确，容易理解；中央电视台总编室刘建鸣处长认为，在中文中夹杂使用外文词和缩略词应区别对待，总体上不能超越一种度，但对那些约定俗成、家喻户晓的外文词汇和缩略语可以采取相对宽容的态度；全国科学技术名词审定委员会刘青主任强调，不提倡使用字母词，国家相关部门应该制定有关法规，限定字母词的使用领域、范围和使用层次；中国社会科学院周庆生研究员强调，主流媒体、官方领域和公共服务行业应慎用字母词，这一方面涉及国家或政府的形象，另一方面还可能产生一些不必要的交际障碍；中国语文报刊协会会长李行健认为，外文字母词大量涌入汉语，这种趋势已势不可挡，应该积极引导，让人们规范使用字母词，特别是媒体应该带头规范使用字母词，发挥示范作用。专家学者对待字母词的基本态度是一致的，即以开放的心态接受字母词的使用，但要进行合理的引导和规范，使其向着健康有序的方向发展。

专家们对待字母词的态度是科学而理性的，符合语言发展的基本规律。但社会上反对在汉语文本中使用字母词的大有人在。《语言文字周报》（2006年6月14日）发表了沧海的《曲中杂音：谈汉语文本中不和谐的字母词》，文章指出，很多时尚报刊或网络的汉语文本已经有了明显的"百衲衣风采"：以汉字为主的文本上，补满了一块块外文字母词语，它们显得格外抢眼。也许将他们都说成"杂种语言"有点过火，但所显示的生硬的混血性质是毋庸置疑的了。汉语文本中字母词的出现，无论从语言学观点上看，还是从文化属性上看，除了直接体现出年轻一代所固有的反传统追新逐异的可爱特点、近期泛起的社会价值观念混乱及由此产生的不成熟的多元审美心理而带来的社会纵容态度外，少有别的积极的文化意义，它就像在正演奏的一支纯正优美的乐曲中突然杂入的噪音，让人难以卒听。《人民日报》高级记者傅振国（2010）认为，汉英混杂目前在中国出版物中虽不普遍，也不少见，如果不加制止，30年后，汉语将不再是单独能够表情达意的语言体系，300年后，汉语将会消亡，英语将代替汉语。这些完全排斥字母词的态度很明显在现实生活中很难行得通，其列举的理由也有点夸大其词、危言耸听，但他们维护汉语健康发展的思想是不可否定的。

　　面对风起云涌的字母词以及社会各界的热烈讨论，国家相关职能部门也做出了反应。2010年4月7日国务院办公厅秘书局印发了《关于加强对行政机关公文中涉及字母词审核把关的通知》，要求各级行政机关"制发公文时一般不得使用字母词"。教育部、国家语言文字工作委员会2010年发文要求"加强对本地区、本单位其他政府机关公务活动、各级各类学校教育教学活动、媒体宣传及公共服务业使用国家通用语言文字的指导、监督、检查，对不符合要求使用字母词的情况予以纠正"。2010年4月，国家广电总局向央视等媒体下发通知，要求在主持人口播、记者采访和字幕中，不能再使用诸如NBA、GDP、WTO等外文缩略词。同年12月，新闻出版总署也发布了类似通知，要求在汉语出版物中，禁止出现随意夹带使用英文单词或字母缩写等外国语言文字；禁止生造非中非外、含义不清的词语；禁止任意增减外文字母、颠倒词序等违反语言规范的现象。

　　对于政府职能部门有关字母词使用的行政规定，社会上似乎反对的声音高过支持的声音，很多人认为这种行政指令不会有很明显的效果，况且字母词的使用并不可怕。诚如人民网的一篇文章《文化批评：字母与自信看广电总局禁"GDP"等缩略词》所言:"中华民族和中华文化之所以伟大,就在于拥有海纳百川的气度。不要说几个小小的外来词、缩略语,历史上就是那些外来民族也在宽容的文化气氛中,主动融合进中华民族这个大家庭。外来词、缩略语只要运用得当,丝毫无损于汉语,反而带来了交流的顺畅和便捷。对外来语的吸收和消化正是一个文化有活力的体现。"在民众语言生活中,似乎并没有因为有关部门的行政规定而减少字母词的使用,可见字母词的发展有其自身的内在规律,用行政命令的方式来解决不一定有效。

2012 年,《现代汉语词典》"字母词风波"更是把字母词问题推向了社会舆论的风口浪尖。2012 年 6 月商务印书馆出版发行了《现代汉语词典》(第 6 版),在正文后面的附注中收录了 239 个"字母词"。此事引发了某些人不满,8 月 28 日,一百多名所谓"学者"在北京聚会,联合签名举报《现代汉语词典》违法,此信被分别送到了新闻出版总署和国家语言文字工作委员会。这封举报信称,《现代汉语词典》(第 6 版)收录"NBA"等 239 个字母词,违犯了《中华人民共和国国家通用语言文字法》、国务院《出版管理条例》(国务院第 594 号令)等法规。这个事件引起了社会的极大关注,8 月 29 日、30 日,人民网强国论坛邀请了主张"《现代汉语词典》违法"的李敏生、宇文永权、王永民和《现代汉语词典》的修订编纂方江蓝生、厉兵、周洪波进行面对面的辩论,并与网友进行在线交流。李敏生表示:"在'词典'中把英语词汇作为'正文',用英文替代汉字,从现实的作用和长远的影响来看,是汉字拉丁化百年以来对汉字最严重的破坏,这是一场历史空前的汉字大动乱。""这是帝国主义文化侵略的体现。危及中华文化的安全,适应了帝国主义梦寐以求的搞乱中国文化的需要和目的。这是一场自毁长城的文化内乱,是中国文化空前的灾难。"《现代汉语词典》修订主持人江蓝生认为,字母词是中外文化交流的产物,字母词的产生有其必然性、合理性,不应该禁止,实际上也禁止不了,当然也应该进行适当的引导和规范,如果任其滥用,将会对阅读造成极大障碍,破坏语言文字的规范使用,因此,应该规范字母词的使用。担心字母词会淹没汉字,造成汉字文化的大灾难,这是毫无根据的。很明显,李敏生的观点有点偏激,对字母词的负面影响有点扩大化;而江蓝生的观点比较客观比较科学。

《现代汉语词典》字母词风波引发了社会各界对字母词的极大关注,支持者有之，反对者也有之，从《人民日报》《光明日报》《中国教育报》等大报的报道文章来看，支持《现代汉语词典》可以收录字母词的人数更多。其实，不管《现代汉语词典》收不收录，字母词都以不可阻挡之势进入了我们的语言生活，而且一定还会长期存在下去，因为字母词确有存在的现实基础。邢福义（2013）对此有比较理性的分析：对于英文字母词，一方面，要看到其语用价值。英语字母词对使用者有三方面的美感引力：其一，视觉引力，可以从字形上凸显某种事物，显得醒目突出；其二，新知引力，可以通过字形求解字义，增长知识；其三，心态引力，由于新颖而带国际味，因此可以引发人们心理上的高雅感和奇异感。可以把英文字母词看成是一支外来的特种生力军，配合汉语汉字，发挥其特定的作用，并不会引起汉语汉字的混乱。另一方面，要看到英文字母词也有局限性。其使用缺乏实实在在的群众基础。在内容上，英文字母词具有较大的学科术语性和行业习用性。正因如此，英文字母词使用的数量和场合受到了制约。

总之，字母词已经进入了我们的语言生活，在短期内是不可能禁止得了的，但又因其外形的非本土性而触动了一部分人敏感的神经，从而导致出现纷争，估计这种纷争还会继续下去，在可预见的未来很难消停。从长远来看，对字母词使用进行科学合理的规范和引导也是必要的，这有利于汉语的健康有序发展。

二 网络词语规范论争

（一）网络词语的构造特征及利弊

网络词语简单说来就是与互联网和计算机相关的词语，一般分成广义和狭义两种理解。广义的网络词语可以分成两类：一是与网络和计算机相关的专业术语和特别用语，如硬件、软件、病毒、宽带、主页、下载、服务器、在线、聊天室、防火墙、浏览器、电子商务、虚拟空间、黑客、信息高速公路、网民、网吧等；二是网民在聊天室、论坛、博客、微博上的常用词语和符号，如美眉、灌水、大虾、斑竹、恐龙、菜鸟、东东、酱紫、拍砖、潜水、MM、GG、GF等。一般讨论的网络词语常常指第二类，也就是狭义的网络词语。狭义的网络词语由于其构成形式和表达语义的独特性，被一部分人追捧，同时也被另一部分人所诟病。如：

7456！TMD！怎么大虾、菜鸟一块儿到我的烘焙机上乱灌水？94

酱紫，待会儿再打铁。886！（《青年参考》2001年1月11日，IT时空版）

这段话中网络词语很多，很受网民的青睐，同时也受到很多传统人士的批评，因为不熟悉网络词语的人看这段话犹如看天书一样，根本不懂。

关于网络词语的含义，学界有很多说法，其中于根元（2001）对网络语言的定义具有代表性。"'网络语言'是互联网的产物。在网络日益普及的虚拟空间里，人们表达思想、情感的方式也应与现实生活中的表达习惯有所不同，于是有的人创造出令人新奇也令人愤怒和不懂的'网语'。大部分'网语'是网民为提高输入速度，对一些汉语和英语词汇进行改造，对文字、图片、符号等随意链接和镶嵌。从规范的语言表达方式来看，'网语'中的汉字、数字、英文字母混杂在一起使用，会出现一些怪字、错字、别字，完全是病句。但是在网络中，它却是深受网民喜爱的正宗语言。"网络语言的主体是网络词语，于根元先生的定义基本上概括了网络词语的主要内涵、产生因由和构造特点。

从外在形式来看，网络词语不同于传统词语之处在于它可以通过数字、字母、符号来表达语义。可以直接用数字表达语义，如"7456（气死我了）、520（我爱你）、8147（不要生气）、918（加油吧）"等；可以用字母表达语义，如"DD（弟弟）、JJ（姐姐）、BT（变态）"；甚至可以用符号表达语义，如，用"＊()：—"表示"圣诞老人"，用"：—）"表示"笑"，用"：—（"表示"皱眉苦笑"，用"(：〈 〉）"表示"吹牛大王"。从构造手段来看，网络词语往往调动多种修辞手段来表达语义。最主要的修辞方式是谐音，可以通过汉字、数字、字母的谐音构成网络词语。如："竹叶（主页）、偶（我）、菌男霉女（俊男美女）、木油（没有）、鸟公鸟婆（老公老婆）、驴友（喜欢旅游的人）、幽香（邮箱）、大虾（大侠，指高手）""94（就是）、3166（"撒扬那拉"，指日语再见）、886（拜拜了）、5555（"呜呜呜呜"，表示难过或遇到不幸）""CU（"see you"，指见到你）、MM（美眉）"。构成网络词语的第二种常见修辞手段是隐喻。如："286（办事拖拉的人）、菜鸟（低手或操作不娴熟者）、网虫（沉迷网络的人）、飞虫（高级网民）、水母（在BBS上极能灌水的女性网民）"。第三种常见的修辞手段是别解，即把某些词语的构成语素分别做出不同于传统的解释然后再组合成新的意义。如:"天才(天生的蠢材)、善良(善变且没天良)、再见(再也别见)、偶像(呕吐的对象)、讨厌(讨人喜欢且百看不厌)、天生丽质(天生没有利用的价值)"。

相对于传统词语来说,网络词语是一种全新的表达形式,从表达效果来看,既有积极的语用意义,也有消极的负面影响。

网络词语的积极意义主要体现在三方面:第一,具有调侃的表达风格,充分发挥了语言的娱乐功能。一般认为,语言的两大基本功能是工具功能和文化功能,其实语言还有一些辅助性的功能,比如娱乐的功能,这种功能从古就有,而在现代网络语言中表现得更为明显。如,"贤惠(闲在家里、什么都不会)、帅哥(蟋蟀的哥哥)、不错(长成这样真的不是你的错)、留学生(留过级的学生)、情圣(情场剩下的)"等,这些网络词语其实并没有很强的交际价值,但调侃意义非常强,能赢得人们的会心一笑,获得身心愉悦,从而释放心理和精神的多重压力。第二,形式简洁,使用方便快捷。语言最主要的功能是用于交际,网络词语主要是用于网络交际,方便快捷是网络语言产生的主要动因。网络语言的输入手段主要是键盘,为了加快输入的速度,使用同音替代、数字替代、字母替代和符号替代就成为了一种最常见的方式。尽管这些替代的形式与传统的语言形式不同,但在网络这个天地里,不会影响网民的交流和理解,而输入速度却大大加快了,明显提高了交际效率。第三,契合年轻人追新求异的心理特点,易于流行。网络语言使用的主要群体是年轻人,他们思维活跃,喜欢站在时代前沿,追新求异,把握时尚,唯恐落后于潮流,在语言表达上追求个性化,追求生动、活泼、形象,不满足于使用直白的词语,网络词语恰是年轻人这种追求自我、追新求异心理的体现。

网络词语也有很明显的消极意义,主要体现有四:第一,打破了传统的词语构造理据,冲击了传统的规范理念。如上文所述,网络词语习惯于用数字、字母甚至符号来表达语义,或者很随意地解构现有词语的语义内容,这完全不同于传统的词语构造理据,与典范的书面语言规范相去甚远。第二,低级粗俗的网络词语诋毁着汉语的优雅与高尚。网络词语中充斥着大量的低俗粗野的成分,如"TMD(他妈的)、WBD(王八蛋)、NND(奶奶的)、SB(傻逼)、NQS(你去死)、SJB(神经病)、0748(你去死吧)、0487(你是白痴)",这样的低俗网络词语粗暴地糟蹋着汉语,与汉语传统上精美优雅的韵味背道而驰。第三,对中小学语文教学带来了一定的冲击。中小学生使用网络的频率非常高，网络词语对他们影响非常大，在中小学作文中就经常出现令家长难以接受的网络词语。中央电视台的一期《对话》节目展示了一位小学生的作文开头："昨天晚上，我的 GG（哥哥）带着他的恐龙（丑陋的）GF（女朋友）到我家来吃饭。饭桌上，GG 的 GF 一个劲地向我妈妈 PMP（拍马屁），酱紫（这样子）真是好 BT（变态），7456（气死我了）。我只吃了几口饭，就到 QQ 上打铁（发帖子）去了。"如果不熟悉网络词语，对这段话是很难理解的。有人调查了天津市某学校，发现被调查的班级都存在学生或多或少使用网络语言写作文的现象，平均 50 名中学生中，受网络影响特别深的就有 3 至 5 人。中小学生语言规范知识和应用能力尚不稳固，如果经常使用不符合语法逻辑的网络词语，将会对正确、规范的语言学习和使用造成影响，最终影响他们语言能力的正常发展和提高。一些教育机构的调查结果已经佐证了这样的事实。受网络语言的影响，2007 年以后入学的一些大学生的汉语表达能力明显比前几届学生差，文字表达不规范、不完整，病句、错句、歧义层出不穷，经常张冠李戴、错字连篇（郭振纲，2011）。第四，影响未成年人正确价值观的形成。所谓文如其人，语言的使用风格反映了一个人为人处世的态度，语言习惯的形成过程同时也是一个人道德观价值观的形成过程。长期接触和使用高雅语言的人往往能形成健康向上的人生观，相反，长期使用低俗粗野语言的人其价值观也会受到影响。网络词语的构造和使用带有很大的随意性和低品位性，如果未成年人大量使用这种网络语言，对其正确价值观的形成会有很大的影响。中国未成年网民数量庞大，2015 年 6 月 1 日，中国互联网络信息中心发布的《2014 年中国青少年上网行为研究报告》显示，截至 2014 年 12 月底，中国青少年网民规模达 2.77 亿，占整体网民的 42.7%，占青少年总体的 79.6%，60.1% 的青少年网民信任互联网上的信息。这样一个庞大的群体，经常接触随意、无序甚至低俗的网络词语，很容易培养出一种嬉笑怒骂、游戏人生的非健康的世界观，这不利于个人成长与国家发展。

总之，网络词语的使用有利有弊，既有表现力强的一面，也有欠规范乃至低俗的一面，所以社会各界对网络词语褒贬不一，纷争不止。

（二）网络词语规范之争

网络词语是伴随着互联网和微博的普遍使用而产生的，我国网络词语的大量出现是在世纪之交，而爆炸式发展是在 2008 年以后，微博盛行、智能手机普及对网络词语的使用起了推波助澜的作用。早在2000年,《中国教育报》(2000年7月23日)就发表文章《网络语言走过来》,提出网络语言已经不知不觉地走进了我们的生活,我们应当以更加积极的态度去对待网络语言。2001年,北京广播学院于根元教授主编了《中国网络语言词典》,共收网络词语1300多个。为适应语言生活的变化,一些重要的辞书也开始收录网络词语。2009年出版的《辞海》(第六版)就以"慎重的态度",增收了"斑竹、博客、闪客、网虫、网民"等网络词语。2012年修订的《现代汉语词典》(第六版)也收录了"给力""团购""微博""潜规则""山寨""雷人""粉丝""宅男""经济适用房""廉租房""蚁族"等网络词语。网络词语因其构造的新奇独特、不合常理,从其产生之初就一直有争议,赞成者有之,反对者亦不少。《北京日报》(2000年12月19日)发表《网络语言,我们能拒绝吗》,文章指出,有人担心网络语言会对传统正规语言的学习产生负面影响,也有人认为,网络语言容易开发孩子的创造力和学习语言的兴趣,也有折中的意见认为,生命力强的网络语言不必阻止,但不健康的网络语言则应当坚决制止。不管怎么说,网络语言已经走入了我们的生活,我们无法拒绝。网络语言与日常语言的差别主要是词汇,所以一般讨论的网络语言基本上等同于网络词语。

随着互联网的不断普及,网络词语的使用越来越广泛,对网络词语的争议也越来越大,各大主流报纸不断发表文章表达对此问题的忧虑。《中国教育报》(2006年4月13日)发表《拯救世界上最美丽的语言》,文章指出,外来文化与网络语言的冲击,使用汉语者自身的放任和苟且,让汉语陷入空前的危机,汉语的严肃性和规范性正在受到挑战,游戏与随意改写正在割裂汉语的文化传承脉络,专家学者大声疾呼:拯救世界上最美丽的语言。《新华日报》(2006年4月26日)发表《网络语言对中学生的冲击不容忽视》,文章指出,在第七届沪苏浙皖"新语文圆桌论坛"上,来自4省市的老师们对网络语言日益影响中学生表示了深切的担忧。《中国文化报》(2007年8月7日)发表《网络语言:令人担忧的"另类蓝藻"》,文章认为,尽管不必把网络语言视为洪水猛兽,但也不能听之任之,网络语言是名副其实的"另类蓝藻",数量不大时,并无大碍,而一旦爆发,其后果就严重了。《福建日报》(2005年11月9日)发表《莫让网络语言污染汉语》,文章指出,网络语言是一种汉字、数字、字母、符号等杂糅使用的极不规范的语言，它不是汉语言的积极发展，更不是汉语和汉字的现代化演变，而是"对汉语的一种污染"，我们应当按照语言发展的规律及时予以引导和规范。网络词语尽管具有极强的表现能力，也受到诸多网民的追捧，但不容置疑，网络词语对汉语的解构是非常巨大的，大得超出了很多人的心理接受极限，所以引起了社会各界的广泛关注和忧虑。

在网络词语流行的最初几年，大家关注的焦点主要是网络词语以其不合常规的构造方式解构了汉语，破坏了汉语的优雅美丽，但随着网络词语的使用越来越广泛，其独特的构词方式慢慢地被人们所接受。近年来，网络词语出现新的倾向，低俗性网络词语大行其道。2015年6月，人民网舆情研究室发布《网络低俗语言调查报告》，报告显示网络语言低俗化现象明显。人民网舆情监测室根据网民用到的低俗词语，进行简要的筛选统计，选取25个（组）网络词语进行信息检索，可以发现2014年全年，16个（组）网络低俗用词的原发微博数量达到千万次以上，其中4个（组）网络低俗用词的原发微博数量达到了亿次以上。检索中文报刊媒体发现，媒体在标题中使用最多的三个用词是"屌丝""逗比"和"叫兽"。网络词语低俗恶俗的情况由此可见一斑。正因为低俗性网络词语的大量使用，所以近年来有关网络词语规范的争论焦点自然转向了其低俗性问题，不断有报刊文章呼吁要治理低俗的网络语言，很多社会名流也对此发表议论，这更加引起了社会大众的关注。2013年1月，江苏省政协委员李向东称，"屌丝"等网络语言已被媒体滥用，建议规范净化媒体语言环境，建议媒体不要大量采用不太合适的语言，并建议对网络语言在媒体和中小学教育教学中的使用做出明确规定。2013年2月27日，冯小刚在微博里很不客气地炮轰"屌丝"，"称自己是草根是自嘲；称自己是屌丝那是自贱。"并表示屌丝属于脑残群体，"不要以为这词不寒碜跟镀了金似的"。冯小刚的这番言论引起公众的巨大反响，声援者和反对者纷纷登场，截至3月6日，网友对这两条微博的评论和转发分别超过了10万条和14万条，许多网友在留言中表示，冯小刚的"炮轰"是对"屌丝"以及"屌丝文化"的隔膜和曲解；而导演何平、作家方方等人则对冯小刚表示认同，称这个词是脏词，不该登上大雅之堂。2015年1月，上海市政协委员张怀琼认为"屌丝""装逼""逼格"等网络流行词语是粗俗猥琐的下流语言，他呼吁减少网络语言污染，加强对汉语的保护，并且呼吁借鉴其他国家对本国语言文字保护或纯洁性维护的举措，制定相应的语言文字保护条例，同时要大力弘扬和传播汉语的文字美、语意美和语境美。张怀琼的呼吁可谓一石激起千层浪，再一次把网络语言推向了舆论的旋涡。有人立马声援，也有人不以为然。《团结报》（2015 年 1 月 31 日）发表《不可蔓延的网络语言污染》，文章认为，"屌丝、装逼、逼格"等粗俗、猥琐、下流的网络语言泛滥，实际上是反映出我们今天的心智、情感、精神和创造力，越来越趋向于衰弱和萎缩的现实，我们陷入了过度的精神疲惫。《中华读书报》（2015 年 2 月 11 日）发表《该对网络语言污染来次大扫除了》，指出"屌丝""装逼""小婊砸""绿茶婊"等网络语言，虽然在网上有一定的接受度和流行度，但其粗鄙的含义依然显露了低俗的本质。网络语言要通俗，但不要低俗，人们在使用上理应有所选择，媒体在传播上更应慎重，不能因一时热闹而一味附和。《南方日报》（2015 年 6 月 5 日）发表评论员文章《网络语言令人忧心忡忡之处》，文章以为，网络低俗用语的存在反映一部分人对自己的语言文字缺少敬畏之心，以"取其糟粕"为能事，其实是作践了汉语。

尽管有很多人担心低俗的网络词语造成了极坏的社会影响，但也有人觉得网络语言没那么恐怖，不必太过担心。《长沙晚报》（2015 年 1 月 26 日）发表时评《对网络语言不必宏大解读》认为，张怀琼委员对网络语言进行了宏大解读，拔高了"屌丝"这种语言现象对汉语的破坏能力。《中华读书报》（2015 年 2 月 11 日）发表《不必对网络语言过度紧张》，文章认为，大可不必对"屌丝"等的侵袭过度紧张，此类网言网语只不过是大河中的几滴水，不会影响主流语言方式，当然其潜移默化的污染也不可视而不见，主流文化传播平台必须做好示范。《中华读书报》（2015 年 3 月 4 日）发表《汉语是网络语言污染的吗?》，文章认为，说"屌丝""装逼""逼格"等粗俗猥琐的网络词语是对汉语发展的一种威胁，并归咎于网络的入侵，这是错误的，粗俗语言并不是网络本身带来的，其本质是生活语言在网络上的反映。整体而言，大量网络词汇的出现是一件好事，不但不存在污染汉语的问题，而且丰富了现代语言的内涵和形式，大大促进了汉语的繁荣。《济南日报》（2015 年 1 月 27 日）发表《开放时代，不妨包容"屌丝"的网络语言》，文章认为，包括"屌丝"在内的网络词语的流行锐不可当，没有哪个人、哪种能量可以阻遏和抹杀，在一个开放的社会、思想多元的时代，我们不妨宽容对待"屌丝"这个网络词语的流行。

无论是支持也好，反对也罢，这些关于网络词语使用的言论其出发点都是好的，都是为了维护祖国语言的健康发展，但理性的讨论应该就事论事，如果带上某种情绪或偏见来讨论，往往不利于问题的解决。网络词语作为一种新生的语言现象，是当代社会网络发展的必然结果，我们无法拒绝民众对它的使用，但同时也应该看到它的一些不足，完全接受故不可取，全面禁止亦不现实。诚如《太行日报》记者常江（2015）所言：汉语是一种美丽而深邃的语言，以汉语为母语的同胞都会赞同这一点。维护她的正统性和纯洁性，自然也是炎黄子孙不可推卸的责任。但如今社会舆论对这一议题的讨论，却时常呈现出两种极端的倾向：要么陷入某种"原教旨主义"，痛心疾首于汉语被辱，并主张对网络语言予以全方位"剿杀"；要么持有某种"虚无主义"的态度，觉得这些遣词造句的事不值得神经过敏。这两种倾向均无益于问题的理清和解决，而只会让这场文化论争演变成党同伐异的口水战。语言历经千万年发展，有其自洽性，也有其流动性，因此无论过度放任还是过度保护，都是违反语言发展的内在规律的。比较理想的做法是既要看到网络语言的优势，也要看到其不足之处，不可全部棒杀，也不可完全放任，而应该加强引导，让其向着健康有序的方向发展。

国家有关部门一直在通过各种途径引导着网络语言向规范健康的方向发展。2014年1月，国家新闻出版广电总局发出通知，要求播音员主持人用词造句要遵守现代汉语的语法规则，避免滥用生造词语和不规范网络用语。同年11月，国家新闻出版广电总局进一步发出《关于广播电视节目和广告中规范使用国家通用语言文字的通知》，要求各类广播电视节目和广告应严格按照规范写法和标准含义使用国家通用语言文字的字、词、短语、成语等，不得随意更换文字、变动结构或曲解内涵，不得在成语中随意插入网络语言或外国语言文字，不得使用或介绍根据网络语言、仿照成语形式生造的词语，如"十动然拒""人艰不拆"等等。有些省市在之前就已出台了加强网络语言监管的相关措施。上海市2006年就出台了《上海市实施〈中华人民共和国国家通用语言文字法〉办法》（2006年3月1日施行），"实施办法"明确规定："国家机关公文、教科书不得使用不符合现代汉语词汇和语法规范的网络语汇。""新闻报道除需要外，不得使用不符合现代汉语词汇和语法规范的网络语汇。"继上海之后，福建省审议本省《实施〈国家通用语言文字法〉办法（草案修订稿）》时，也就如何规范网络用语进行了立法讨论，之后，辽宁、黑龙江、广西等地也相继出台了类似的规定。

在社会各行业人员讨论网络语言时，学术界也展开了深入的研究。我们以"网络词语"和"规范"为主题，在中国知网上共找到 21 世纪以来 129 篇相关论文，具体曲线图如下：

计量可视化分析—检索结果

数据来源： 文献总数：129 篇；检索条件：(主题=网络词语 并且 主题=规范)(精确匹配),专辑导航;中国语言文字;数据库：文献 跨库检索

总体趋势分析

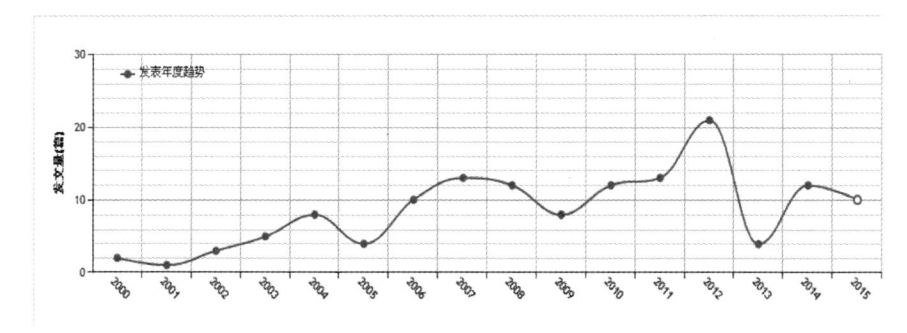

图 3-2-1

相对来说，学术界没有那么情绪化，而是显得更加理性，能从语言自身发展的科学规律上来看问题。李宇明（2013）认为，从网络用语的形成方式来看，它们大多符合中国传统的语言发展规律和使用习惯。网络用语具有语言游戏的特点，这种以汉语为对象的消遣方式古已有之，并不是现代网络社会的独创。这种语言游戏主要通过谐音、拆字合字、用典的方式实现语义上的创新。不过，语言游戏不适用于一些正式文体，绝大多数人都明白这一点。人类的语言发展都有其阶段性，发展前期会出现种种不稳定因素。现在的网络用语数量巨大，也存在良莠不齐的现象，需要我们宽容面对，积极研究，正确引导。

总之，网络词语正以不可阻挡的态势进入了当代语言生活，我们无法拒绝，也没必要拒绝。网络词语中有很多表达效果非常好的形式，但也有很多构造不规范甚至低俗化的形式，比较科学的态度应该是既不排斥也不

放任。诚如陈章太（2011）所言："网络语言主要在网民群体中使用，对社会语言生活影响不会太大，而且这些影响是暂时的，对此不用太担心。我以为，对待网络语言，宜持宽容、引导的态度。""丰富多彩、活跃的语言生活必然会带来某些语言混乱现象，必然会出现对语言有负面影响的因素。这很正常，但不能不管。我们提倡引导，要长期坚持规范工作。行政语言、教育语言、传媒语言、社会公共服务语言，这四大领域必须严格执行国家制定的规范标准，其他方面主要是引导。"

第三节　新词语规范论争的文化解读

语言是每个人须臾不能离开的基本交际工具，也承载着特定族群的文化特质和心理情感，语言的合理规范和健康有序发展是社会和谐稳定和发展进步的基本保障。词汇是语言中最活跃的成分，社会的发展最先在词汇中反映出现。当代中国政治经济社会文化都发生着非常大的变化，这些变化都会在词汇中体现出来，字母词的大量出现正是当代中国快速融入世界的表现，网络词语的大量使用也是网络大面积普及必然出现的结果。新词语的出现是社会发展的必然结果，也是语言充满活力的表现。之所以存在新词语规范的论争，主要和当代中国的文化转型有关系。当代中国正处于一个文化转型时期，一元文化向多元文化转型、精英文化向平民文化转型成为文化发展的基本趋势，在文化转型过程中很多问题存在争议在所难免，新词语规范问题即为其一。

一　近代以来的文化转型

什么是文化？历来众说纷纭，莫衷一是，据统计，有关文化的定义就多达200多种。整体来说，一般认为"文化"的含义有狭义和广义之分，广义的文化泛指各种物质文化和精神文化，而狭义的文化则只指精神文化。我们这里所要讨论的主要指精神文化。每一个时代都有其特定的时代文化，每一个地域也有其特定的地域文化。我国幅员辽阔、历史悠久、人口众多，传统的文化资源自是博大精深，这些传统文化一直是我们引以为自豪的资本，也是文明古国的重要标志，其诸多文化观念、文化意识经过历史的沉淀已经深入了国人的骨髓。但是文化是发展的，传统是会改变的。黑格尔（2013）说："传统并不仅仅是一个管家婆，只是把它所接受过来的忠实地保存着，然后毫不改变地保持着并传给后代。它也不像自然的过程那样，在它的形态和形式的无限变化与活动里，永远保持其原始的规律，没有进步。"特别在社会变革较大的时期，文化发展变化也很快，文化转型就成了特定时期历史发展的必然趋势。

所谓文化转型是指一种新的文化形态替代旧的文化形态，而现代意义上的文化转型往往是指由传统文化转变到现代文化。近代以来，中国社会发展变化非常快，文化转型也非常明显。任剑涛（2001）认为，中国社会文化的转型，是一个在事实上无须再认定的问题，需要的只是在价值层面上加以调适，在规划设计的层面上加以符合中国问题性的构造，在现代性反思的思维进程中加以更适当的定位。耿志云（2008）认为："近代中国的文化转型，其基本含义是指中国文化由古代转化到近代。具体来说，是由基本封闭的，与大一统的中央集权的君主专制制度相联系的，定孔子与儒学为一尊的，压抑个性的古代文化，转变为开放式的，与近代民主制度相联系的，自由与兼容的，鼓励个性发展的近代文化。"文化转型的方式一般有两种：一是主动转型，即某种文化在历史发展的新陈代谢中，不断出现新的文化要素替代或完善旧的文化要素，这样的转型相对比较缓慢，新旧文化之间具有很强的关联性；二是被动转型，即某种文化受到外部文化的严重挑战或挤压，从而被迫进行文化转型，这样的转型一方面速度较快，另一方面新旧文化之间差异也非常大。中国近代文化转型一直是在西方文化的挑战和挤压之下发生的被动转型。鸦片战争以来，帝国主义的坚船利炮打开了中国的国门，中国传统手工作坊文化被迫让位于西方现代科技文化，在这个物质文化转型过程中自然滋生了一种崇拜西方的文化心理。新文化运动以来，中国思想界对传统文化进行了深入反思，各种西方思潮趁势涌入中国，从而出现思想文化百家争鸣的局面。改革开放以来，中国的物质文明、科技文化获得突飞猛进，精神文化也进一步与西方接轨，特别是随着教育水平和国民素质的提高，中西方的交流无论是官方还是民间都大大加强，从而更好地了解到西方的政治制度、经济模式、教育理念、语言文字、文学艺术、伦理道德、社会习俗，等等。中国人的思想观念、文化意识得到了极大的解放，从而出现了多元文化并存的局面。

中国近代以来，应该说物质文化的进步确实带来了生活的方便和舒适，但是精神文化的转型却带来了思想的纠结和灵魂的冲撞。对此，思想界并没有充分的理论准备,普通的民众也没有太多的心理准备,从而出现了文化两难的困惑,一方面钦羡乃至崇拜西方文化,另一方面又美化甚至迷醉传统文化。诚如周有光(2004)所言,"中国是一个正在勉强进入现代、而又恋恋不舍古代的社会。"以笔者的理解,当代中国,在物质文化方面已经勉强进入了现代,但在精神文化方面还难以割舍古代的传统。在这一特定的历史时期,各种文化百花齐放、交相辉映,既有本土文化也有外来文化,既有大陆文化也有海洋文化,既有北方文化也有南方文化,既有传统文化也有现代文化,既有经典文化也有流行文化,既有高雅文化也有低俗文化,既有精英文化也有草根文化,每一种文化都有生存的土壤和空间,每一种文化都想成为强势或主流文化,但在社会大转型、观念急剧变化的时期,任何一种文化都很难压倒其他所有的文化而成为主流文化,因此,当代的中国文化呈现出多元化和大众化的基本特征。薛富兴(2001)认为当代中国社会产生了两种文化转型,第一是从一元文化到多元文化。一元文化是指某一种文化在全社会中占统治地位,形成一枝独秀局面;多元文化是指人类文化系统内部的各要素进入一个平等相处、共同繁荣的时期,谁也做不了绝对的文化领袖。用黑格尔的说法,叫世界历史进入一个没有英雄,起码是没有君主的"散文"而非"史诗"的年代。第二是文化内部的雅俗分化。中国近现代社会本质上已经进入一个"市民社会",势力庞大的市民群体要求一种具有世俗精神的大众文化为其服务,并最终与为少数人服务的精英文化分庭抗礼,文化结构呈现为一种金字塔式的格局,精英文化虽高居塔尖,但占居份额上只能是少数派;大众文化虽居塔底,却规模庞大。

二 新词语规范之争的文化症结

在文化转型的今天,不同文化的碰撞和争执自然在所难免。诚如耿志云(2008)所言:中国近代文化转型过程中,存在着一些难以化解的困惑,例如中西文化与华夷之辨的问题,古今文化不同的际遇与民族命运的问题,等等。一部分人已经接受了现代文化,而另一部分人却不愿意放弃传统文化,一部分人向往西方文化,而另一部分人却痴迷于民族文化,二者发生论争甚至产生矛盾和冲突就在所难免了,这也是文化转型过程中的基本特征。这种文化的对立和冲突往往不仅仅局限于理论上的探讨,而是常常与具体的社会现象相结合。语言因为与每个人都相关,每个人都可以说得上话，所以很容易成为这种对立和冲突的汇聚点，有关字母词和网络词语规范与否的争执都与此有关，纷争的焦点都是拿文化说事，其本质原因就是文化观念的差异。近年来语言文字领域有好几个争议的焦点，除了字母词和网络词语之外，还有汉字的繁简问题，推广普通话和保护方言的关系问题等等，不断有人提出要恢复繁体字，要采取强有力的措施保护方言，最主要的理由就是保护文化，保护传统文化和地方文化。这些争论轻则引发口水仗，造成思想的混乱，严重的情况甚至导致社会事件。

　　对于这些争论，我们无意贬低发起方的主观动机，应该说提出这些问题的出发点是好的，他们确实是想保护中国的传统文化，但是，到底什么是文化的丢失？汉语中出现了几个字母词就是自毁文化长城吗？网络词语能毁掉我们的汉语吗？简化字就不能传承中华文化吗？这样的观点一方面是因为缺乏对语言文字本身进行科学理性的分析，另一方面是因为对文化转型这一大的社会背景还没有在心理上接受。其实无论是字母词的出现、网络词语的运用还是简化字的使用都不足以造成文化的内乱。字母词的使用恰恰体现了汉文化的兼容并包性，也是当代文化转型时期的必然产物，汉语在几千年的发展过程中一直与其他民族语言有交流和融合，字母词的出现是当代民族文化交流速度加快的表现。不仅汉语借用其他民族的词语，其他民族语言也要借用汉语词语，《中国青年报》（2013.12.5）报道，英国广播公司（BBC）专门为"Tuhao"（土豪）一词做了一档节目，探讨中文词汇的影响力。《牛津词典》方面也关注到了"Tuhao"（土豪）、"Dama"（大妈）、"Hukou"（户口）等中国热词，并有望收入《牛津词典》。所以说词语的借用是语言文化交流的结果，说字母词的使用会造成文化内乱有点夸大其词。网络词语的流行也不会破坏汉语的纯洁与健康，相反正是汉语充满生机和活力的体现。邢福义（2011）指出："有人惊呼网络语言破坏了汉语的纯洁性，我一向反对这一观点。任何新生事物在发展时都会是多种多样的，汉语有强大的生命力，不好的东西经过一段时间的新陈代谢自然会被淘汰。"千奇百怪的网络词语正体现了当代民众具有丰富的想象力和创造力，也是当代文化多元化的体现，是当代平民文化崛起的表现。有人看不惯网络词语其实是对当代草根文化的不屑。

　　我们认为，保护文化的思想和行为都是值得肯定的，但是在文化转型时期，应该秉持开放的文化观念。字母词代表外来文化，在中华文化中可以有一定的生存空间；网络语言代表时尚文化，是当代多元文化中的重要组成部分；简化字承载着大众文化，作为全国通用文字是有法律依据的，也符合绝大多数人们的现实需要，繁体字更多承载着精英文化，具有一定的使用领域，二者并不矛盾；普通话是全国通用交际工具，体现了国家文化，方言是区域性交际工具，体现了地域文化，二者各有其独特价值，体现了国家文化和区域文化之间的关系，并不抵牾。多元文化和谐共处，这是时代的必然选择，也符合党和国家提倡的文化大发展大繁荣的方针政策，过分痴迷于单一文化已经不合时宜，打着维护文化的口号而对语言文字问题进行非理性的指责是一种非科学的行为，对文化的保护和传承并没有好处，对语言文字的健康发展也没有好处，甚至可能会使人无所适从，最终导致文化的内核被冲淡被忽略。

三 语言文字的工具性和文化性

语言文字最初始、最基本的功能是用于人类的交际，但当一种语言或文字长期稳定地被某个特定族群所使用时，这个族群就会把某些观念、意识融入这种语言文字中去，并对这种长期使用的语言文字产生某种文化依赖性，从而使这种语言文字具有了特定的民族文化特征，并成为身份认同的标志和情感维系的纽带。所以，从功能上看，语言文字既具有工具性功能也具有文化方面的功能。李宇明（2012）认为，语言（也包括文字）职能主要分工具和文化两大范畴，且两范畴又都有显隐二态。百余年来，中国因语言国情所定，一直侧重于从显性工具的角度规划语言。当今之时，文化大发展大繁荣已是响彻大江南北的时代强音，语言规划在继续关注语言工具职能的同时，要更多关注语言的文化职能。不容置疑，语言文字的规范，既要考虑其工具特征也要考虑其文化特征，而在文化转型的今天，科学地认识语言文字的文化特征尤其显得非常重要。

语言文字的文化特征包括什么内涵呢？李宇明（2012）认为，就文化范畴看，语言（包括文字）既是文化的重要组成，同时也是文化最为重要的承载者，这是语言的显性文化职能；语言的隐性文化职能是起到身份认同、情感依存的作用。应该说，语言文字的文化内涵是相当丰富的，但如果从语言文字规范的视角考察的话，有两方面文化职能尤其重要，一是语言文字的文化承载作用，二是语言文字的情感依存作用。语言文字本身承载了特定的文化这是不容置疑的，无论是语音形式、语法结构、构词方式、修辞手段还是文字的形意关系，都和一定的民族文化息息相关。比如：汉语音节的声韵两合、声调的抑扬顿挫特征就体现了汉民族崇尚均衡对称、追求和谐统一的民族文化心理，汉语中为数不少的"不 X"和"不 X 不 Y"型词则反映了汉民族的中庸思想，另外，"君臣、夫妻、官兵、城乡"等复合词的语序特征反映了汉民族的基本伦理观念，"虹"的造字理据反映了汉民族的文化联想心理，"嫂"的造字理据反映了汉民族的长幼有序观念，等等。正因为语言文字融入了特定的民族文化，所以人们往往对自己长期使用的语言文字具有很强的文化依赖性和忠诚度，因此，语言文字的一些大的变动往往很容易造成心灵的冲击并使人产生抵触情绪。

当代中国，正处于文化大转型时期，语言文字的变化非常快，有些变化甚至超出了很多人的心理极限，所以争论也就在所难免了。近年来很多有关语言文字的争执都与此有关，有人说网络语言解构了端庄典雅的汉语、字母词严重影响了汉语的纯洁性，而有人却说网络语言的出现和字母词的使用正体现了汉语的生机、活力和强大的兼容能力；有人说简化字隔断了中华传统文化，有人却说简化字恰恰体现了当代的大众文化。关于方言和普通话的争执其实就是当代文化转型时期传统地域文化和现代国家文化怎么和谐相处的问题；关于汉语和英语的争执则是全球化背景下怎么处理民族文化和世界文化的关系问题。由此看来，今天的很多语言文字规范问题的争议其实质就是文化观念差异的争执，或者说是当代社会文化多样性的体现，这种文化多样性恰是当代中国文化转型的重要表征。很明显，在文化转型的时代背景之下，这种不同文化观念支配下语言文字规范之争是不会出现让对立双方都满意的结果的，要科学解决这个问题还得正本清源，理性地认识语言文字的工具性和文化性的关系。

工具性和文化性是语言文字的两大特性，但是二者孰轻孰重、孰先孰后呢？在语言文字规范问题上是优先考虑工具性还是优先考虑文化性呢？

语言是人类交际的工具，文字则是记录语言的工具，如果不需要交际，人类的语言文字就没有存在的必要，所以语言文字产生的初始驱动力就是交际，因此，交际功能是语言文字的最本源的、与生俱来的、而且永远存在的功能，而其文化功能则是在长期使用过程中逐渐衍生出来并可以随着时代的发展而改变的辅助性功能。比如"抠"，这个词的文化意义就随着社会的发展而发生了变化。"抠"最初的意义表示提起衣服，"抠衣升堂"（《说文解字》），"扣衣"是古代一种礼节，指见尊长时提起衣服的前襟，以示恭敬，如"扣衣趋隅。"（《礼记·曲礼上》）后来引申为"提起"，如"见殿前有古钟……使数人抠耳（钟耳），力掀举之，无少动。"（《聊斋志异·大力将军》）再后来，出现意义"用手指或细小的东西从里面往外挖"并引申出"吝啬"这一带有主观情感色彩的文化意义，如"抠门"。很明显，"抠"从"提起衣服"到"提起"再到"往外挖"，尽管其意义发生了很大的变化，但是一直都是指称一个客观的概念，并没有附加很明显的文化意义，一直到引申出"吝啬"这一意义时，才附加了特定的社会文化语义，表达了特定社会群体对某种行为的否定，带贬义色彩。但是"抠"的贬斥意义并不是固定不变，社会发展，文化观念的改变，又造成了"抠"文化意义的变化，在崇尚节俭的今天，"抠"又产生了褒义的用法。如：

> 出门时，能走路就不打车；聚会时，能自己下厨就不上馆子……这样的生活似乎有点"抠"，但最近不少具有高学历，拥有高收入的都市白领却以此为荣，并自称为"酷抠族"。这个"酷抠族"并不等同于"葛朗台""守财奴"，他们在某些方面精打细算，是为了更加合理地分配自己的收入，倡导一种健康的消费观念和简约质朴的生活方式。（《哈尔滨日报》2008年3月9日）

所以说，语言文字的交际功能是永恒的，其文化内涵则可能会发生改变，但这种文化内涵的改变不会影响其基本的交际作用。

语言文字规范问题既涉及工具性问题也涉及文化性问题，而在当代文化转型时期，文化多元成为时代特征，不同文化之间甚至是针锋相对的，所以语言文字的文化之争有时难以调和，我们认为，在尊重文化差异的前提下，理性地区分语言文字的工具性和文化性并适当强调其工具作用是一种科学的态度，也不失为一种明智的选择。关于字母词和网络词语，如果我们认识到它们首先是一种交际工具，从方便交际的角度来考虑他们的规范时，我们就会在语言内部就事论事，而不会把强烈的民族情绪和文化情感带入语言文字规范中来，这样会有利于问题的有效解决。陆俭明（2013）指出，语言是随着人类社会的发展而不断发展变化的。在语言发展的历史长河中，与其他语言接触、彼此互有影响是正常现象，而语言本身又有一种自我调节能力。就汉语词汇、语法的发展来看，我们汉语的自我调节能力是很强的，在与其他语言的接触中，会先借用而后逐渐寻求和采用合适的汉语汉字表达方式。当今适度使用字母词并不会导致"汉语危机"问题的出现，反而将有助于汉语日后的丰富与发展。网络词语也一样，其出现主要是丰富了年轻人或时尚人士的交流方式，不会破坏汉语的健康发展，更没有可能破坏中国的传统文化。曲彦斌（2005）认为，语言发展不能拒绝和排斥网络语言。纵观历史，人类的每一种新文化的兴起，都会带来一些新的词汇。网络上出现的新词汇，取决于它自身的生命力。我们应当以积极的态度去对待网络语言。王均（2000）说得好，有交往就会有语言和方言间的互相影响与词语的互相吸收。在国际联网时代，包括外语借词缩略语在内的新词语的猛增，是语言与社会共变的必然趋势。汉语书面语中"他、她、它""那、哪"的区辨和文本的横排以及新式标点符号的使用，都曾经有人强烈反对，他们痛心疾首，讽刺挖苦谩骂，无所不用其极，但到现在，也只有接受。语文保守主义和语言"净化主义"是违背语言发展规律的，它必然要碰壁。

总之，当代社会正处于文化转型时期，文化多元是造成诸多语言文字问题争议的根本原因。在这种特定时代背景之下，处理语言文字规范问题需要一种发展的、开放的、包容的文化理念，同时要科学区分语言文字的工具作用和文化作用，适当强调语言文字的工具作用是一种科学的态度。

小　　结

当代新词语数量众多，结构形式多种多样，这些新词语良莠不齐，有的体现出了汉语的生机和活力，但也有的不符合汉语传统的构造理据，因此对其进行一定的规范和引导符合汉语健康发展的需要。李宇明（2002）指出，词汇是语言的最重要、最活跃的成分，也是语言规范的主要对象。但是，词汇规范的难度很大，原因不仅在于已有的词汇本身就相当复杂，生殖又极快，而且学术界对于词汇的规范规律至今缺乏足够的认识，常常是许多被认为不规范的词汇却具有极强的生命力。尽管如此，词汇规范还是可能的和必要的。词汇的规范难度非常大，一方面因为词汇的数量非常庞大，另一方面也因为词汇的构造理据非常复杂，所以对新词语的规范一定要建立在大量调查的基础之上，而且还应该立足于一个比较长的时间来检验，绝不可轻易否定一个新词语的合法性，不可主观武断。某些看起来完全背离汉语构造理据的新词语最终被民众接受了，而有些看起来很符合构造理据的新词语则无法在社会上流传开来。也正因此，我们讨论新词语规范是立足于广泛的语言事实调查，既考虑新词语的造词效能，也考虑新词语的社会效应，还要立足于中国的传统文化和当代的宏观语境。

第四章

新词语的造词效能

随着社会的发展，新的词汇一定会不断出现，在这个过程中，词汇的构造规则、构造特征也在发生着一定的变化，这符合语言发展的基本规律。在汉语上千年的发展历程中，无论是语音、词汇还是语法，其构造规则都发生了一定的变化，而词汇因为与社会共变最快捷，所以其构造规则、构造特征的变化也就最明显。当新词语大量出现时，难免有鱼龙混杂的情况，所以适当对新词语进行规范是必不可少的，但在讨论词汇规范问题时，必须遵循词汇自身发展的基本规律，而不能想当然，这就必须对新词语的构造特征进行深入调查。沈怀兴（1998）提出，"既然词汇的开放性深深植根于词汇与社会最密切的联系之中，那么，我们搞词汇规范化，从整体上讲，就应当改用社会语言学的观点、方法，同时借鉴结构主义语言学、心理语言学、文化语言学、人类语言学和逻辑语用学等学科中有补益的研究成果，以便具体问题具体分析，科学地做好词汇规范化工作。""社会语言学认为，从本质上讲，语言是一种社会现象，它的本质特点也是最突出的特点，就是随着社会的发展变化而发展变化。这一点，词汇表现得尤为明显。因此，搞词汇规范化，必须进行深入实际的社会调查，必须联系社会，必须充分估计社会的发展变化对词汇的发展变化的决定作用。否则，只是独坐写字台前根据固有的语言事实（甚至只凭个人语感）做所谓的'匡谬正俗'工作，自然不能收到预期的效果。"

当代新词语出现的速度非常快，而且其构造特征表现出很多不同于传统之处，本章将对此进行深入考察，为新词语的科学规范提供丰富的语言事实基础。

第一节　新词语音节特征考察

众所周知，在汉语词汇的发展过程中，呈现出由单音节向双音节发展的趋势，进入现代汉语则基本上形成了以双音节为主的音节模式。但是，近年来出现的新词语其音节特点发生了一定的变化，表现为多音节特别是三音节词语数量明显增多的特征。本节立足国家语委公布的 2006—2010 年度新词语探究这一现象产生的原因。

一　近年新词语的三音节倾向

关于新词语的音节特点，诸多学者有过相关调查研究，韩晨宇（2007）认为，新词语中三音节词的数量有明显的上升趋势。张小平（2008）认为，在新时期的新词中，多音节特别是三音节呈上升趋势，三音节、四音节词就成了汉语造词的新趋势。刘禀诚、聂桂兰（2009）统计了七部词典中的新词语后发现，从收词时间上来看，越新的词典，三、四音节的就越多，这表明了汉语双音节词语一统天下的格局已悄然打破。邱雪玫、李葆嘉（2011）统计显示，当代汉语新词中的双音节与多音节比例已经发生了根本变化。我们对国家语委公布的 2006—2010 年度新词语的音节特点进行了统计。统计结果见表 4-1-1：

表 4-1-1

音节特征	年份（个数）	2006 年（171 个）	2007 年（420 个）	2008 年（444 个）	2009 年（573 个）	2010 年（497 个）
单音节	数量	1	0	4	5	0
	比例	0.6%	0	0.9%	0.9%	0
双音节	数量	56	87	76	108	81
	比例	32.7%	20.7%	17.1%	18.8%	16.3%
三音节	数量	53	159	202	288	268
	比例	31.0%	37.9%	45.5%	50.3%	53.9%
四音节	数量	45	119	121	111	114
	比例	26.3%	28.3%	27.3%	19.4%	22.9%

续表

音节特征	年份（个数）	2006年(171个)	2007年(420个)	2008年(444个)	2009年(573个)	2010年(497个)
五音节及以上	数量	16	55	41	61	34
	比例	9.4%	13.1%	9.2%	10.6%	6.8%

侯敏、杨尔弘、邹煜等人统计了2011—2016年度新词语的音节特征，结果见表4-1-2：

表 4-1-2

音节特征	年份（个数）	2011年(593个)	2012年(585个)	2013年(363个)	2014年(424个)	2015年(471个)	2016年(424个)
单音节	数量	0	2	0	0	2	1
	比例	0	0.3%	0	0	0.43%	0.2%
双音节	数量	92	77	87	121	81	110
	比例	15.5%	13.2%	24.0%	28.5%	17.1%	25.9%
三音节	数量	307	260	165	177	183	166
	比例	51.8%	44.5%	45.5%	41.8%	38.8%	39.2%
四音节	数量	125	189	77	97	28	120
	比例	21.1%	32.3%	21.2%	22.9%	5.8%	28.3%
五音节及以上	数量	69	57	34	29	37	27
	比例	11.6%	9.7%	9.4%	6.8%	1.9%	6.4%

把上边的数据表转换成下边的可视化图4-1-1，能更直观地看到新词语音节长度的年度分布变化特征。

从上边两表一图可以清晰地看出新词语的音节结构表现出如下几方面特点：第一，三音节词语占绝对优势，11年中三音节词语占所有新词语的44.9%，且三音节词语在年度新词语中所占比例基本上呈逐年增加的趋势，从2006年的31%逐年增加，到2010年已经高达53.9%，之后占比虽有所降低，但总体上还是比较高；第二，双音节词语整体上占所有新词语的19.7%左右，且基本上呈现逐年下降的趋势，但近年来占比有所提升；第三，四音节词语整体上略多于双音节词语，占新词语的23.1%左右；第四，单音节词很少，基本可以忽略；第五，五音节及以上的词语也不多，整体上占9.3%左右，且11年来比率变化不大。

新词语音节长度特征图

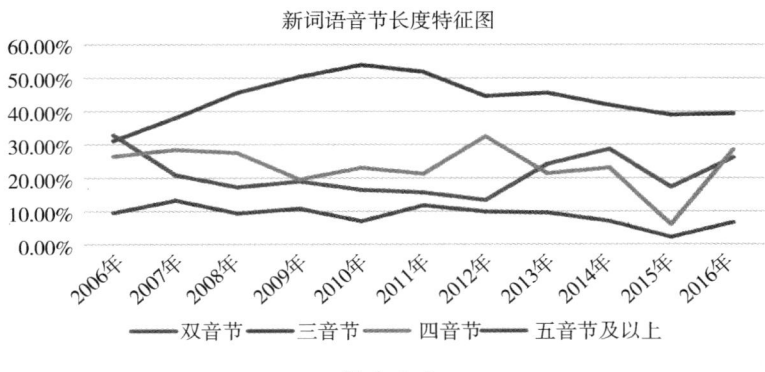

```
60.00%
50.00%
40.00%
30.00%
20.00%
10.00%
 0.00%
     2006年 2007年 2008年 2009年 2010年 2011年 2012年 2013年 2014年 2015年 2016年
     ——双音节 ——三音节 ——四音节 ——五音节及以上
```

图 4-1-1

总的来说，可以得出这样的一个结论：11 年来的新词语中，三音节词语占据了半壁江山，成为主流，且逐年增加。为什么三音节词语成为了新词语的主流呢？其大量产生的理据在哪里呢？

二 三音节新词语大量产生的模因论理据

"模因论（memetics）是基于达尔文进化论的观点解释文化进化规律的一种新理论。它试图从历时和共时的视角对事物之间的普遍联系以及文化具有传承性这种本质特征的进化规律进行诠释。模因论中最核心的术语是模因（meme）。""任何一个信息，只要它能够通过广义上称为'模仿'的过程而被'复制'，它就可以称为模因了。""语言本身就是模因，它可以在字、词、句乃至篇章层面上表现出来。""我们从别人那里学来的单词、语句以及它们所表达的信息在交际中又复制、传播给另外的人。""在模因论中，模因往往被描述为'病毒'（viruses），它可以感染（infect）其他人的大脑或者传染到其他人的大脑中。"（何自然，2005）

随着社会的不断发展，新事物或新观念不断涌现，人们需要认识、指称这些新事物或新观念，就要给它们命名，以满足交际的需要，于是就产生了新词语。我们认为，某个新词语的产生是偶然的，往往是某一偶发事件或事实的记录或反映，但某一个类型的新词语能在短时间内大量产生则是语言模因的结果。"模因"（meme）一词源自英国著名科学家 Richard Dawkins 所著的《自私的基因》（*The Selfish Gene*），指"在诸如语言、观念、信仰、行为方式等的传递过程中与基因在生物进化过程中所起的作用相类似的那个东西"，本质上是一种复制因子，是名词。但模因的主要传递方式是模仿,所以我们认为可以有动词的用法。本文主要探究新词语生成中模仿的方式、过程,所以主要取"模因"的动词用法。试看几个新词语的产生背景及其系列新词语的模因情况:

  范跑跑:四川都江堰光亚学校教师范美忠在"5·12"地震时,抛下一个班的学生独自逃生。范美忠因此被人戏称为"范跑跑"。后也泛指标榜自由主义,遇到险境不顾他人、一心自保的人。
  楼脆脆:对脆弱不堪(如楼体开裂、塌陷等)的楼房的谑称。2009年6月27日,上海市闵行区"莲花河畔景苑"楼盘工地一座在建的13层住宅楼发生整体倒塌事故,这一事件被网友戏称为"楼脆脆"。

  "范跑跑"是网友为在某一事件中扮演了不光彩角色的人物取的带有调侃性的人名,很明显,该词的产生是偶发的,但这个名字生动形象,极富感染力,因而具有极强的模因性。之后相关人名就大量出现,如"郭跳跳、洋跑跑、姚抄抄、朱抢枪、黄贩贩、李染染、吕传传、何逛逛"等。"楼脆脆"一词则简洁而又形象生动地说明了今天最受关注的房屋质量问题,之后,就像病毒一样被大量模因,产生了很多类似新词语,如"楼薄薄、楼抱抱、楼断断、楼高高、楼晃晃、楼靠靠、楼垮垮、楼裂裂、楼歪歪、楼斜斜、楼超超、楼挤挤、楼陷陷",在此基础上把"楼"改成"墙、塔、屋、桥"等又产生了一批新词语,如"墙脆脆、塔断断、屋漏漏、桥糊糊、桥裂裂、桥塞塞、桥粘粘",也有反其意而用之造出"楼坚强",甚至"猪坚强、猪超强"等等,模因数量很多而且速度很快。
  我们已经步入了一个"词媒体"的时代,词就是传递信息的载体,一个词往往可以浓缩特定时间、地点、人物所发生的事件。在"词媒体"时代,新词语的产生过程越来越草根化,任何一个网民都可能因为某一社会热点事件而创造某个新词语。陆俭明先生在第六届全国社会语言学学术会议(辽宁锦州,2011年6月)的小组讨论会上发言指出:某些新词语反映了广大民众渴望参与社会公共事务而又难以参与的心理。确实,很多新词语所记载的内容都和某些重大社会问题和民生事件有关系,民众极为关注这些社会问题但又难以参与到解决这些问题中去,于是就使用了一种独具特色的方式(创造一个新词语)来表达对这些社会问题的主观态度和情感。正因为这些新词语所反映的是草根民众的心声，所以很容易获得大众的认可并传播，同时它还能像病毒一样短时间内即被大量的复制、模因，从而产生大量形似或神似的新词语。

语言作为模因，其生命力取决于它在使用过程中能否得到认同，从而获得广泛的复制和传播；而得到广泛复制和传播的模因一般是强势模因。（何自然，2008）某些强势模因在大量使用的过程中就形成了"词语模"。一个"词语模"可以构成很多新词语，使新词语成平方数递增（眸子1997）。近年来所产生的三音节词语模数量不少，其中构词能力最强的当推"XX族"和"XX门"。根据我们的统计，从2006年至2010年5年间，由"XX族"和"XX门"两个词语模构成的三音节新词语分别高达158个和99个。如：

"XX族"：奔奔族、吊瓶族、飞鱼族、合吃族、急婚族、赖校族、乐活族、慢活族、陪拼族、捧车族、试药族、洋漂族、装嫩族、爱邦族、毕婚族

"XX门"：电话门、监控门、解说门、骷髅门、翻新门、国旗门、虎照门、滤油门、女友门、违法门、误杀门、艳女门、迟到门、房产门、改龄门

下边我们列表把2006—2010年国家语委公布的新词语中造词数量相对较多的词语模及其造词数量列举如下（见表4-1-3）：

表4-1-3

词语模	被XX	XX哥	XX女	XX男	X二代	微XX	山寨X	XX团	奥运X
造词数	39个	18个	18个	18个	16个	14个	11个	9个	9个
词语模	XX死	XX客	晒XX	禁X令	XX帝	X立方	X字头	XX体	限X令
造词数	9个	8个	6个	6个	5个	5个	5个	5个	5个
词语模	XX党	"豆你玩"类	"惨叫鸡"类	"范跑跑"类	"周老虎"类
造词数	5个	14个	11个	8个	5个

从逻辑上说，任何音节的词语都可能被模因而大量产生相关新词语。但语料统计发现，四音节及以上的词语模不常见，只有4个，且其构词能力明显都不强。列举如下："XX事件"（共造词11个）、"XX经济"（共

造词 7 个)、"XX 宝宝"(共造词 7 个)、"XX 手机"(共造词 7 个)。双音节词语模虽然比四音节词语模要多,但无论从数量上还是造词能力上都比不上三音节词语模。近年来产生的造词能力相对较强的双音节词语模列举如下:"X 奴"(造词 21 个)、"X 客"(造词 21 个)、"裸 X"(造词 14 个)、"微 X"(造词 9 个)、"雷 X"(造词 8 个)、"牛 X"(造词 7 个)、"拼 X"(造词 6 个)、"晒 X"(造词 5 个)、"囧 X"(造词 5 个)。

通过上边的列举统计可以看出,三音节词语模一共有 25 个,通过模因造出来的词语一共有 506 个,占所有三音节新词语的 52.2%;而双音节词语模只有 9 个,通过模因造出来的词语只有 96 个,占所有双音节新词语的 23.5%;四音节词语模只有 4 个,通过模因造出来的词语只有 32 个,只占有所四音节新词语的 6.3%。很明显,三音节词语模无论在数量上还是造词能力上都远远强于双音节和四音节词语模,所以今天的新词语中三音节占绝对优势也就可以理解了。

三　三音节新词语的模因方式

词语模因的过程就是一个新词语的创造过程,这个过程涉及三个基本概念:模因母体、模因子体、模因方式。模因母体是新词语产生的基础,或者说是新词语所模仿的对象。模因母体可以是语言中既有的旧词语,如"豆你玩"的模因母体"逗你玩",模因母体也可以是先产生的某个新词语,如"刘羚羊、张飞鸽、董暴雨"等新词语的模因母体"周老虎"。模因子体即通过模因的方式产生的新词语,一个模因母体可以只产生一个模因子体,也可以产生很多模因子体,如"犀利哥"这一模因母体就产生了数十个模因子体。模因方式即模仿已有词语创造新词语的方法或模式。通过对语料的调查分析,我们认为三音节新词语的模因方式主要包括三种情况。

（一）同素模因

即模因子体与模因母体有相同的构词词素。同素模因是模因造词的主要方式,其产生的新词语数量可以很大。如:

模因母体:犀利哥

模因子体:保证哥、啵乐哥、淡定哥、浮云哥、高考哥、红娘哥、解套哥、瞌睡哥、孔雀哥、齐全哥、未来哥、证件哥、砖拍哥、

咆哮哥、鳄鱼哥、锦旗哥、章鱼哥

"犀利哥"产生于 2010 年，本指一位名为程国荣的乞丐，因其放荡不羁的举止、不伦不类的着装方式、犀利的目光而爆红网络。这个词因为其表现力强而很快就成为了草根网民造词的模因母体，其中的"哥"并不表示"兄长"的含义，而是表示"具有某种特性的男子"，之后，"哥"就成了一个重要的能产的模因构词词素，仅仅一年时间就产生了几十个甚至上百个新词语。

从模因子体与模因母体相同词素的数量来看，大多数情况是只有一个相同的词素，如上例的"XX 哥"，少数情况也可以有两个相同的词素。如：

"限 X 令"：限批令、限生令、限液令、限塑令、限购令
"禁 X 令"：禁高令、禁胶令、禁报令、禁香令、禁怨令
"X 字头"：D 字头、G 字头、Z 字头、"抢"字头、"救"字头
"X 二代"：富二代、官二代、独二代、农二代、文二代、穷二代

（二）神似模因

此类模因不求形似而求神似，即模因子体和模因母体之间没有任何相同的构词词素，但二者的神韵或基本轮廓相似，一看就知道是模因的结果。如：

模因母体：周老虎
模因子体：刘羚羊、张飞鸽、董暴雨、周至尊
模因母体：范跑跑
模因子体：郭跳跳、朱抢枪、黄贩贩、李染染、吕传传

上边三音节词语中，尽管"刘羚羊"等和"周老虎"二者之间没有任何相同的构词词素，但仍然是模因的结果，因为二者之间还是有很明显的相似点，即都是由某一事件当事人的姓与某一事件主体事物构成，其模因子体和模因母体的神韵非常相似。同样，"郭跳跳"等和"范跑跑"二

者的神似之处都是由某一事件当事人的姓与当事人的特征性动作的动词重叠形式构成，二者基本轮廓相似，甚至可以符号化为"ABB"形式。

(三) 谐音模因

即利用同音字或近音字替换原有词语中的某个字，从而产生了新的词语，此类情况一般一个模因母体只产生一个模因子体。如：

模因母体：逗你玩、扶不起、割你肉、将你军、算你狠、凭什么
模因子体：豆你玩、腐不起、鸽你肉、姜你军、蒜你狠、苹什么
模因母体：梅超风、唐高宗、唐玄宗、棉花掌、吓死你、由你涨
模因子体：煤超疯、糖高宗、糖玄宗、棉花涨、虾死你、油你涨

上边新词语都是利用谐音替换的办法改造某个现成的熟语或人名而产生的，用一种调侃的口吻表达了对物价上涨的关注。

应该说，语言的模因古已有之，任何时代新词语的出现都与语言的模因有一定的关系，但在新词语创造的草根化和词媒体盛行的网络时代，三音节新词语模因的速度非常快，致使三音节新词语大量产生。

四 三音节新词语大量模因的语义和语法理据

从上边的分析可以看出，新词语大量产生的最快捷的方式就是模因，一个模因母体只要表现力强，其造词能力是非常强的，如"被XX""XX门""XX族"等形式的新词语多达几十个甚至上百个。但是模因论只能解释今天新词语产生的快捷性，不能解释为什么只有三音节词语大量出现并被大量模因。我们认为，今天三音节新词语大量出现的深层次原因是现代社会生活中概念复杂化与汉语结构简约化相互作用的结果。

(一) 概念复杂化造成新词语音节数的增加

当代新词语音节数增加的一个重要的原因是概念的复杂化。随着社会的发展，语义更加丰富和复杂的新事物、新观念的大量出现，原有的单音节和双音节词已经不能胜任表达的需要，这就要求词语音节数量的增加。关于这个问题，学界有过论述。比如，张小平（2008）认为，多音节词的迅速发展，显然跟社会的发展、思维的丰富息息相关。因为原有的单音节或双音节词，已经不能适应越来越复杂的社会现象和人们越来越缜密的思维，越来越不能满足人们的交际需要了。语言内部的这种交际任务与交

际手段之间新产生并不断加剧的矛盾,必然促使了多音节词的大量出现。因而,三音节、四音节词就成了汉语造词的新趋势。

我们认为,张小平的说法是有道理的。从音节的角度来分析,汉语早期往往是用一个单音节词来表达某一特定的概念,随着社会的发展,这种一个音节对应一个概念的状况难以满足交际的需要,这就出现了词义的引申,产生了大量的一个音节对应多个概念的现象,即一字多义现象。随着社会的进一步发展,新的概念越来越复杂化,仅仅通过词义的引申来表达增加的概念已经难以满足交际的需要,更何况单音节词很容易造成同音现象,而同音词过多会给交际带来很多麻烦,所以慢慢地就出现了双音节词,双音节词的大量出现大大地方便了人们的交际,所以迅速在词汇系统中占据了主体地位。社会继续往前发展,进入当代社会,概念进一步复杂多样化,双音节词也不足以表达纷繁复杂的社会现象,这样多音节词很自然地就产生了。如"婚"本义是"结婚",最初写作"昏"。后来引申出"婚姻"的意思。很明显,与"结婚"相关的概念还有很多,仅仅通过词义的引申难以满足交际的需要,这就产生了大量的双音节词。如"婚变、婚典、婚检、婚礼"等等。到了今天,有关"结婚"的概念就更多了,音节的复杂化也就在所难免。

　　婚→蜗婚→蜗婚族,婚→愁婚→愁婚男,婚→裸婚→裸婚族,婚→结婚→被结婚
　　婚→离婚→群体离婚,婚→婚姻→橡皮婚姻,婚→已婚→已婚单身族
　　婚→奥运婚,婚→世博婚,婚→九九婚,婚→经济适用婚,婚→十全十美婚

从上边例子可以看出,多音节新词语的出现明显是概念复杂化的结果。

(二) 汉语结构的简约化有利于三音节新词语的繁衍

如果说新词语的音节特点完全是由其概念内容所决定的,那么不仅仅是三音节新词语数量大增,四音节及五音节等新词语数量也会大量增加,而且三者在数量上不应该有太大的差异。但语言事实告诉我们,三音节新词语在数量上远远多于四音节以上新词语。为什么会这样呢?通过上边第

二部分的分析可知，这是因为三音节词语模数量多且造词能力强，而四音节以上新词语通过模因这一快捷方式构造的数量较少。但这仅仅是表面原因，从深层次原因分析，我们认为，这和汉语语法结构的简约化有关。邢福义（2003）指出，汉语语法重于意而简于形，在语言运用中，人们在句法形式的选用上趋向简化，使句式呈现出趋简性的特点。趋简形式的选用和形成深刻地反映了汉人的语用观。也就是说，汉语语法结构一直遵循着简约的语用原则。所以那些能被大量模因的词语往往是音节形式相对比较简约的形式。四音节以上新词语之所以难以被大量模因形成词语模，是因为其构成要素形式不够简约。

一个构词要素其构词能力的大小取决于其概念外延的大小，概念的外延越大其包含的事物就越广，所以其构词能力就越强；而概念的外延与内涵是成反比的，即内涵越简单、语义越泛化，其外延就越大，构词能力也就越强。如：

帝：［+尊贵］［+男性］［+人］；→"XX 帝"类新词语有 5 个。
男：［+男性］［+人］；→"XX 男"类新词语有 18 个。
族：［+某属性］［+人］；→"XX 族"类新词语有 158 个。

通过义素分析可以知道，"族"的内涵最简单、语义最宽泛，其外延当然最广，各种各样的人都可以被称为"族"，因此其构词能力最强，5 年来共产生了 158 个新词语；而"帝"的内涵最丰富、语义最具体，其外延最窄，一定是某类特定的人才能称之为"帝"，因此其构词能力最弱，5 年中只产生了 5 个新词语；"男"则介于二者之间。

通过上述分析可知，词素概念的内涵与构词能力成反比。而内涵的大小一般与词语的形式是成正比的，即词语的形式越复杂，特别是修饰语越多，其内涵也就越丰富、语义越具体，反之亦然。如：

人——男人——老男人

从"人"到"男人"再到"老男人"，其修饰语越来越多，形式越来越复杂，语义也就越来越具体，内涵也越来越丰富，所以其构词能力也就越来越弱。

从音节特点来说，单音节结构一般比双音节结构形式更为简约、语义更为宽泛、内涵更为简单，所以外延更大，构词能力也就更强，因此相对更容易成为词语模的模标。而双音节结构则相对难以成为词语模的模标。

根据汉语的韵律特征，一个四音节的结构形式，必然是两个音步的组合；而汉语最基本的音步是两个音节（冯胜利，2009）。因此一个四音节词语的音节形式一般是"双音节+双音节"，而一个三音节词语的音节形式一般是"双音节+单音节"。根据上边的分析可知，单音节形式更容易成为词语模的模标，因此，四音节词语比三音节词语更难以形成词语模，即使形成词语模其造词能力也会弱于三音节词语模。如：

空天/战机、太空/游戏机、窗口/售票机

上边几个词语的中心成分都不是单音节形式，所以没有形成词语模，如果它们的中心成分都使用单音节形式"机"，那么它们就可以形成一个简单的三音节词语模"XX 机"，从而可以很方便地通过模因的方式造出更多的新词语。

也正因为汉语语法结构的简约性，所以很多本来应该是四音节的词语也很容易被压缩成三音节形式。如：

微阅读（微博阅读）、微爱情（微博爱情）、微革命（微博革命）

炒基团（炒基团体）、扛包团（扛包团体）、密友团（密友团体）

抱抱装（抱抱服装）、酷毙装（酷毙服装）、外卖装（外卖包装）

梨花体（梨花文体）、羊羔体（羊羔文体）、红楼体（红楼文体）

总之，由于新的事物、新的生活方式和生活理念层出不穷，所以三音节和四音节新词语就大量出现；而又由于汉语语法结构的简约化，造成三音节新词语更容易被大量模因，所以数量远远多于四音节词语。因此今天的新词语中三音节词语占绝对优势。

第二节 别解造词现象考察

汉语的造词方法有很多，任学良（1981）指出："汉族人民极其巧妙地运用汉语各种因素及其各个组成部分的手段和方法创造新词，形成了完整的造词法体系。这个体系包括五大方法：词法学造词法、句法学造词法、修辞学造词法、语音学造词法、综合式造词法。"别解造词属于修辞学造词法，即运用"别解"这一修辞手法创造新词语。别解造词是伴随着网络语言的流行而出现的，近年来造词数量很多并有泛滥的趋势。本节试图探究别解造词的构造理据，同时讨论此类新词语的规范问题。

一 关于别解

（一）作为修辞格的别解

别解作为语言运用的手段在古代灯谜中早就出现，但直到20世纪90年代学界才把它作为一种修辞格来研究，较早进行研究的是谭永祥先生，他认为，别解就是运用词汇、语法或修辞等手段，临时赋予一个词语以原来不曾有的新义的辞格。别解出来的词义往往与传统意义不符，能收到比较特殊的表达效果，但其词义是临时的、不确定的，其效果只在特定的语境中才生效。如：

（1）朋友们背后曾说她这样漂亮而无儿女，真是个"绝代佳人"。（钱锺书《猫》）

（2）"在北大荒一走就是十八里呢，你走过吗？"我想起通往咱们北大荒新开荒地边的那条尘土飞扬的土道。"当然走过！那是'水泥马路'。一下雨，连泥带水，能把你的长筒雨靴都粘下来！"（肖复兴《达紫香》）

很明显，上述例句中的"绝代佳人""水泥马路"的特殊含义都只有在这种特定的语境中才能出现，或者说其别解的意义在语境中已有告知，离开了这种语境，这两个词语的特殊含义也就不存在了，这就是作为修辞格的别解。

(二) 作为造词法的别解

作为修辞格的别解对语境的依赖性比较强，别解的词义复现率不高，换句话说就是某个词的特殊意义使用还不常见，还没有词汇化，不能认定为一种造词方式。然而，在语言的使用过程中，临时性的修辞现象也可以转换成凝固的词汇现象，诚如周洪波（1994）所说："修辞现象与词汇现象密切相关，在一定条件下，修辞现象中以辞格构成的词语能够逐渐脱离语境的制约，转化为词汇现象，成为新词语产生的一种重要途径。如，'国格'最初出现时只是临时的修辞现象，由'人格'仿拟而来的，后来逐渐取得了新词语的地位，并作为一种词汇现象进入了《现代汉语词典》。"近年来，别解也正由临时的修辞现象衍生成一种新的造词方式，并且造出了大量的语义稳固的新词语。如：

(3) 说到香港白领的收入，他们总是自嘲稍不留意就成了"月光族"。（《人民日报海外版》2011 年 3 月 29 日第 3 版）

(4) 从自主招生的"北约""华约"抱团"掐尖"，到去年北大清华公布的新生状元数相互"打架"，高分考生作为"稀缺资源"，屡屡让各个学校费尽心机。（《江南时报》2011 年 7 月 5 日第 9 版）

上边例句中的"月光""北约""华约"都是人们很熟悉的词，但在此处的意义与传统意义不同，分别被别解为"每月花光""北京大学等 7 所高校组成的高考自主招生联盟""清华大学等 7 所高校组成的高考自主招生联盟"，这样的用法在报纸杂志中已经很常见，其语义并不需要在语境中作特别的解释，基本上实现了词汇化，不再是临时的修辞格。

(三) 别解造词与词义引申

别解造词与词义的引申不一样，别解的原义和新义之间没有内在的联系，是对构成某个词的词素意义进行重新解读，出现有别于传统的新义，从而产生一个新词；而词义的引申则原义和新义之间有内在的联系，新义是原义引申的结果，因此并没有产生一个新词，而仅仅是原词增加了一个新义项。如：

空调：原义指空气调控，新义指国家对房价的诸多调整政策落空。①

跳水：原义指一项体育运动，新义指股价或房价直线下跌。

很明显，"空调"的原义和新义之间没有任何联系，"空"有多个义项，在"空调"的原义中使用"空气"这一义项，而在其新义中则使用"落空"这一义项，这就是语义的重新解读，从而产生了一个新词。而"跳水"的原义和新义之间有联系，二者具有相似性，显示股价或房价像跳水一样下跌得非常快，是通过相似引申的方式产生了一个新的义项，使"跳水"由单义词变成了多义词。换句话说，"跳水"通过词义引申增加了一个新的义项，但并没有出现一个新词；而"空调"则通过别解的方式创造了一个新的词。

二 别解造词的语言理据

从语言本体的角度来看，别解造词的构造理据主要涉及四个方面：语义别解、语法别解、字形别解。

（一）语义别解

别解类新词最常见的构造理据是通过对现有词语的语素意义进行重新解读从而创造出新词。词汇系统中某个词其原有的语义已经习惯性地存在于人的知识系统中，语义别解就是要突破这种原有的习惯，对构成某个词的语素的意义进行重新分析、重新搭配组合，从而产生新的语义。如：

学位：原义指某种专业学术水平的称号，别解义指学生在教室的座位。

触电：原义指接触电流，别解义指接触电影、电视界。

很明显，上边两个词别解义的产生都是对旧词中语素意义重新分析的结果。"学位"由两个语素"学"和"位"构成，其传统的意义分别是

---

① 本节所有别解类例词都来自近年来出版的新词语词典，包括王均熙编著的《汉语新词词典 2005—2010》（学林出版社 2011 年版），邹嘉彦、游汝杰编著的《全球华语新词语词典》（商务印书馆 2010 年版），侯敏、周荐主编《2006—2010 汉语新词语》（商务印书馆）。书中不一一列出。

"学术水平"和"等级";现在重新分析,把"学"和"位"别解为"学校"和"位置",从而产生了新的意义,新义与原义没有任何必然的联系,所以产生了一个新词。"触电"情况一样,把语素"电"由传统的"电流"义别解为"电影、电视"义。

有的语义别解仅对某个词中某一语素的意义进行重新解读。如:

产前、产后:原义指生小孩前(后),别解义指物质生产前(后)。
团长:原义指团这一军事建制单位的为首者,别解义指团购的组织者。
板车:原义指木板制的车,别解义指接送样板戏演员的车。

上边几个例子,"产前、产后"仅对"产"的语义进行别解,"团长"仅对"团"别解,"板车"仅对"板"别解。

有的语义别解则对某个词的所有构成语素都进行重新解读。如:

月光、日光:原义指月亮(太阳)的光辉,别解义指每月(每日)将薪水全部花光。
省长:原义指一省最高长官,别解义指节省之人。
麦粉:原义指小麦粉末,别解义指喜欢吃麦当劳快餐的人。

语义的别解还可以进行多重解读,从而在一个旧词的基础上产生两个新词。如:

铁丝:原义是用铁拉制成的线状成品;别解义有二:一是铁杆粉丝,二是经常乘坐地铁的人。

(二)语法别解

有时,别解不仅仅是对语素意义的重新解读,而且对现有词语的内部语法关系也进行重新解读、重新分析。如:

卖场:原义指卖商品的地方,是偏正关系;别解义指监考老师收取钱财，为考场上的作弊者提供便利条件，即出卖考场，成为动宾关系。

脱光：原义指脱掉衣服使身体溜光，是动补关系；别解义指摆脱光棍身份，即结婚，成为动宾关系。

晒黑：原义指晒成黑色，是动补关系；别解义指在网上揭露社会的阴暗面、不平事，成为动宾关系。

背书：原义指背诵书本，是动宾关系；别解义指在票据背面签字，成为偏正关系。

（三）字形别解

所谓字形别解即把某个古代汉字拿出来，根据文字的外在形式进行语义的重新解读，从而别解出新的意义，别解义和原义之间往往没有任何联系，不是字义引申的结果。如：

囧 jiǒng：原指光明；现根据外形重新解读，"囧"字像一张人脸，"八"是下垂的眉毛，"口"则是张开的嘴，貌似失意状，表示郁闷、悲伤、无奈等。

槑 méi：原为"梅"的异体字；因其字形由两个"呆"字组成，现别解为很呆、呆极了。

烎 yín：原指光明；现别解为斗志昂扬，热血沸腾，或直接会其意，表示"开火"。

三 别解造词的社会文化理据

别解作为一种修辞格早就出现了，但作为一种造词方式则是近年来才正式出现，最开始是出现在网络语言中，后来慢慢也出现在了报纸杂志文章中，且造词很多、使用很频繁。为什么别解造词在近年来能够大行其道呢？从社会文化的角度分析，我们认为其原因有四个方面。

（一）别解造词具有客观的逻辑基础

其实别解造词并不是空穴来风，它的存在有一定的客观逻辑基础。所谓的重新解读不能理解成错误的解读，而只是一种和传统习惯不一样的解读，或者说是另类的解读，其实这种解读在逻辑上是行得通的。比如，把

"背书"别解成"在票据背面签字",在逻辑语义上是可行的,因为"背"除了"背诵"义外确实有"背面"义,"书"除了有"书本"义外也确实有"书写"义,所以语义的别解突破的不是逻辑语义的界限而是人们认知习惯的界限。

(二) 别解造词具有陌生化的美学效果

俄国形式主义代表人物什克洛夫斯基在《作为技巧的艺术》(*Art as Technique*)一文中指出:"艺术的技巧就是使对象陌生,使形式变得困难,增加感觉的难度和时间长度……"(张冰,2003)从语言运用的角度来看,"陌生化"就是运用某些手段使本来非常熟悉的语言现象变得陌生,从而使读者在欣赏的过程中感受到一种新鲜的感官刺激,获得新的审美愉悦。别解造词恰恰就实现了陌生化的美学效果。比如,"空调",人们习惯的理解是"空气调控",现在根据语义关系别解为"调控政策落空",能给人一种耳目一新的感觉,从而获得幽默的谐趣美感,博得受众会心的一笑。正因为具有陌生化的美学效果,所以别解造词法很容易被人接受并模仿。

(三) 别解造词依存于凸显个性的时代文化

别解造词方式的出现和时代文化有密切的关系,是当代突显个性的流行文化的反映。陈建民(2001)认为,"文化的创造离不开语言,语言的变化和发展,往往离不开文化的变化和发展"。当今社会是一个多元文化并存的社会,在这种背景之下,人们的思想行为不再局限于传统方式,而是更多地表现出某些与传统相悖的充满个性的方式,所以人们在表达某些思想时往往喜欢用一些与传统不同的富于个性化的方式。别解造词即为这一时代文化在语言使用上的反映。如"囧、槑、烎"本来都有自身固有的含义,但网民为凸显个性,偏偏不管其原始的语义,而是从字形上重新解读,从而获得新的含义。

(四) 网络媒介助推了别解造词的传播

网络的普及化是别解造词得以生存的必要条件和基础。网络时代新词语传播的过程与之前有很大的差别。在网络普及化之前,新词语的传播过程受制于文化权威人士或部门;而网络时代新词语的传播过程则表现为草根化的特征。在网络普及之前,新词语主要靠纸质文本传播或口耳相传,其传播速度往往比较慢,在其传播过程中,文化权威人士或部门往往会进行一定的操控,有新词语出现后,某些处于文化顶层地位的文人学者就会对其进行理性分析，如果认为是科学合理的，就会让其进一步传播，否则就会被扼杀掉。而今天，因为网络这一新媒介的出现并普及，新词语的传播不需要获得某些权威人士或权威部门的"许可证"，某人创造了一个新词语只要传到网上，草根网民觉得有意思，就可能在一夜之间传遍大江南北而家喻户晓，即使有权威人士认为某些词不合适或者影响了语言的纯洁性而想阻止，往往也是无能为力，只能望"网"兴叹。别解类新词语因为突破了人们的认知习惯，所以用传统眼光来看往往是不规范的。比如：把"打赌"别解为"打击赌博活动"，把"打铁"别解为"篮球打在篮圈上"，等等，用传统眼光来看确实难以接受，在没有网络媒介的时候，即使有人偶尔这么用了，也会被批为错误，根本就不可能流传开来，但是在网络时代，这种新的用法因为其新鲜而很容易被草根网民接受并推广，当千百万人都这么使用的时候，也就积非成是或者说约定俗成了。所以说别解造词的传播必须借助网络介质的助推。

四　别解造词的规范问题

别解造词最初主要来自网络，网民在发挥聪明才智创造富有表现力的新词语的同时也存在盲目追新求异和粗制滥造的现象，因此，有必要加以引导和规范。对于别解造词，我们认为有两个方面必须注意规范。

（一）避免低俗化

别解类新词语的优点是新颖别致，但如果因为盲目求新求异而导致低俗化则是不可取的。比如：天才（天生的蠢才）、偶像（呕吐的对象）、神童（神志不清、精神病儿童）、天使（天上的鸟屎）、英雄（英国的狗熊）、天生丽质（天生没有利用价值）、后起之秀（爱睡懒觉，总是最晚起床的学生）、善良（善变而丧尽天良）等等，这些都是网上流行的别解类词语，都是把表示美好事物的词语别解出让人情感上难以接受的含义，具有很明显的捉弄性、低俗化倾向，这些应该是规范的对象。于根元（2003）就提出新词语规范中，"过于粗俗的要从严"。也许网络上怎么用我们管不着，但在书籍报纸杂志等正式的书面文本中一定要严禁使用，在社会舆论导向上一定要坚决抵制，否则汉语的优雅文明将荡然无存。

（二）避免随意性

严谨认真的别解造词都具有一定的逻辑基础和审美特征，但有些别解类新词语带有很明显的随意性，是网民不假思索、随性而为的结果。如：

贤惠（闲在家里、什么都不会）、帅哥（蟋蟀的哥哥）、美女（没人要的女人）、不错（长成这样真的不是你的错）、留学生（留过级的学生）、武大郎（武汉大学的男生）、情圣（情场剩下的）、蛋白质（笨蛋、白痴、神经质）、洋芋蛋（羊肉、鱼、鸡蛋）、讨厌（讨人喜欢百看不厌），很明显这样的别解带有很大的随意性，没有任何逻辑联系，也无美感可言，最多也就搞笑一下。这些词语因为太随意，有失严谨，在网络上使用尚可，但在书面语言中应该尽量避免，有时为了取得幽默的效果而偶尔出现也应该加引号标明。

总的看来，新词语的出现是不以我们的主观意志为转移的，它是当代语言生活丰富活跃的反映，很多别解类新词语也许与我们的语言习惯很不相符，但正如陈原先生（1987）所说："也许某个词有点费解，但你理解也好，不理解也好，新词的出现是不以你个人的意志为转移的。"而且，别解造词具有一定的逻辑基础、审美基础、文化基础，所以，别解作为一种新的修辞造词方式我们应该接受，符合语言规范的别解类新词语我们也应该可以接受。

第三节　亲属义类词缀造词现象考察

类词缀造词是汉语词汇生成的一种最常见最重要的方式。在现代新词语中大量出现了亲属义类词缀造词的现象。"哥、弟、姐、妹、爷、嫂、爸、妈"传统上都是亲属名词，大都可以独自承担称谓的任务，也可以作为亲属义语素构成新的称谓词，如"王哥、霞姐、三爷"等。近年来，随着"词语模"造词的流行，这些亲属义语素造出了一批数量较大的表人名词，表示具有某些特征的人，如"砸窗哥、舞神哥、洗厕哥、爽尿哥、啃雪哥"等。这些亲属名词已经具有类词缀化的倾向，我们称之为亲属义类词缀，本节试图探讨亲属义类词缀的构造理据、产生轨迹及造词能力的差异。

一　类词缀及亲属义类词缀

类词缀是汉语词汇系统中一个非常重要的组成部分，汉语中类词缀造词数量非常多，义属范围也非常广。吕叔湘在《汉语语法分析问题》

(1979)中指出:汉语里地道的词缀不多。有不少语素只可以称为类前缀和类后缀,之所以还得加个"类",是因为它们语义没有完全虚化,有时候还以词根的面貌出现,这是汉语词缀的第一个特点。关于类词缀的界定,学界多有论述。张斌(2002)认为:"只要某个语素在语义不变的情况下可以同别的语素自由组合、换位,就应该认为他还是词根;如果某个语素在位置上趋于固定,语义上开始类化,就应该认为它已是类词缀了;一旦某个语素不但位置固定,而且语义虚化,语音弱化,就应该认为它转成真词缀了。"马庆株(1995)认为:真词缀的意义是虚化了的,准词缀的意义是实在的或抽象的;真词缀是成虚词语素或绝对不成词语素,准词缀是相对不成词语素;真后缀基本都轻音化了,准后缀通常不轻声。王洪君、富丽(2005)比较深入地探究了类词缀的相关特征:(1)同词根相比,类词缀具有单向多搭配性,其结构类型有个别化特征,对词类范畴有类化作用,在结构形式上具有定位性,词汇意义出现泛化。(2)同词缀相比,类词缀可以黏附于类词(也称黏合短语、句法复合词)和凝固短语之后,而词缀不可以;类词缀在意义上尚未完全虚化,仍部分保留了原有的词汇意义,而词缀的意义完全虚化;类词缀具有较强的新生类推潜能,具有根据现时需要随时创造新词语的能力,词缀的新生类推潜能极弱;类词缀具有比较强的组配规则性,而词缀的组配规则性比较弱。王洪君、富丽的方法具有较强的可操作性,我们以此为基础,认为判断类词缀的标准主要可以概括成四条:第一,意义标准,类词缀语义泛化但不虚无,总能看到其来源语素的某些语义特征;第二,形式标准,类词缀造词时位置固定,或者只能出现于词首,或者只能出现于词末;第三,语法标准,类词缀造词具有类化作用,即由同一个类词缀构成的词都具有相同的语法性质,不管其黏附成分的性质如何都不会影响整个结构的语法性质;第四,造词能力标准,类词缀的新生类推能力强,能根据需要随时创造新词语,能构成新词数量可以说是无限的。我们就通过这四条标准来判断类词缀。

近年来出现了大量由亲属义语素构成的表人新词语,现简单列举如下:

"X爷":板爷、侃爷、膀爷、星爷、范爷、国税爷、担忧爷

"X哥":犀利哥、地宫哥、策略哥、吧哥、的哥、队哥、空哥

"X 姐"：微笑姐、失控姐、阅读姐、奋斗姐、铁姐、售姐、空姐

"X 嫂"：军嫂、空嫂、警嫂、家政嫂、服务嫂、接送嫂、育儿嫂

"X 妹"：豆花妹、奶茶妹、菜刀妹、环保妹、吧妹、宾妹、辣妹

"X 弟"：吧弟、萌弟、土豪弟、烧烤弟、泡泡弟、卖萌弟、国歌弟

"X 爸"：辣爸、狼爸、虎爸、潮爸、靓爸、奶爸、萌爸

"X 妈"：辣妈、狼妈、虎妈、潮妈、靓妈、奶妈、萌妈

上边这些新词语中的亲属义语素都具备了类词缀的四项条件。第一，在语义上都不再表示亲属关系，而是表示具有某一特征的人。"X 爷"指言行举止有传统大老爷做派的人，一般指男性；"X 哥""X 弟""X 姐""X 妹"指因某些特别的行为而吸引公众眼球的人或专门从事某些职业的人；"X 嫂"主要指专门从事某项工作或具有某种身份的已婚女性；"X 爸""X 妈"指在小孩教育上具有某些明显风格或者因某些行为而吸引眼球的已结婚生子之人。各个类词缀的语义都不同程度地发生了虚化，不再是最初的表亲属关系的语义，但是这些类词缀的语义又都还保留了其最初语义的某些义素，比如性别、年龄、婚姻等，当然不同类词缀其语义虚化的程度有差别，所以其造词能力也不一样，虚化越厉害其造词能力就越强。第二，在位置上，这些亲属义语素都处在词尾，符合类词缀的形式标准。第三，语法类化作用也很明显，不管什么词只要和亲属义类词缀结合就都会变成名词，如"妖娆""浇水"分别是形容词、动词，但"妖娆哥""浇水哥"却都是名词。第四，这些亲属义类词缀的新生类推能力强，比如"哥"，根据我们 2014 年的不完全搜索，共找到 230 多个"哥"类新词语，而且可以根据需要随时新造，类推能力强大，其他如"姐、嫂、爸"等只要有需要也可以随时造出新词语。

通过上文的论述可以看出，这些亲属义语素符合类词缀的基本特征，可以算是类词缀。学界也早有人提过亲属义类词缀问题。宋培杰（2002）认为，"爷、婆、哥、嫂、姐、妹、弟"等亲属称谓名词词缀化的倾向明显。陈昌来、朱艳霞（2010）认为，很多指人语素均在使用中发生了类

词缀化，至少呈现出了向类词缀演化的强烈倾向。

二 亲属义类词缀的造词理据及风格色彩

使用词缀或类词缀造词在汉语中由来已久，但亲属义类词缀的出现则是近30年来的事，并且也不是所有的亲属名词都衍生出了类词缀的用法，从语言实践来看，最早出现的亲属义类词缀当属流行于20世纪七八十年代的"爷"，进入21世纪以来，造词能力较强的亲属义类词缀主要有"哥、姐、嫂、妹"，近年来，"爸、妈、弟"也造出了一定数量的新词。我们于2014年3月通过网络搜索，共找到496个由亲属义类词缀构成的表人名词，其中"哥"和"姐"的造词能力最强，分别有233个和105个，这些新词有的很快就淡出了人们的视野，而有的则具有一定的生命力，能较长时间保留下去。本部分主要探讨亲属义类词缀的造词理据及其风格色彩。

（一）造词的语义理据

近年来流行的这些亲属义类词缀，尽管造词方式复杂多样，但如果从造词的语义理据角度来看，主要包括三大类型：事件造词，现象造词，人名造词。

第一，事件造词。

事件造词指因某人做了或经历了某一件事而造出的新词，尽管这件事可能无足轻重，但在特定的背景条件下很能吸引大众的注意力，从而被网友主观放大，提炼出事件中的某个核心语义成分作为词根语素，再附加一个亲属义类词缀，就创造出了一个新词语。如：

西单哥：在北京西单出现的一位开宝马、却在街头唱自己没钱的年轻男子。

忍耐哥：被一位中年女子骂了很久都不还口的年轻男警察。

停车姐：在没有停车位的地方铺上画好车位线的塑料纸、并在路边的电线杆上挂上自制停车标志"P"的一位北京女车主。

烧烤弟：在合肥胜利广场附近卖烧烤的一位十二岁男孩小翔。

字典妹：在《汉字英雄》舞台上能够快速说出任何一个字在字典上页数的最突出选手石舒雅。

上述这些新词语都和某人经历的特定事件有关，这些事件要么本身具有矛盾性，如"西单哥"；要么反映了社会关注度较高的某些现实问题，如"忍耐哥、停车姐、烧烤弟"；要么表达了对某些人的肯定和赞许，如"字典妹"。总之，这些事件都带有很大的偶然性，这样造出来的新词语其数量可以说是无限的，因为社会上的偶然事件是无限的，也正因为是偶然的，所以此类词语其流行时间一般也不会太久，往往短暂的流行之后就会销声匿迹，难以在汉语词汇系统中沉淀下来。

第二，现象造词。

现象造词指通过新词语来记录新的社会现象，也就是说，当社会上出现某类新的现象时就会有一个新词语把它记录下来。能通过亲属义类词缀造出新词的社会新现象主要包括两种情况：第一种情况是某一行业、领域或某些岗位出现了一个新的群体，第二种情况是某个社会群体因为其独特的行为举止而开始引起人们的关注，这两种情况很容易产生由亲属义类词缀构成的新词语。这些新词语的出现主要和社会的发展、分工的细化、职业的专业化等密切相关，有时也因为一些非职业性的社会现象引起。如：

空哥/空姐：从事航空服务的年轻男子/女子。
动姐/动妹：从事动车乘务的女子。
家政嫂：从事家政服务的已婚女子。
膀爷：大夏天裸露上身在街上活动的成年男子。
倒爷：利用计划内商品和计划外商品的价格差别，在市场上倒买倒卖有关商品进行牟利的人。
潮妈：虽然结婚生子，但在穿着打扮上仍能引领潮流的妈妈。

上述例子中的前三个都是由于出现了新的社会职业和专门从事这些职业的人，从而用新词语来记录他们。后三个例子则是由于社会上出现了一种和职业无关的有特色的社会现象，从而用新词语来记录这种现象，也可能某些现象早就存在，但之前并没有专门的词语来记录，到了一定时期人们把这些现象类型化从而造出新词语。

现象造词和前面说的事件造词相比较来看，事件造词比现象造词要快、要多，但现象类词比事件类词的存活能力要强。因为事件造词往往是针对个人而言，具有偶然性和即时性，其造出来的词往往不代表普遍的社会现象，所以容易消失。但现象造词是针对某些带有普遍性的社会现象，一种社会现象特别是某些新兴职业一旦出现就不太会在短期内消失，比如"空嫂、警嫂、医嫂、的嫂、月嫂、险嫂、邮嫂、家政嫂、接送嫂、育儿嫂、环卫嫂、保安嫂"，这些新词语短期内估计不会消失。此类新词语的生命力最终是由其指称的客观实体决定的，如果这些词所指称的实体不再存在，那么这些词也就自然慢慢淡出了人们的视野，如"倒爷"。马海华（2002）调查认为："倒爷"是搜狐网站评出的20年来最流行的词语之一，它出现于20世纪70年代，风行于80年代，到了21世纪，其魅力依然不减。但是，毋庸置疑，"倒爷"在今天所涉及的领域已经大大受限，主要出现于少数几个资源相对紧张的领域，不像七八十年代一样几乎所有的领域都有"倒爷"的身影，而且，可以乐观的预测，随着社会的发展进步，"倒爷"这个词一定会成为一个历史词汇。

第三，人名造词。

人名造词指用姓名（一般是有影响的名人）中的某个字作词根，后加亲属义类词缀构成新词，这种类词缀常见的有两个："爷"和"哥"。如：

"X爷"（男性）：星爷（周星驰）、宝爷（郭宝昌）

"X爷"（女性）：范爷（范冰冰）、韩爷（韩雪）、诗爷（刘诗诗）、敏爷（汪小敏）

"X哥"（男性）：发哥（周润发）、咏哥（李咏）、贝哥（贝克汉姆）

"X哥"（女性）：春哥（李宇春）、曾哥（曾轶可）

由亲属义类词缀造出来的这些称呼名人的词语，往往能体现出受众对名人某些方面特质的认可和态度。"X爷"类人名词语显示对某些名人地位的认可，同时带有一定的戏谑性；范冰冰等女性名人称之为"爷"，则强调其具有一种男性化的大气或霸气。"X哥"类人名词语显示一种亲近感，凸显受众与其心理距离比较近；李宇春等女性名人称之为"哥"则强调其某些言行举止的男性化特质。

（二）词语的风格色彩

从风格色彩来看，由亲属义类词缀造出的新词语主要有两大类型，一是记实性的，二是调侃性的。

第一，记实性。

新词语往往是对社会生活中新出现的事物或现象的记录，其基本功能就是真实地记录客观世界，这就是记实性的新词语。由亲属义类词缀造出来的新词语其中有一部分就属于此类，即客观记录了社会上新出现的从事某种职业或具有某种共性的人。如：

的哥/的姐/的嫂：开出租车的司机（男性/女性/已婚女性）。
空嫂/警嫂/医嫂：从事空乘服务（警务工作/医疗工作）的已婚女子。
导姐：为顾客做向导服务的年轻女子。
倒爷/倒姐：倒腾买卖的男子/女子。
打工妹：主要指从边远地区到城市打工的年轻未婚女子。

上述例子所记录的都是社会上新出现的具有一定共性的某类人，具有很明显的记实性，比如"的哥"，只有"的士"出现了才会出现"的哥"，最初开"的士"的主要是男性，后来慢慢出现了女性的士司机，从而出现了"的姐"和"的嫂"。

第二，调侃性。

还有一类由亲属义类词缀构成的新词语带有一定的调侃性，这是网络时代的特征。上文论述，有些新词语记录的是发生在某个人身上的一件微不足道的小事，当然这些小事往往也是某些社会现象的反照，网友以一种调侃的方式造出一个新词语把这些特定的人和事定型化。这样的新词语一般调侃性比较强，往往是以一种调侃的语气表达对某些社会现象的无奈、戏谑或者对某些人的赞许、支持，在网络上传开后就成为人们茶余饭后的谈资。如：

低碳哥：指无车、无房、无老婆过着"低碳"生活的男子。
齐全哥：指新生入学报到时各种生活用品齐全的大学生。
国税爷：对纳税人态度恶劣连爆粗口并自称"爷"的一位西安国税工作人员。
担忧爷：在三轮车后面贴上"你酒驾，爷担忧"警示标语的一位西安老人。

扔鞋姐：指一名路见不平、飞鞋砸向小偷的80后女孩。

蛋糕姐：指一名身着华丽蛋糕裙参加江苏卫视《非常了得》节目的80后自主创业女孩。

冰粉妹：为让妹妹上大学而放弃大学学业帮父母做生意卖冰粉的重庆女孩。

上述例子中，"低碳哥、齐全哥、国税爷、担忧爷"等词语就是对底层民众的生存状况、大学生的生活自理能力、公务员的服务态度、酒驾这一危险行为的一种调侃，而"扔鞋姐、蛋糕姐、冰粉妹"则是以一种调侃的口吻表达对见义勇为者、自主创业者、无私奉献者的赞许和支持。

三 亲属义类词缀的衍生及语义特征

"爷、哥、姐、嫂"等亲属名词衍生出类词缀的用法从而大量构成新词的现象是近三十年来出现的。20世纪70年代吕叔湘的《汉语语法分析问题》（1979）和赵元任的《汉语口语语法》（1979）都没有涉及亲属义类词缀；90年代，邢福义（1991）、黄伯荣、廖序东（1991）、胡裕树（1995）、北京大学中文系（1993）等编著的《现代汉语》，以及叶蜚声、徐通锵的《语言学纲要》（1991），也没有使用亲属义类词缀的例子；21世纪以来，邵敬敏的《现代汉语通论》（2001）、张斌的《新编现代汉语》（2002）等，一样没有举亲属义类词缀的例子。或者是那时并没有出现亲属义类词缀，或者是即使出现了少数例子但不典型，还不足以写进教材。但从近年来的语言实践来看，亲属义类词缀的出现已经是一个不争的事实，近年来也不断有论文谈到亲属义类词缀的问题。本部分探讨亲属义类词缀的衍生轨迹及语义特征。

(一) 亲属义类词缀的衍生轨迹

毋庸置疑，亲属义类词缀是由亲属名词衍生而来的，其衍生的轨迹符合词汇虚化的一般规律，当然也有一些特殊之处。汉民族特别重视亲情，在非亲属之间的社会交往中，往往借用亲属名词来相互称呼，一般使用模式是"姓或名中的一个字+亲属名词"，比如，称"王军山"为"王哥"或"军哥"，称"张小红"为"张姐"或"红姐"，等等。当然这样使用亲属称谓词一般交际双方比较熟悉或者说话人试图去拉近彼此之间的心理距离,也就是说此类称呼语还蕴含着一定的亲情色彩或者能营造一种亲情的氛围,这些亲属名词的词义还很实在,是一个词根语素,还不能算是类词缀。而今天流行的"犀利哥、托举哥、数学哥"等词语中"哥"的含义已经进一步虚化,没有任何亲情色彩,基本上只表示"人"(一般指男性)的含义,与"作者、读者、听者、说者"中的"者"类似,都是"人"的类属标志,所以此类"哥"已经虚化成了类词缀。

我们认为,亲属名词的类词缀化主要经过两个步骤形成三个存在阶段:第一阶段是表亲属关系的名词,用于亲属之间的称呼;语义泛化之后进入第二阶段,作为词根语素构成称谓语,主要用于社会交往中的称呼,含有亲情色彩;进一步泛化之后进入第三阶段,作为类词缀构成新词语,主要功能不是用于称呼而是用于指称某一类人,一般不带亲情色彩。下边我们图示这一语义虚化的轨迹:

亲属义类词缀语义虚化轨迹图

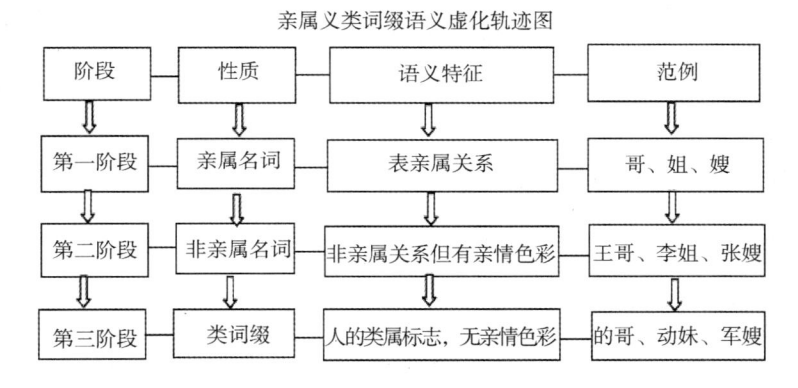

阶段	性质	语义特征	范例
第一阶段	亲属名词	表亲属关系	哥、姐、嫂
第二阶段	非亲属名词	非亲属关系但有亲情色彩	王哥、李姐、张嫂
第三阶段	类词缀	人的类属标志,无亲情色彩	的哥、动妹、军嫂

图 4-3-1

上图显示了亲属名词衍生为亲属义类词缀的基本轨迹,但因为不同亲属名词的基本含义有差别,所以各自虚化而来的类词缀虽然都标志了"人"这个大的类属,但在一些附加含义上还是有差别,这些附加的含义往往来自亲属名词的核心义素。

(二)亲属义类词缀的语义特征

第一,类词缀"爷"的语义特征。

"爷",《现代汉语词典》(第六版)的解释,除表亲属称谓外,还有三个义项:①对长一辈或年长男子的尊称;②旧时对官僚、财主等的称呼;③民间对神的称呼。在前两个义项的基础上就衍生出了"爷"作为类词缀的两个附加含义:一是尊重,二是调侃。第一个义项是专指性的,即专门用于称呼某人，在此基础上引申出专指性的"X爷"，一般用于演艺文体界的名人，表示尊重，如"星爷"（周星驰），而"长辈"或"年长"这些义素成分已经淡化，某些女性名人只要具有男性的大气和强悍就可以称之为"爷"，如"范爷（范冰冰）、韩爷（韩雪）"等。第二个义项是通指性的，旧时所有的官僚、财主都可以称"爷"，这些官爷、财爷的最大特点是高高在上、不可一世，在此基础上引申出通指性的"X爷"表调侃，调侃那些言行举止具有官爷财爷的某些做派的人，带有一定的贬义色彩，如"款爷、倒爷、息爷、捧爷、卡爷、国税爷、教师爷"。

第二，类词缀"哥""弟"的语义特征。

根据《现代汉语词典》（第六版）的解释，除表亲属称谓外，"哥"用于称呼年纪跟自己差不多的男子（含亲热意），"弟"是朋友相互间的谦称（多用于书信）。"哥"的类词缀化模式和"爷"差不多，有两个语义引申方向，一是引申为专指性的"X哥"，主要用于演艺文体界的名人，如"发哥、咏哥、贝哥"，也可用于具有男性特质的女性，如"春哥、曾哥"；二是引申出通指性的"X哥"，指具有某一类特征的人，在表达色彩上有时表调侃，如"浮云哥、奶粉哥、假摔哥、油画哥"等，有时则是记实，如"吧哥、的哥、兵哥、空哥、商哥"。表调侃的"X哥"一般不含有贬义色彩，而是带有亲热意味，或者支持、赞许意味，如"地宫哥、三轮哥、快闪哥、锦旗哥、吊瓶哥"。作为类词缀的"哥"其"年长"的义素也已经淡化，未成年的中学生，甚至幼儿园的小朋友都可以称为"X哥"，如"瞌睡哥"和"装醒哥"。

"瞌睡哥"：指一位在听奥巴马演讲时睡着了的美国男中学生。
"装醒哥"：指一名约四岁的小男孩课堂上睡意难忍，却屡次强迫自己清醒上课，表情可爱，被称为"装醒哥"。

在汉民族的言语交际中，"弟"一般用于自己的谦称，不太用于称呼他人，"哥""弟"相对，"哥"年龄要大、地位要尊，在人际交往中，为了显示对别人的尊重，一般选"哥"不选"弟"，即使明知道对方比自己年纪小也会这样，这是基本的礼貌原则。也正因此，作为类词缀的"弟"，其构成的词也不多，我们只发现十来个，如："土豪弟、烧烤弟、卖萌弟、杀鱼弟"等，其基本语义在调侃中带着一种亲热。"X 弟"一般不太用来记实，在记录从事某些行业工作的男子时用"哥"不用"弟"，所以一般只有"的哥、兵哥、空哥、动哥、商哥"而没有"的弟、兵弟、空弟、动弟、商弟"等。

第三，类词缀"姐""妹"的语义特征。

"姐""妹"的含义，《现代汉语词典》（第六版）的解释，除表亲属称谓外，都是用来称呼年轻的女子。类词缀化后构成的"X 姐/妹"表示具有某一特征的年轻女子，在表现风格上与"X 哥/弟"一样，尽管具有调侃性，但基本不含贬义色彩，如"洒脱姐、学历姐、夺刀姐、流泪姐、晕倒姐，菜刀妹、环保妹、瞌睡妹、牙套妹"等，这些词语都是以一种调侃的口吻来记录某种特殊的行为、经历，或赞许、或鼓励、或同情等等，基本没有贬斥的含义。作为类词缀的"姐"，其"年长"的义素已经消失，有些看起来明显很小的也可以称之为"X 姐"，如：

"失控姐"：是优漫卡通卫视一名超级搞笑的四岁半的"女警"莎莎，因为在节目中表现抢眼被网民称为"失控姐"。

"X 姐/妹"的另一语义特征是记实，即专门用来称呼从事某些职业的人，尤其以"X 姐"为多，如"铁姐、售姐、空姐、茶姐、军姐、动姐、海姐、的姐、款姐、导姐、托姐、富姐、倒姐、高姐、动妹"等。

"X 姐"和"X 妹"其表义差别不大，一般说来，前者更多一份成熟可敬感，后者更多一份小巧亲切感，在生成调侃性词语时，二者造词能力差别不大，但在生成记实性新词语时一般用"姐"不用"妹"，如"铁姐、空姐、军姐、海姐、的姐、导姐、托姐、倒姐、高姐"等词就没有对应的"X 妹"。

第四，类词缀"嫂"的语义特征。

"嫂"，《现代汉语词典》（第六版）的解释，除表亲属称谓外，用于称呼年纪跟自己差不多的已婚妇女。上文所述的类词缀"爷、哥、弟、姐、妹"都具有调侃性语义色彩，但"嫂"没有，"X 嫂"都是记实的，主要指从事某项职业的人，如"空嫂、警嫂、医嫂、的嫂、月嫂、家政嫂、接送嫂、环卫嫂、保安嫂"等，也有少数指具有某种非职业性身份的人，如"军嫂、北嫂、外来嫂"等。为何"嫂"没有生成一些调侃性的词语呢？我们认为这和"嫂"的核心义素"已婚妇女"有关。一方面，"已婚妇女"大概能给人一种诚恳、踏实、可靠的感觉，与轻浮、潮流、搞笑等行为相去甚远，所以人们一般不使用"嫂"来生成调侃性词语。诚如刘一玲（1996）所说，"嫂"们更富有人生经验，更善解人意，因此给人的是某种信赖感，因而它目前还都用作褒称，那些打托骗钱的人，虽然其中有不少是年近中年的女人，但恐怕人们不大会去称她们为"托嫂"。另一方面，从中国传统文化心理来看，"爷、哥、弟、姐、妹"都可以调侃，因为都是亲密无间的自家人，而"嫂子"则是外来的，与其可以亲近但有着不可逾越的底线，是不可以随意调侃的，否则有违传统的伦理纲常，所以"X嫂"一般都不带调侃色彩。

第五，类词缀"爸""妈"的语义特征。

根据《现代汉语词典》（第六版）的解释，"爸"只用于亲属称谓，即父亲；"妈"除表亲属称谓外，还可称长一辈或年长的已婚妇女。近年来，出现了一批由"爸/妈"做类词缀构成的词，表示具有每一类特征的父亲和母亲，而且基本上都是成对出现，有"什么爸"就有与之相对的"什么妈"。如：

①狼爸、虎爸、鹰爸、羊爸、猫爸——狼妈、虎妈、鹰妈、羊妈、猫妈

②潮爸、靓爸、萌爸、熟爸、土豪爸——潮妈、靓妈、萌妈、熟妈、土豪妈

③奶爸、空爸——奶妈、空妈

从具体语义来说，大致可以分成三类：一类是以动物名作为词根语素的，主要指在教育小孩上是严厉还是宽松，"虎爸狼妈"等属于严厉型，而"猫爸羊妈"等则属于民主宽松型；第二类是以形容词性语素做词根的，指符合某种时代潮流特征的"爸/妈"，如"萌爸、熟妈"；第三类是从事某职业或在一段时间内专门做某事的"爸/妈"，如"奶爸、空妈"。从表达色彩来看，这些词语一般都具有比较明显的调侃意味。

总的看来，由亲属义类词缀构成的指人新词语一般都具有调侃色彩，只有"X嫂"没有调侃性。从语义上看，亲属名词在类词缀化过程中都表现为明显的语义虚化过程，但不同类词缀其语义虚化程度有差别，

"哥""姐"的虚化程度最高,"爸""妈"的虚化程度最低。

四 亲属义类词缀的造词能力

亲属义类词缀的造词能力差别很大,我们通过互联网大量搜索并借助相关学术论文的例证,共搜集了 500 余个由亲属义类词缀构成的新词语,发现各个类词缀的造词能力差别很大,下边是具体的数量对比表:

表 4-3-1

	X哥	X姐	X妹	X嫂	X爷	X爸	X妈	X弟
成词个数	233	105	47	40	33	13	13	10
所占百分比	47%	21%	10%	8%	6%	3%	3%	2%

上边数据虽然不是很严密的统计,不能很精确地说明问题,但还是能说明一些倾向性特征。我们可以大致总结出一条倾向性规律:各亲属义类词缀的造词能力差别很大,"哥"和"姐"的造词能力非常强,二者所生成的新词语占所有此类新词语的 68%;"妹""嫂""爷"造词能力也比较强,它们生成的新词语占总量的 24%;"爸""妈""弟"的造词能力较弱,它们所生成的新词语只占总量的 8%。亲属义类词缀造词能力的差别,既和语素的概念内涵有关,也和社会文化有关,前者是内因,后者是外因,二者相互影响、相互作用。

(一) 概念内涵与造词能力

亲属义类词缀造词能力差异的内因是由各类词缀的概念内涵不同决定的。前边章节里我们已经论证,词素概念的内涵与造词能力成反比,一个造词语素其造词能力的大小取决于其概念外延的大小,概念的外延越大其包含的事物就越广,所以其造词能力就越强;而概念的外延与内涵是成反比的,即内涵越简单、语义越泛化,其外延就越大,造词能力也就越强。如"族"的内涵比"男"要简单,至少没有"性别"的限制,所以"族"构成的新词语比"男"要多。亲属义类词缀的概念意义虽然已经泛化但并不是完全虚无,都还或多或少负载了一定的语义内容。根据前文的分析可知,他们在语义上既有相类似的特征,也有各自侧重或凸显的方面,各个类词缀的概念内涵有差别。首先,从表达色彩来看,"嫂"主要表示专门从事某种职业的人,一般没有调侃性;"哥、姐、妹"大多数情况下具有调侃性,但也可以表示职业类型,不带调侃性;"爷"一般带有调侃性,只有在表示人名时不带调侃性;"弟、爸、妈"大都带有调侃色彩。第二,有些亲属义类词缀对性别的选择限制不太严格,传统上专指男性的"爷、哥"也可以指称女性。第三,亲属义类词缀有年龄淡化的倾向,"爷、哥、姐、嫂"不一定年龄比说话人大。第四,从婚姻状况来看,"爸、妈、嫂"肯定是已婚的,"弟、妹"一般都是未婚,"爷、哥、姐"既可能是已婚也可能是未婚。下边我们列表显示各类词缀在概念内涵上的共性和个性。

表 4-3-2　　　　　　亲属义类词缀概念内涵语义特征表

	爷	嫂	哥	弟	姐	妹	爸	妈
调侃性	±	-	±	+	±	±	+	+
男性	±	-	±	+	-	-	+	-
年长	±	±	±	-	±	-	+	+
已婚	±	+	±	-	±	-	+	+
人	+	+	+	+	+	+	+	+

上表中"±"表示既可以有这个特征,也可以没有这个特征,换句话说就是不受这个义素的制约;"+"和"-"则表示具有或不具有这个特征,换句话说,不管有还是没有这个义素,都受其制约。从概念的内涵来看,其义素选项中"±"越多,说明其制约因素越少,内涵也就越简单;反之,"+"或"-"越多,说明其内涵就越丰富。上文已述,词素概念的内涵与造词能力成反比,内涵越丰富其造词能力就越弱。比如"嫂"和"姐","嫂"在造词时受"已婚"义素的制约,而"姐"不受此制约,所以二者造词能力就不一样,任何从事环卫工作的女性都可以称为"环卫姐",但只有对已婚的女士才能称为"环卫嫂",因此"流泪姐、可乐姐、小说姐、罐头姐、扔鞋姐、旺夫姐、跑调姐、买菜姐、堵门姐、手绘姐、邋遢姐"等中的"姐"一般不会用"嫂",就是因为没办法核实其婚姻状况。从上表所列的义素矩阵,我们大致可以按内涵由简单到复杂把这些亲属义类词缀分成四个层次,第一层是"哥、爷",第二层是"姐",第三层是"嫂、妹",第四层是"弟、爸、妈",学理上这四个层次的造词能力应该越来越弱。上边的统计数据基本支持了这一观点。从上边造词数量的统计表可以看出,各类词缀造词的比率有明显差别,"哥、爷"分别占47%和6%,"姐"占21%,"嫂、妹"分别占8%和10%,"弟、爸、

妈"分别占 3%、3% 和 2%。不难看出，除了"爷"之外，其他类词缀造词能力的等级差异与其内涵的等级分布基本吻合，即内涵越复杂，限制因素越多，其造词能力就越弱。而"爷"的例外是由文化原因造成的，下文详述。

（二）社会文化与造词能力

上述分析主要从语言内因的角度来考虑，其实社会文化这一外因也影响了各个类词缀造词能力的强弱。亲属名词的语义泛化过程一方面有其语言自身发展的基本规律，另一方面也受社会文化的制约。

从概念内涵来说，性别因素不应该影响类词缀的造词能力，但事实上男性类词缀整体造词能力要强于女性类词缀，这是由社会文化因素决定的。把我们收集的500余个新词语按性别分开统计，"哥、弟、爷、爸"等男性类词缀造成的新词语大致占了58%，"姐、妹、嫂、妈"等女性类词缀造出的新词语只占42%，这一数据差异的可能解释是，男性的社会活动和标新立异的行为可能更多，也就更多地吸引了公众的眼球，所以造出的新词语自然要多一些。

从上边的统计数据可以看出，在所有类词缀里，"哥"的造词能力要远远强于其他，从中我们也可以看到其背后的特定社会文化基础。

"哥"和"弟"相比，"哥"用于称呼可以显示一种尊重，"弟"则是自谦，不太用于他称。选"哥"符合中华文化中尊卑长幼的伦理观念和人际交往的礼貌原则，有时即使知道被称呼人比自己年龄小也可以用"哥"相称，如"装醒哥"（四岁小孩）、"淡定哥"（几岁小朋友），可以说凡是用"弟"的地方都可以用"哥"替换，所以"哥"的造词能力远远强于"弟"。

"哥"和"爷"相比，其基本概念内涵差不多，但是二者的文化含义差别很大。"爷"含有一种高高在上、不可亲近的含义，其造出来的词大多含有贬义色彩，而"哥"则体现的是一种亲密无间、平等相待的关系，其造出来的词一般不带贬义，往往含有默默的赞许。当今社会追求人与人之间的平等相待、坦诚相对，人们乐意把日常生活中大量出现的琐事进行概念化、定型化从而创造"哥"类新词语，此类新词语既是对称呼对象的调侃，其实从某种意义上看也是对社会、对生活的调侃。而"爷"类新词语往往适合反映社会的消极面或一些沉重的话题，如"拖爷、国税爷"等，但这样的话题毕竟是少数，不像普通生活琐事那样纷繁复杂，所以"爷"的造词能力远弱于"哥",甚至还不如概念内涵更复杂更具体的"姐、妹、嫂"。

"哥"和"姐"相比,三方面的原因使"哥"的造词能力强。第一,如上文所述,男性的社会活动多,由某一事件而造出的词语比女性要多。第二,"哥、弟"和"姐、妹"造词能力的此消彼长,"哥"占据了大部分"弟"的位置,同一性别之内,一般选"哥"不选"弟","哥"造词233个,"弟"造词只有10个;而"姐"造词105个,"妹"造词47个,二者分布相对均衡。第三,在我们这个还是以男性为主导的社会,"哥"泛化后可以指女性,但"姐"泛化后不可以指男性,因为女孩男性化能够得到大众的认可,比如叫李宇春为"春哥"、曾轶可为"曾哥",无论呼者还是受者都很乐意,但男孩女性化则不能为社会所接受。这三个方面的原因决定了"哥"的造词能力就要强于"姐"。

总之,"哥、弟、姐、妹、爷、嫂、爸、妈"等亲属名词近年来作为类词缀大量造词已经是一个不争的事实,它们造词的理据主要依托社会上发生的一些琐事,也有一部分是记录某些社会现象或者人名。各个类词缀的造词能力差别很大,"哥"的造词能力最强。从风格色彩来看,除了一些记实性的词之外,一般都带有调侃意义。

第四节　近义类词缀造词现象考察

有些类词缀在语义上有类似之处,如"族""奴"都是表示某类人的新兴类词缀。二者的造词能力都很强。"X族"除了早期的"追星族、工薪族、打工族"等"老一族"之外,又出现了"月光族、负翁族、毕婚族、乐活族、慢活族、SOHO族、御宅族、彩虹族、晒黑族、啃老族、飞特族"等新的"各族人民";"X奴"除了传统的"卡奴、车奴、房奴"之外,又出现了"券奴、书奴、厕奴"等各种新的"奴隶"。这些新词语所记载的内容看似荒诞其实都反映了一种新的生活方式或生活态度。

从语言的生成机制来看,这些新词语有的带有很大的随意性,完全是网民追求时髦之作;有的则遵从着一定的构造理据,准确、形象、生动地记录了新事物,具有很强的表现力。本节试图从"X族""X奴"的对比分析中探究近义类词缀的构造理据及其规范问题。

一 "X族""X奴"的语义特点

（一）"X族"的语义特点

《新华新词语辞典》（2003）对"族"的解释：原指具有共同属性的事物分类；新义是用于说人，指具有某种共同行为特征或志气爱好的一类人。很明显，"X族"一般是在现代社会中以某种比较新的方式生活的一类人，这种所谓的新的生活方式大致包括三方面的含义。

第一，"X族"代表一种比较新的生活形式，这种新的生活形式有的在传统社会中没有出现过。如以往的大学生一毕业就会走向社会实现自己的理想，而今天由于社会和自身的原因，很多大学生不想或不敢离开大学的校园，而成为了"赖校族"。另外像"毕婚族、合吃族、捧车族、陪拼族、网络晒衣族"等都是新的生活形式。

第二，"X族"代表的生活形式在传统社会中也有，但比较少见，或者说没有引起人们足够的注意力，所以无法成为一个"族"，而今天或者由于人数众多，或者由于网民的夸大其词，又似乎成了新的生活形式了。如"奔奔族、南漂族、北漂族、啃老族、急婚族、吊瓶族"等。自古就有走南闯北之人，但只有在今天网民的夸张手法之下才产生"奔奔族、南漂族、北漂族"等。

第三，"X族"代表一种新的生活态度，某种生活方式本是传统社会中存在的，在传统的价值标准中这些生活方式或许是被嘲笑或贬斥的，而现代的时尚人士往往能反其道而行之，传统中被嘲笑的生活方式被他们追捧，成为一种时尚的生活。如"酷抠族、御宅族、试性族、地摊族、外飘族、装嫩族"。"抠"，本是指人吝啬、小气，贬义色彩浓厚，而今却变身为一种精打细算、乐观享受精致生活的时尚态度，被视为一种时代美德，这些人也就被誉为"酷抠族"。

（二）"X奴"的语义特点

"奴"最初表示丧失人身自由、为主人从事无偿劳动的人，其核心语素义是"被奴隶主控制、束缚"。在今天的"X奴"族新词语中，其语义在两方面发生了变化。第一，"奴"指称的对象由奴隶社会中的奴隶扩展为一切受控制的人，所以各种各样被控制、被束缚的人都可以用"奴"来命名。第二，"奴"的主人由"人"变成了"物"，今天的"奴"不再是被某个人所奴役，而是被自己追求的某种物质生活所驱使、所拖累。

"英语奴"为了应付英语考试每天埋在英语里不能轻松愉快地学习，他们就成为了英语这门课程的奴隶。为证所累为"证奴"，为车所累为"车奴"，为卡所控为"卡奴"，为电所控为"电奴"，等等。

现代的"奴"本是想追求一种自我满意的现代生活，但是一不小心就掉进了现代生活的陷阱，反而被自身所追求的生活所拖累，成为了这种生活的奴隶。如"房奴"，本想在现代都市寻找一个稳定的栖身之所、一个安定的家，有一套都市的房子往往标志着具有一定的身份地位，但他们在享受有房一族的心理安慰的同时，生活质量却大为下降，不敢轻易换工作，不敢娱乐、旅游，害怕银行涨息，担心生病失业，更没有时间好好享受生活，最终被这房子压得喘不过气来，成为了"房奴"。

较早出现的与现代生活有关的"奴"族词是曾在台湾地区流行的"卡奴"，特指透支信用卡、过度消费的人群，他们因收不抵支而债台高筑。近年来，"房奴、车奴、电奴、药奴、墓奴、证奴、衣奴、鞋奴、赌奴、色奴、欲奴、网奴、球奴、出国奴、教育奴、电脑奴"等相继涌现，好像所有的现代人都有可能成为"奴"，日常生活中不经意的事物都有可能成为奴役现代人的主人。

二 "X族""X奴"的音节特点

（一）"X族"的"X"以双音节为主

我们在百度网上随机搜集了78个"X族"新词语，发现"X"的音节数量以双音节为主，占整个词语群的74.4%，如果不考虑带英文字母的情况，其百分比则高达81.7%，具体情况如下表：

表4-4-1

数量/示例	音节特点	全汉字			带英文字母	
		单音节	双音节	多音节	纯英文	中英混合
数量特点	总数量	8	58	5	4	3
	百分比	10.3%	74.4%	6.4%	5.1%	3.8%
举例		狼族、妙族、猫族、囧族、冰族	飞鱼族、吊瓶族、奔奔族	网络晒衣族、昆明恋幸族	DIY-E族、SOHO族	A果族、时尚Q族

付义荣（2009）也对全汉字的"X族"的音节特点作过统计发现，"X"是双音节的占总数的83%，其统计结果与我们的大致相似。

(二)"X 奴"的"X"以单音节为主

"X 奴"中"X"的音节特点相对比较简单,首先是没有出现英文字母的情况,其次我们也没有发现多音节的情况,只有单音节和双音节两种情况,我们随机调查了 60 个"X 奴"的新词语,发现"X"是单音节的有 38 个,占 63.3%,如"房奴、车奴"等;双音节的有 22 个,占 36.7%,如"论文奴、英语奴"等。这就可以大致得出结论,"X 奴"词语群中,"X"以单音节为主。

三 "X 族""X 奴"的语法性质

我们从指称和陈述两方面来讨论"X 族"和"X 奴"中"X"的性质。朱德熙(1982)第一次提出指称和陈述的概念。朱先生用"什么"和"怎么样"来区别二者,可以用"什么"来指代的是指称性成分,用"怎么样"来指代的是陈述性成分。陆俭明(1993)指出:"指称形态反映在语法上,是体词性成分;反映在意义上是个名称。陈述形态反映在语法上,是谓词性成分;反映在意义上是个命题,或者说断言。"

(一)"X 族"中"X"一般是陈述性成分

从语料分析来看,"X 族"中的"X"尽管有的是表指称,但以表陈述为主。表示指称的"X"一般是名词性成分,我们在语料中只发现三例,即"美人族、扒手族、枪迷族"。大部分的"X"都是表示陈述,一般是谓词性词语,如"追星族、啃老族、慢活族、晒黑族、奔奔族、飞鱼族"等;还有一些看起来是名词性成分,其实在"X 族"中是谓词性用法,也是表示陈述,如"月光族(每月花光)、负翁族(负债)、野鹅族(像野鹅一样生活)、酱油族(打酱油)、山寨族(使用山寨产品)、固贷族(有固定利率贷款)、单眼族(使用单眼相机)、彩虹族(像彩虹一样生活)、地摊族(摆地摊)、囧族(热衷创造汉字)、妙族(喜欢林妙可)、拇指族(喜欢发短信)、白领族(穿白领)"等。基本上可以得出结论,"X 族"中的"X"从其语法性质来看主要是表陈述。

(二)"X 奴"中"X"一般是指称性成分

我们对 60 个"X 奴"词语进行分析发现,"X"语法性质的分布情况如下:

第一,"X"是典型名词性成分,有 46 个,如"鞋奴、色奴、电脑奴"等。

第二,"X"是名词和动词(形容词)的兼类词,但在"X奴"结构中是当名词性成分用,有5个,包括"工作奴、爱奴、恨奴、赌奴、贪奴"。

第三,"X"是谓词性成分的有7个,包括:"买房奴、养老奴、租房奴、出国奴、看钱奴、哈日奴、考研奴"。

很明显,第一、第二两类是典型的指称性成分,第三类看起来好像是陈述性成分,但如果深入分析其语义就会发现其实大部分情况也是指称性用法。如"买房奴",并不是"买房这种行为的奴隶",而是买房之后,背上了巨额的债负,为了还债拼命地工作,从而成为房子的奴隶,说白了其实就是"房奴",其他几个词情况类似。因此,我们大致可以得出结论,"X奴"中的"X"基本上是指称性成分。

四 "X族""X奴"的构造理据差异

通过上面的分析可以看出,"X族"中"X"是陈述性成分、以双音节形式为主;"X奴"中"X"是指称性成分、以单节形式为主。那么为什么同样是利用类词缀造词而语法差异如此之大呢？这是由"族"和"奴"的基本语义特征以及整个结构的语法构造特征决定的。

(一)"X族"的构造理据

"X族"其实就是一个词语模,"族"的基本语义特征如下:

族:[+以某种新的方式或态度生活][+某类现代人]

"X族"从表层形式看是修饰关系,但其深层形式是陈述关系。从深层关系上看,"X族"所反映出来的深层意义是在现代社会中有某一类人以某种新的方式或态度生活,"X"代表这种生活模式,一般是陈述性成分;到了表层结构,"X"就转换成对"族"进行分类的标准,但这不影响"X"表陈述的性质。这可以从其疑问形式反映出来。

合吃族:某些人怎么样？→某些人合吃→怎么样的人→合吃的人→合吃族

购房族:某些人怎么样？→某些人购房→怎么样的人→购房的人→购房族

酷抠族：某些人怎么样？→某些人酷抠→怎么样的人→酷抠的人→酷抠族

试性族：某些人怎么样？→某些人试性→怎么样的人→试性的人→试性族

所以只要把陈述某种新的生活方式或生活态度的陈述性语言要素填入模槽中就可以构成"X族"新词语。填入"卧槽"构成"卧槽族"，填入"乐活"构成"乐活族"，填入"北漂"构成"北漂族"，填入"试药"构成"试药族"，等等，其"X"都是陈述性成分。

"X"为什么是以双音节为主呢？这与"X"的陈述性特征有关。作为一种陈述，其陈述的内容一定要具体，而要陈述一个具体的内容，一般情况下至少要有两个不同性质的语言成分，如"打"，虽然是动词，但没办法构成一个确切陈述，所以"某人打"就没办法表达一个确切的命题，正是在这个意义上，"打族"就无法构成表意清楚的"族"类词语。如果"打"后增加一个相关语言成分，如"打狗"，其陈述的内容就很具体了，"某人打狗"就可以表达一个确切的命题，所以"打狗族"就能构成表意清楚的"族"类词语。同样，"啃族""活族""晒族""捧族"等都因为"X"表意不完整而不能构成"族"类词，而"啃老族""慢活族""晒衣族""捧车族"等则可以成为"族"类词语。因此说，"X族"类词语中的"X"一般不能是单音节的。这其实也可以解释有"X"出现多音节的情况，因为多音节表达语义更清楚明白，当然多音节不符合语言的经济原则，所以尽管有但出现不多，只占6.4%。

但是，我们前面提到，随机发现了"妙族、猫族、囧族、跑族、冰族、赛族、狼族、播族"等8个"X"是单音节的"族"类新词语，这又怎么解释呢？根据我们的分析，"X"应该是陈述性成分，而上述词语里面的"X"很明显都是指称性成分，这应该是不符合"X族"类新词语的构造规则。其实，我们如果分析这些词语的语义就会发现这是一种省略现象。"妙族"不是"林妙可的一类人"，而是"喜欢林妙可的一类人"，即"爱妙族"；"猫族"不是"猫的人"，而是"像猫一样生活或爱猫的人"，即"爱猫族"；"囧族"也不是"囧的人"，而是"喜欢用囧或喜欢创造汉字的人"，即"爱囧族"。所以，这些词的出现并不影响我们说"X"以双音节为主的结论

（二）"X奴"的构造理据

在"X奴"词语模中，"奴"的基本语义特征如下：

奴：[+被某物控制][+某类现代人]

从生成机制来看，在"X奴"词语模中，只需要添加一种在某方面能使人成为负担的事物就可以构成新词语。如，"房子、车子、鸟、猫、证书、英语"等一方面可以为人们的生活带来方便、愉悦、好处，但同时也可能在经济上、精神上、精力上等成为人的负担，就构成"房奴、车奴、鸟奴、猫奴、英语奴、证奴"等。"X"一般是某种事物，从语法性质来说是指称性成分，构成疑问的方式就是用"什么"。如：

房奴：什么的奴隶？→房子的奴隶→房奴
卡奴：什么的奴隶？→卡的奴隶→卡奴
花奴：什么的奴隶？→花的奴隶→花奴
鸟奴：什么的奴隶？→鸟的奴隶→鸟奴

"X"为什么是单音节为主呢？这与"X"的指称性特征有关。表指称的词语一般是名词，在"X奴"结构中的名词往往是我们日常生活中常见的具体名词，如"车子、房子、网络、电脑、花、鸟、猫"等。这些进入"X奴"的名词可以根据其构造特征分成三类。

第一类是单音节单纯词，如"花、鸟"等，这类名词直接与"奴"结合成新词语，如"花奴、猫奴"。第二类是附加式合成词，如"车子、房子"等，因为词缀仅仅起成词作用，一般不表达具体的语义，在语言经济原则和汉语双音化机制的影响下，它们构成新词时往往会去掉词缀，由词根与"奴"直接结合成新词语，如"车奴、房奴"。第三类是复合式合成词，如"电脑、英语、学位"等，它们一般直接以双音节形式和"奴"结合成新词语，如"电脑奴、英语奴、学位奴"等，但复合式合成词中有一类同义或偏义复合词，如"考试、学习、衣服"等，它们进入"X奴"词语模时，也会在语言经济原则和汉语双音化机制的影响下，去掉次要语素，保留主要语素构成新词语，如"衣奴、学奴、考奴"等。如果从简单的概率论来看，"X奴"中的"X"就应该有2/3是单音节的，这与我们前面的统计63.3%也大致相同，可见，"X奴"中的"X"确实以单音节为主。

五 新词语规范的操作原则

"X族""X奴"都是利用汉语已有的构词材料和构造规则创造新词，其基本的运作机制就是类推原则，而且这些新词语往往记录了无可取代的新现象，或者表达了对新时期真善美的赞美和假丑恶的讽喻，所以从整体上说，这些词都是汉语一般词汇中的合法成员，是最活跃的成员。但是，新词语的创造过程往往缺少有效的监控，带有个人随意性，存在泛滥现象，这就需要考虑新词语的规范问题。我们认为，从类词缀造词的情况来看，新词语规则要注意以下四个方面。

（一）违背构词理据的新词语难以被接受

"X族""X奴"都遵从着自身固有的构造理据来创造新词，"X族"中的"X"一般是陈述性成分，而"X奴"的"X"一般是指称性成分，这种规则可以说是一条深层规则，一般不能违背，如果违背了这条规则，在语法上就是错误的，在使用上也感觉很不顺畅。如"妙族、猫族、冰族、跑族"等就是没有"追妙（林妙可）族""猫伏族""恋冰族""爱跑族"来的准确，"买房奴""赚钱奴""出国奴"等也没有"房奴""钱奴""洋奴"等来得顺畅，这是因为"妙族、猫族、冰族、跑族、买房奴、赚钱奴、出国奴"等违背了此类词语模的基本构造理据，所以在语感上难以被接受。

（二）没有增加新意义的新词语应注意规范

所谓的新词语重在"新"，要么是内容新，要么是形式新，由词语模造出来的新词语，其形式是固定的，无所谓新可言，所以一定要在内容上有新的东西。如，"购房"是一种行为，是陈述，"购房族"是一类人，是指称，从"购房"到"购房族"由陈述转换成了指称，很明显表达了一种新的意义，符合新词语的语义要求。但有的新词语没有在语义上增加新的内容，就应该注意规范。如，"扒手"是一类人，是指称，"扒手族"也是人，是指称，从"扒手"到"扒手族"没有明显增加新的意义，这样的新词语很明显是一部分网民追求时尚的结果，其实就是词汇系统里的累赘。如果这样也是新词语的话，那就应该有"教师族""工人族""农民族""警察族"等等烦不胜烦的"族"了，所以网上出现的"扒手族"

"美人族""枪迷族"等应该说都是不符合造词规范的。

（三）没有明显表现力的新词语没有存在的必要

新词语大都记录了一种新的生活方式或生活态度，往往具有一定的表现力。"X奴"的基本意义是表达某类人对某种事物的追求超过了一定的限度而为其所累，好事变成了坏事，从某种意义上来说体现出了某种生活哲学。如"爱"本是好事，体现了人性最本真的东西，一直是人们提倡、追求的一种境界，但是当"爱"超过了某个度，如果把"爱"当作生活的全部，为"爱"而癫狂，为"爱"所累，那就被"爱"所奴役了，所以"爱奴"具有很强的表现力。但是有些"X奴"不具备这种表现力，就不符合这个词语模的要求，就没有存在的必要。如"赌"和"贪"本就是贬斥的对象，无所谓"度"的问题，所以网上的"赌奴""贪奴"就没有任何表现力可言，此类新词语是词汇系统中的累赘，没有存在的必要。

（四）表意不明确或有歧义的新词语没有生存的土壤

罗常培、吕叔湘（1998）说过：信息传递的第一个要求是准确无误。齐沪扬、邵洪亮（2008）认为，意义越明确，可接受度越高。新词语是新的社会生活的反映，如果表意准确、恰当而又形象、生动，一定会很快流行开来。如，"房奴"尽管是近年来才出现的新词语，但仅仅几年时间就传遍大江南北，无人不知，无人不晓。同样，像"车奴""券奴""卡奴"，以及"啃老族""月光族"等都因其准确生动而很快被人所接受。但是有些新词语是网民胡乱造出来的，这些词或者表意不明确，或者有歧义。如"走粉族"（到港台或别处购买奶粉）、"闪闪族"（随意使用闪光灯拍照）、"单眼族"（使用单反相机摄影）等，看文字形式很难准确理解其含义；"恐年族"（恐惧过年）、"固贷族"（固定贷款利率）、"啃薪族"（不停地更换试用期），这些新词语很容易引起误解，在使用中不会有生存的土壤，很快就会消失，或者被新的形式所取代。

总之，在网络时代，网民创造新词语的积极性非常高，而这些新词语由于网民的积极参与和网络的快速传播而能够迅速成为一种"强势词语"或"强势格式"，往往能突破专家、学者的话语权优势。理性地看来，这些新词语里面不乏很有表现力的形式，它们一定会在词汇系统中长期保留下来；但同时也有很多词汇系统中的累赘甚至糟粕，从语言健康发展的角度来看，不应该让这些不规范的形式"积非成是"，而应该规范其形式和用法。

第五节　新词语个案考察

近年来出现的新词语数量众多，其构造方式多种多样，表现形式也千奇百怪，本小节考察近年来流行的三个新词语"山寨""人肉搜索""家庭煮夫"的句法语义语用诸特征。

一　山寨

"山寨"，《现代汉语词典》（2012年版）解释：①在山林中设有防守栅栏的地方。②有寨子的山区村庄。《辞源》（商务印书馆1915年版）解释："与砦同。山居环列木栅以为防御也。今亦谓营垒曰寨。西北诸省多用为地名。皆古屯戍之处。如龙驹寨之类。"但现在却大量涌现出与传统意义不同的山寨，如"山寨手机""山寨相机""山寨MP3""山寨U盘"等，这算作一个另类的山寨，是近年来产生的一个新词语。如：

(1) 山寨大军里最出名的就是山寨手机了，也是山寨军里唯一能杀得正规军尤其是国产大军风声鹤唳的急先锋。（《扬子晚报》2008年9月19日）

(2) 据了解，当前在市场上销售的"山寨"数码相机，最便宜的一款仅售55元，最贵的也不过千元。相对于市面上售价几千元的国际知名品牌的数码摄像机，"山寨"机的价格也只需1000多元。（《新民晚报》2008年8月1日）

很明显，上例中的山寨都不能作传统的解释，本节试图探讨这类山寨的意义和用法的产生过程。

(一) 山寨的语义泛化

很难考证此类山寨最早什么时候出现。通过人民网搜索，我们发现最早使用山寨一词的是《人民日报 华南新闻》2000年11月10日的一则新闻《广州城管"围剿"火车站走鬼》。

为确保一年一度的秋季出口商品交易会安全、有序进行，广州城管越秀大队加强了对交易会附近的巡逻守岗，"走鬼"们见有机可乘，于是，手持各式地图、怀抱"山寨厂"出品的矿泉水、饮料的"走鬼"党及无证搬运便与城管人员在火车站附近做起了"警察抓小偷"的游戏。他们大都躲在广场城管人员难以看到的地方，向过往旅客兜售。（《人民日报 华南新闻》2000年11月10日）

上面新闻中所提到的山寨是什么意思？网络上对山寨有多种解释，我们概括为两种：

第一，仿冒或伪造。

山寨源于广东话，有仿冒或伪造第三方商品的意思，是一种由民间IT力量发起的产业现象。其主要特点表现为仿造性、快速化、平民化。单从字面上看，山寨会让人联想起强盗、土匪，他们逃避政府的管理，躲在深山老林中，做一些抢劫钱财的勾当。这好比一些小厂小公司，藏在隐蔽之所，开设小作坊。它们模仿品牌产品的功能和样式生产商品，不缴纳增值税、销售税，避开政府责罚，游走在行业政策的边缘，常常引发争议。如：

的确，山寨已经成为了一种文化，但指望在笔记本市场简单照搬山寨手机甚至山寨相机的经验，那么山寨笔记本最终将前景渺茫。（《电脑报》2008年9月1日）

经过网络报刊的广泛传播，山寨的意义在不断泛化，使用范围在不断扩大，不再局限于IT产业，逐渐向其他领域扩展延伸，尤其是影视娱乐圈，山寨一词大量出现。如：

（1）"山寨电影"决不是中国电影的出路之一，虽然《十全九美》在票房上获得了成功，但它的成功有侥幸的因素，决不是一个可以大量复制的模式。（《南方都市报》2008年9月4日）

（2）日前，更因为网上忽然出现一条"山寨版周杰伦"代言某技校的广告，山寨明星再次成为网络热门话题。（《南方都市报》2008年9月5日）

所谓"山寨电影",是指那些由小公司制作发行的质量粗糙、品位低俗、成本低廉的电影,它们往往模仿甚至抄袭好莱坞影片,但具有一定程度的文化原创性,能吸引某个特定消费群体的喜爱。"山寨电影""山寨版周杰伦""山寨明星"等都是"山寨"语义进一步泛化的结果,取其"仿造、快速、平民"之意。

第二,非主流的,民间性质的。

商业领域的"仿造"往往是下层民众所为,具有"平民"的语义特征,进一步泛化,就产生了"非主流的""民间性质的"含义。如:

和正牌电视机的销售渠道不同,广州本地的山寨电视机销售主要集中在几座二手电器城,如大沙头盛贤二手电器城和位于石牌西的金桥二手电脑城,都是主要的山寨电视集散地。(《南方都市报》2008年10月22日)

"广州本地的山寨电视机"是与"正牌电视机"相对的,可见其语义并不是"仿造"或"冒牌"的含义,而是"非正牌的""非主流的"含义。

(二) 山寨的语法特征

第一,修饰名词作定语。山寨的主要用法是直接修饰名词作定语。如:

深圳山寨机生产商愿意"从良",业内认为山寨市场培育了一批手机名牌 (《南方都市报》2008年7月29日)

从我们搜集的语料上看,山寨后的名词多种多样,可以是具体名词,如"山寨机、山寨厂、山寨明星、山寨产品、山寨液晶、山寨XP、山寨相机、山寨偶像剧、山寨U盘等;也可以是抽象名词,如山寨文化、山寨精神、山寨学位、山寨的本质、山寨指数、山寨造型、山寨前景、山寨风、山寨特色、山寨市场"等。

山寨大部分情况下可直接接后续名词,如"山寨机""山寨厂""山寨相机"等,但有时在后续名词之前也插入其他语素,主要有四种:第一,加"的"构成"山寨的N",如"山寨的路""山寨的本质"等;第二，加"版"构成"山寨版（的）N"，如"山寨版的周杰伦""山寨版宋丹丹"等；第三，加"化"构成"山寨化（的）N"，如"山寨化的趋势"；第四，加"式"构成"山寨式N"，如"山寨式结尾"。

第二，作谓语。山寨作谓语一般要受程度副词"很"修饰，其作用是表示评价。例如：

（1）怪了，魅族用的都不是自己的东西，还搞得神神秘秘，搞不出来还说技术问题，看人家Windows vista，说搞就搞出来，很猛很山寨。

（2）500万像素，索爱X1山寨版SongLiveX1，很强，很山寨。

我们认为"很山寨"往往表示程度深，与"很强""很厉害""很牛"意思相近。

有时，山寨直接作谓语，其作用相当于动词，表示一种动作行为。如：

（1）不得不山寨一下（《太原晚报》2008年10月16日）

（2）见到越来越多身边的学生啊朋友啊都开始山寨了，开始觉得新鲜，现在渐渐习惯了。

（3）对于自己被山寨，周董又持什么态度？据周杰伦的经纪公司透露，他们正在调查此事。（《南方都市报》2008年9月5日）

上例中的山寨的用法与典型动作动词相当，可以前加否定副词"不"、表被动的"被"，以及后带动态助词"了"。

第三，作主语、宾语。山寨也可以直接做句子的主语、宾语。如：

（1）"山寨"偷袭3C业（《市场报》2008年9月17日）

（2）只会拔山寨和招安吗（《市场报》2008年9月18日）

（三）山寨产生并流行的原因

山寨已经成为最时髦的流行语，甚至衍生出一种"山寨文化"。这种文化不再仅仅限于模仿，还打上了草根创新、群众智慧的烙印。为什么山寨得以流行？我们认为有四个方面的原因：

第一，山寨一词含义丰富，概括力强。山寨的含义，一方面指生产者藏在隐蔽的地方，开办小工厂，生产冒牌商品，逃避政府管理，不缴纳增值税、销售税；另一方面在广东话中还包含"小公司、低成本、快速化、平民化"的意义。近年来，这一词渐渐向其他领域渗透，语义进一步泛化，除了"模仿""抄袭"之意外，还具有一定的文化创新意味。所以山寨的语义并不是完全消极的，而是有一定的积极成分。

第二，迎合了年轻人喜欢猎奇求新、追求时尚的心理。年轻人思想活跃，喜欢探索新事物，他们是网络的主力军，一旦有新事物出现，他们就会竞相追捧。山寨的流行也反映了他们这一心理特征。山寨产品，最吸引消费者眼球的是其低廉的价格以及品牌式的"外衣"。消费者低价购买山寨商品，一方面满足了自己追求时尚的心理需求，另一方面也不会给自己带来经济压力，真可谓一举两得。

第三，山寨必然与"盗版、模仿、仿冒、抄袭"相关联，而能在与这些词语竞争中脱颖而出、风靡网络报刊，除了上面所分析的原因外，我们认为这还与山寨一词的新义所赋予该词本身的含蓄性有关，一提到山寨，生活在喧嚣都市的现代人首先想到的会是景色迷人，民风淳朴的山寨村落，而不是"盗版、冒牌"。这一特性是其他几个词语不具备的，其他词语意义太直白，太不雅观，不符合中华民族传统的含蓄文化心理特征。消费者一方面愿意以低廉的价格购买仿冒产品，另一方面又不愿意别人说出来，而山寨一词正好迎合了这一消费心理需求。

第四，山寨的流行还与人类普遍存在的从众心理密切相关。"从众心理具有社团性，处于同一地区或领域的人会因心理倾向自觉或不自觉地采用某种说法，在主观上把异质文化认同为同质文化，随着交流媒介日益便捷，介质的传输也越来越潜移默化，无形中就会使人们的思想和观念发生微妙的转变或剧烈的变化，导致对某种新生用语的认可，这就是大众的认同心理。"（赵丽娜、沈向荣，2007）山寨最初流行于经济发达的广东地区，具有一定的地域色彩。近来，由于"山寨手机""山寨相机"等山寨产品的流行以及网络的普及，山寨一词渐渐向其他地区扩展延伸，刮起一阵阵"山寨风"。

山寨以及"山寨文化"引起了人们的广泛关注。中国青年报社会调查中心与腾讯网新闻中心曾以"山寨文化"为主题，联合进行一项在线调查，其结果显示：对于"山寨文化"，超过半数（56.9%）公众认为应该任其发展，19.0%的人认为应该制止其继续蔓延，还有24.1%的人觉得"不好说"。山寨以及"山寨文化"将何去何从？我们认为，社会自会作出决定。

二　人肉搜索

"人肉搜索"是近年来在网上高频使用的一个新词语，最早可追溯到2001年的"陈自瑶事件"，之后在2006年的"虐猫事件"、2007年的"钱军打人"等事件中纷纷亮相，到了2008年，人肉搜索已成为最热门的网络新词。本节试图探讨这一网络新词语的语义、用法及其流行原因。

（一）人肉搜索的语义特征

人肉搜索表达的基本意思就是以网络为媒介、由网民积极参与的一种搜寻活动，其目的是要找到隐藏在某些人物或事件背后的相关信息。《现代汉语词典》（第六版）解释："指为了解真相，网民用各种方法共同就某一人物或事件的信息进行详尽搜索，在互联网上发布。"具体过程指利用现代信息科技，变传统的网络信息搜索为人找人、人问人、人碰人、人挤人、人挨人的关系型网络社区活动，变枯燥乏味的查询过程为一人提问、八方回应、一石激起千层浪、一声呼唤惊醒万颗真心的人性化搜索体验。人肉搜索可以在最短时间内揭露某些事件或某些人物背后的真相。通俗来说就是通过广聚五湖四海的网友力量来寻找某个问题的真相。先由某个遇到困难的人提出问题，然后有这方面知识或者线索的人就对其解答、分析，这可以说是一种问答式搜索。由于人肉搜索引擎聚集了不同地域、不同阶层、不同知识背景的人，因此其功能非常强大，搜索效果很显著。人肉搜索或许没有标准答案，但其追求的最高目标是："不求最好，但求最肉。"如"虐猫事件"：

2006年2月28日，网民"碎玻璃渣子"在网上公布了一组变态而残忍的虐猫视频截图：一名打扮时髦的中年妇女用她那双崭新亮丽的高跟鞋跟踏进了小猫的肚子里。小猫张开了嘴巴，似乎在惨叫。接着高跟鞋又狠狠地插进小猫的嘴中，又插进小猫的眼睛里。小猫眼珠都被踩出来了，最后脑袋被踩爆了。虐猫图片被公布后，网民们愤怒了，开始对图中女子展开人肉搜索。不久，有人公布"踩猫"事件的网址是踩踏世界的官方网站。紧接着又有网友贴出该女照片，做成一张"宇宙通缉令"，让天下网友举报，不少网友表示愿意悬赏捉拿凶手。随后有人跟帖说，踩踏世界的官方网站和另一网站是同一IP。他还贴出具体信息，网站注册者是杭州某公司的法人代表郭某，男，这些都是真实信息。3月2日，另一网友突然发帖："这个女人是在黑龙江的一个小城……"3月4日，有人确认了此信息，还补充了一些资料。虐猫事件的三个嫌疑人基本确定，距离"碎玻璃渣子"在网上贴虐猫组图不过6天时间，其效率之高几乎难以想象。

人肉搜索的搜索功能非常强大，几乎没有它搜索不到的对象，好事坏事都可能被搜出来。有人说："'人肉他！'是2008年最让人不寒而栗的一句话。"所以网络上有一句话："如果你爱他，把他放到人肉引擎上去，你很快就会知道他的一切；如果你恨他，把他放到人肉引擎上去，因为那里是地狱。"

最初，人肉搜索的对象多为戏谑、娱乐内容，后转为引起广大网民愤怒、违背社会道德的人物或事件，一般说"某某被人肉搜索"，表示的都是某种不如意或不希望发生的事，表达对当事人进行鞭挞。如：

（1）无良黑客篡改募捐账号？！！！当我看到这则消息的时候简直不敢相信自己的眼睛！怒了！什么也不想说了，只希望有认识这些坏蛋的朋友积极向公安部门提供线索，人肉搜索李步九！（http://blog.people.com.cn）

（2）南京市江宁区房产局局长周久耕因不当言论被网友"人肉搜索"，"搜"出其手边的烟是"天价烟"，戴的表是外国名表，如此等等。（《人民日报》2009年2月3日）

很明显，上述例句中搜索对象的行为都是社会消极面的，带有明显的贬义色彩。人肉搜索一词自诞生之日起就自然而然地带上了鞭笞社会消极现象的感情色彩。

人肉搜索的内容多涉及个人隐私等私密信息，所以常与侵犯他人隐私或网络暴力联系在一起，这就给人肉搜索添上了一层不好的附加意义。如：

很黄很暴力追踪：13 岁少女遭"人肉搜索"攻击（《中国青年报》2008 年 1 月 9 日）

上例讲述的是北京一位 13 岁的小学生因被采访时使用"很黄很暴力"而引火烧身，成为了人肉搜索的受害者，说明此时的人肉搜索与网络暴力联系密切，带有明显的贬义色彩。

随着人肉搜索范围的不断扩大，题材的不断变化，它开始由贬斥假恶丑转向弘扬真善美，其搜索对象不一定是讽喻的对象，可能是社会正义的化身和道德的体现，这样人肉搜索便带上了积极的感情色彩。如：

人肉搜索：寻找汶川地震捐款的乞丐老人徐超（http：//xzh1mop1com）

很明显，上例中人肉搜索的对象是被社会赞誉和肯定的，当然这样带有积极意义的用法目前还不是很多。

（二）人肉搜索的语义衍生

词语的含义并不是静止不动的，随着社会的发展，新的语义内容不断出现，语言不可能为每一个新的义项创造一个新词语，往往会在旧词的基础上衍生出一些新的语义。人肉搜索中"人肉"的语义已经与其最初含义相距甚远了。人肉的基本含义是指"人的肉"，但人肉搜索中的人肉则是指"人力"，从"人的肉"到"人力"这其中有一个复杂的语义衍生过程，并产生了多种语义。试看下边的例句：

（1）第二位叫易牙，桓公一次戏言，不知人肉何味。次日，易牙就杀了自己的三岁儿子，亲手蒸给桓公吃。（《生活时报》2002 年 2 月 26 日）

（2）快看人肉啊！4—5 日去青岛日照玩，海边景区真是人山人海，出去玩等于出去受罪！人碰人，人挤人！很不舒服！（http：//club.sohu.com/r-yangzhouc）

（3）19 岁的湖北人王美玲去年来宁后，便在该市下关区水关桥附近租下一洗头房，做起"人肉贩子"。（《江南时报》2000 年 5 月 26 日）

（4）大会强烈谴责以军造成包括妇女和儿童在内的数百名巴居民死亡的军事行动和以军对医院和病人的侵犯以及将巴居民当作人肉盾牌的行径。(《人民日报》2002年5月17日)

（5）比方说，想要和同事去酒吧享受欢乐时光，不必还要向她报告；不用在翘头后还得到她公司楼下等她下班；周末可以随兴和老友死党狂欢，不用非得陪她逛街当个"人肉购物车"。(http://www.sina.com.cn，2007年3月19日)

（6）既然人肉一下，可以用最短的时间、以最有效的方式搜索到相对意义上最有价值的信息，那么为什么不选人肉呢？(http://www.wyzxsx.com)

（7）如果有人组织一些网友到"人肉"住所地或者单位堵人、谩骂，在房屋墙壁或窗户上贴大字报，打电话谩骂或者争吵等，就侵犯了"人肉"的权利。(http://old.chinacourt.org，2008年10月17日)

以上例句中的人肉，含义各有差别，归纳起来大致包括如下7种语义特征：

语义一：人的肉。如例（1）。
语义二：人。如例（2）。
语义三：肉体，与色情业有关，贬义色彩重。如例（3）。
语义四：人的身体。如例（4）。
语义五：比喻义，指人力。如例（5）。
语义六：人力参与，人肉搜索。如例（6）
语义七：人肉搜索的对象。如例（7）

上述七个义项之间是什么关系呢？相互之间有什么联系呢？我们查找了几本现代汉语工具书，都未直接查到人肉一词，可见人肉在传统语法里面不是词，只能是短语，其意义就应该是"人的肉"，这可看作人肉的本义。那么以上诸多意义又是如何产生的呢？这有一个词义衍生的过程。

在语言认知分析中，隐喻和转喻是两种很普遍的词义引申方式。隐喻是基于概念结构的相似性从一个认知领域到另一个认知领域的投射；转喻则是基于概念的相关性从一个认知领域到另一个认知领域的过渡。两个事物之间，或是某部分外形，或是某种属性，或是某种特点比较相似或相近，都可能产生词义的引申。人肉的词义引申过程既有隐喻的方式，也有转喻的方式。

人肉本义指人的肉，通过转喻引申指"人的身体"，人的肉和身体在认知上是两个密切相关的范域，因此这种引申比较容易发生。也可通过隐喻引申为"（人的）肉体（带色情含义）"，因为"肉"是藏在表皮下的，人的"肉体"则一般是藏在衣服下的，二者在隐蔽性上相似，这些是以本义为中心的放射式的演变。从"人的身体"这个引申义出发还可通过转喻引申为"人"，因为"人的身体"和"人"是息息相关的；从"人"又可通过转喻引申为"人力"，因为"人力"与人有关；从"人力"又可以通过转喻引申为"人力参与，人肉搜索"；从"人力参与，人肉搜索"通过转喻引申为"人肉搜索的对象"，"人力""人肉搜索""人肉搜索的对象"三者之间语义密切相关，所以是通过转喻生成的。下边图示人肉的语义引申过程：

"人肉"的语义引申

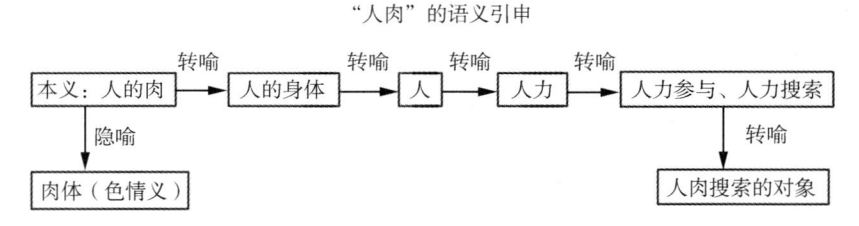

本义：人的肉 →转喻→ 人的身体 →转喻→ 人 →转喻→ 人力 →转喻→ 人力参与、人肉搜索 →转喻→ 人肉搜索的对象

↓隐喻

肉体（色情义）

图 4-5-1

以上人肉各语义之间的联系建构是否如此，还有待进一步研究和修正，但有一点是肯定的，就是这些词义的演变是人们认知能力的反映，而隐喻和转喻认知机制在人肉搜索一词的语义形成过程中无疑起了重要作用。人肉搜索一词中的人肉应该理解为"人力参与"，但当人肉单独使用时，或代指"人肉搜索"，或指"人肉搜索的对象"。

人肉搜索从产生之初就带有明显的主观评价意义，而且以消极意义为主，这和人肉本身的基本含义以及人肉搜索的使用语境有很大关系。"词语的态度评价起源于人们对词语所指称事物的积极的或消极的看法，一般来说，它是根据社会的主流评价来决定的。"（宋培杰，2004）首先，人肉的本义指人的肉，带有明显的血腥味，给人一种阴森、恐惧之感，比如

"人肉包子"。其次，由人肉构成的词语往往和色情业有关系，如"人肉贩子""人肉交易"，所以人们一听到"人肉"便会产生一种厌恶之感，这当然与人们对色情业的主流评价有关，在人们的道德意识里，从事这一行业或与之相关行业的人都是被鄙视和厌弃的，是影响社会风气的不良职业。最后，人肉搜索这一网络新词因为是在伴随着对社会消极现象揭露的过程中产生的，所以产生之初就带有明显的贬义色彩，而且常常与网络暴力联系在一起。当然，随着人肉搜索范围的不断扩大，搜索的题材也在不断地发生变化，渐渐的其评价意义也发生了一定的变化，产生了一些积极正面的意义。

(三) 人肉搜索的语法特征

人肉搜索并不等于人肉的搜索，其意义并不是"人肉"与"搜索"两个构成成分语义的简单相加，所以人肉搜索并不是一个自由短语。我们认为，人肉搜索是一个结构上相对固定、语义上相对凝固的固定结构，经常作为一个整体来使用，在句子中可以充当主语、谓语、宾语、定语、状语等多种语法成分，具有功能的多样性。

第一，作主语和宾语。

人肉搜索有较明显的谓词性特征，但也可以做主语和宾语。如：

（1）人肉搜索引起社会广泛的关注和争议（人民网——传媒频道 2008 年 12 月 26 日）

（2）北京一在校小学生因采访中一句"很黄很暴力"惹火烧身，一些网民因此启动"人肉搜索"（《中国青年报》2008 年 1 月 9 日）

在上例（1）中人肉搜索作主语，在例（2）中，人肉搜索作宾语。人肉搜索作宾语时其前面的谓语动词多为谓宾动词，如"启动""展开""继续"等，这说明人肉搜索呈现出明显的谓词性特点。

第二，作谓语。

人肉搜索的主要语法功能是作谓语，在作谓语时其及物性特征比较明显，在句中一定要出现被搜索的对象，从语法形式上看，被搜索对象可以出现在两种语法位置，一是在被动句中作主语，二是在主动句中作宾语。

（1）因与原单位发生纠纷，离职后的严先生被原单位"人肉搜

索"。(《人民日报》2008年9月27日)

(2) 但在百度灌南贴吧中,有不少灌南当地网民开始"人肉搜索"最早报道此事的《经济参考报》记者王志文、肖波。(《江南时报》2009年2月26日)

第三,作定语。

人肉搜索还可以作定语,在其所修饰的中心语之前有时出现"的",也可以没有"的",其中心成分一般都是名词或名词性词组。如:

(1) 据法院有关人士介绍,此案是北京市首起被判赔偿精神抚慰金的"人肉搜索"案件。(《人民日报》2008年9月27日)

(2) 通常我们提到的那种社会层面的寻找具体的人和线索的人肉搜索,在人肉搜索的应用当中占到的是非常非常小的一部分,属于很特殊的少数情况,我们称之为狭义的"人肉搜索"。(《京华时报》2008年6月11日)

人肉搜索所修饰的中心语以名词为主,既包括具体名词,如"人肉搜索对象、人肉搜索正反方、人肉搜索帖、人肉搜索案件",也有抽象名词,如"人肉搜索的公信力、人肉搜索的效率、人肉搜索的功能、人肉搜索的服务、人肉搜索的恶果、人肉搜索的利与弊"等。

第四,与介词"被"组合在句中作状语。如:

这两个事件引起了网民公愤,在"网络通缉令"的强大攻势下,当事者的个人信息和隐私被"人肉搜索"公开,其生活受到了很大影响。(《人民日报》2008年9月25日)

从语法功能上分析,人肉搜索可以作主语、定语,介词"被"的宾语,这是名词的语法特征;同时人肉搜索还可以作谓语,能带宾语,这是典型动词的特征,因此,把人肉搜索看作一个兼类词比较合适,兼属名词和动词。说它是兼类词还有一个证明,人肉搜索作宾语时其动词往往是"启动、展开、继续"等谓宾动词,而能做谓宾动词宾语的往往都是兼类词。

（四）人肉搜索的生成及运用

第一，人肉搜索的生成理据。

人肉搜索是怎么产生的呢？从结构上分析，是"人肉"和"搜索"自然组合而成，但从语义关系来看，这两个成分的组合不符合汉语基本的语义组合模式。我们认为，从产生动因来看，人肉搜索不是靠两个下位成分自然组合而成，而是仿拟别的相关词语造出来的新词语。在"人肉搜索"出现之前，早已有"百度搜索""谷歌搜索""网易搜索"等词语，这些词语形成了一个固定的表达模式，即"XX搜索"，"人肉搜索"正是仿拟这一模式造出来的新词语。当然"人肉"的语义也发生了一定的引申变化，表示"人力"。

从构词法的角度分析，人肉搜索可以理解成主谓结构，即"人肉"是施事，也可以理解成偏正结构，即"人肉"是方式状语，相当于"利用人力"。但如果考虑到"人肉搜索"生成的仿拟性，就只能理解成偏正结构。语言结构的性质应该具有类推性，仿造词在语法结构上一般与被仿词具有同质关系，即二者语法性质一般会相同。人肉搜索的仿拟母体"百度搜索""谷歌搜索""网易搜索"等词语都是偏正结构，表示"利用百度、谷歌、网易进行搜索"，所以人肉搜索也只能是"利用人力进行搜索"。

人肉搜索既然与人力参与有关，又为何不用其他诸如"人力搜索""人工搜索"或"大众搜索"等词语呢？这一方面是由于"人肉"本身语义内涵更丰富，另一方面也符合新人类们标新立异的心理需求。

"人肉"承载着人们认知心理中深层次的含义。"肉"，《现代汉语词典》（第6版）解释其在普通话中的意思为：（1）人和动物体内接近皮的部分的柔韧的物质；（2）某些瓜果里可以吃的部分。从这个解释可以看出，"肉"指"在表皮以下被包裹起来而需揭开表皮才能看到的内在的东西"，即隐藏起来不为人所知东西，因此"肉出来"便可以引申为"使裸露出"的意思。所以前面提到"人肉搜索追求的最高目标是：不求最好，但求最肉"的"最肉"可以理解为"把隐藏得最深的本质暴露出来"。那么"人肉"便自然的与这个含义相关，即"不显于表面，隐藏在内部的东西"。而人肉搜索的目的恰恰是为了寻找一些事物和人物的真相、隐私，与"人肉"这一相关义联系紧密。如果用"人力""人工"或"大众"等词则不能将这一隐藏含义揭示出来，无法体现人肉搜索鲜明的色彩意义，也不如"人肉"的表现力强。且"人力""人工""大众"等词义过于直白，如果用"人力搜索""人工搜索"或"大众搜索"只会让人联想到没有计算机等科技手段，而只能靠人的力量去查找信息和资源，在一定程度上多指用落后的方式来解决问题，这无疑与现实情况是不符的。事实上人肉搜索是一种建立在计算机网络引擎之上的人力参与，与纯粹意义上的"人力"是有较大区别的。

另外，人肉搜索的出现也与新人类们求新求异的心理需求有关。今天的年青一代往往喜欢标新立异，语言运用也同样如此，他们喜欢创造各种新的表达方式，喜欢使用陌生化的手段来表达一些常见的事物，人肉搜索正好满足了这个心理需求。"人肉"在视觉上很抢眼，容易引起人们的注意，也容易驱动人们的好奇心。所以人肉搜索作为一个具有个性化色彩的网络新词，是现代人追求超常表达效果的体现。

第二，人肉搜索的音节减缩。

讲究经济高效是语言使用中的一条普遍性规律，人们在使用语言时总是尽量想办法提高使用效率，其中一个最重要的表现就是进行音节的减缩，从而使语言变得更加简洁。人肉搜索在使用过程中就有这种音节减缩的趋势，常见的表现就是将"搜索"减缩掉，只留下"人肉"，这样结构就由四音节减缩成了双音节，但基本意义并没有变化。如：

（1）"网络侦探"在寻找事实真相的同时，也"人肉"出了当事人的照片、地址、电话、身份证号码等更多个人隐私，制造了无数的"人肉受害者"。（《新华网》2008年7月8日）

（2）在网络时代，一个无心之失、一段视频就有可能将你变成众矢之的。下一秒钟，你也许会成为"人肉"的一员，也可能被"人肉"。（http：//racktom.com/）

（3）我们反对"鱼肉"百姓，但我们应当欢迎"人肉"官员。（http：//www.mxwz.com/）

从以上例子可以看出人肉搜索在缩略为人肉时与原词意义相同，被缩略后的人肉具有明显的动词用法，在句子中主要作谓语，也可以作别的相关句法成分。

一般说来，语言中使用频率高的结构，往往更容易减缩成比较简短的形式来表达。人肉搜索在 2007 年、2008 年流行开来后，使用频率特别高，所以就很自然的压缩成了人肉。人肉搜索缩略为人肉，采用了截断式缩略，截取了全称中最有区别性特征的成分人肉，既符合语言交际中的经济原则，也是现代汉语词汇双音节化趋势的一个表现。但人肉搜索音节的减缩并不是到双音节就停止了，语料中还出现了进一步减缩成单音节的情况，有人甚至直接用一个"肉"字来表达人肉搜索的含义。例如：

（1）E 一查自己的电脑，大喜：小女孩并没有删掉电脑上自动保存的 QQ 聊天记录！E 懂电脑的朋友破解了少女 QQ 聊天记录，并获得她和男友的 QQ 号码。E 将两人的 QQ 号码公布，请网友"肉出他们！"（《重庆晚报》2009 年 1 月 18 日）

（2）今儿个课堂上老师安排观看了关于"人肉搜索"的视频材料，也许只有咱这样坐得端、行得正的平民，才能如此吊儿郎当地看着有人被"肉"，有人"肉"人。（新浪博客 2009 年 3 月 22 日）

上例都是用单音节的肉表达人肉搜索的意思，当然这样的表达并不常见，但不可否认，单音节的肉在语用上简单却有力，既能达到引人注意的目的，又能满足语言使用者个性表达的需要。

第三，人肉搜索的词汇聚合。

随着人肉搜索的产生并广泛使用，围绕它而产生的大量相关概念也层出不穷，这些新事物、新概念、新观念反映在词汇上，就形成了一批以人肉搜索或人肉为核心语义成分的词汇聚合场，从而产生了一批数量不少的相关新词语。例如：

（1）一个上海职员，只记得浙江一个企业的名字，忘了联系方式，花 10 块钱悬赏，不到半天就有"人肉搜索机"告诉他答案。（《江南时报》2007 年 5 月 13 日）

（2）加入人肉搜索网，成为一名人肉搜索志愿者，帮助其他网友解决问题。（http：//bbs.lh168.net/）

（3）网络上的"人肉搜索公约"已经充分体现了现代网络公民的自律意识，同时它还是对政府及时进行法制规范的一种"倒逼"。（《人民论坛》2009 年 2 月 1 日）

(4) 法律应该尽快把它纳入到规范对象，防止更多"人肉案件"的发生。（同上）

(5) 21 岁的网友 allays 感到很自豪，由他拍摄的一张照片，成为发出"全球人肉通缉令"——寻找袭击金晶的"藏独"分子时所用的标志性图片。（《搜狐新闻》2008 年 4 月 21 日）

(6) 最新人肉搜索更新不断，最热人肉产物备受关注，要不群起而攻之，要不群起而捧之，歌颂也罢，责骂也罢，总之，他/她"出名"了。（http：//blog.sina.com.cn/）

上述例句中的"人肉搜索机、人肉搜索网、人肉搜索志愿者、人肉搜索公约"等都是以人肉搜索为核心语义成分构成的新词语，而"人肉案件、全球人肉通缉令、人肉产物"等则是以人肉为核心语义成分构成的新词语，他们都构成了一个新的概念，这些相关词语还有很多，构成了一个以人肉搜索为核心的巨大的词汇聚合场，这一方面反映了人肉搜索的使用范围之广，另一方面也反映了网络时代对语言带来的巨大变化。

总之，人肉搜索这个词的产生并流行有其特定的社会动因。在全球化和信息化的今天，人们对信息的需求量也越来越大，加上生活节奏的快速化，这就迫切需要有非常方便快捷的信息搜索途径，现代互联网技术的迅速发展为快速检索信息提供了客观的物质条件，于是网络上出现了各种各样的信息搜索途径，各大网站纷纷建立网络搜索方式，搜索引擎也由此应运而生，百度、谷歌等日益成为人们上网查找信息与资料的门户。在这样一个大背景下，网络搜索引擎越来越受到网民的喜爱与重视，甚至成为了他们生活中必不可少的一样工具。然而在这样一个信息爆炸的时代，简单的机器搜索方式已不能满足人们对信息的需求，如何获取所需的信息及获得信息的时效性成为众多网民和网站关注的焦点，如能把现代的机器搜索和传统的人工检索相结合，其搜索的效率自然会大大提高。于是，在百度、谷歌等网络搜索引擎的催生下，一种更高形式的智能搜索方式——人肉搜索诞生了，即发动人力来寻找信息，然后通过互联网来传播，让人力检索成为机器搜索的一个部分。所以说，人肉搜索的产生是当代生活需求的表现，是信息社会发展的要求。

三 家庭煮夫

2010 年暑期，电视连续剧《婚姻保卫战》热播，主人公许小宁自诩的"家庭煮夫"在很短时间内就走进了千家万户，成为网络报刊上的热词。仅一个月的时间百度网上就出现了 26 万多篇相关文句。举例如下：

（1）电视剧《婚姻保卫战》的热播让黄磊扮演的许小宁成为受热捧的新好男人，与此同时，以许小宁为代表的"家庭煮夫"也随之成为流行群体——好男儿不必志在四方，他们甘愿在家洗衣做饭带孩子伺候老婆，为自己所爱的人做一个全职"煮夫"。（《华商报》2010 年 8 月 24 日）

（2）在《奋斗》中大谈恋爱的佟大为、马伊琍再度合作。黄磊变身家庭煮夫。大女人袁莉更上演全武行，常常追打黄磊。（《京华时报》2010 年 8 月 17 日）

家庭煮夫尽管是随着《婚姻保卫战》的热播才开始流行的，但其实早在 2006 年 6 月的《健康时报》中就出现过：

面食真正在我的生活圈子里引起高度重视，是因为技高一筹被推选为"家庭煮夫"之后……（《健康时报》2006 年 6 月 12 日）

（一）家庭煮夫的语义特征

所谓家庭煮夫，一般指专职在家照顾家庭的男人，他们放弃了自己的社会工作，在家里洗衣做饭，打扫卫生，教育孩子，还要伺候好老婆。如：

（1）《新结婚时代》里的许小宁为家庭放弃事业，甘当"家庭煮夫"，照顾孩子和为事业打拼的"女强人"老婆，并对老婆关怀备至，这就完全颠覆了传统父权下的"大男人"形象。（《新时代男性荧屏形象的嬗变》"人民网" 2014 年 10 月 8 日）

（2）最近发现网上流行起一个新词"新养男时代"，指的是"女主外、男主内"这一生活现象。网友们都很不赞成这个"养"字的说法，似乎把男女的家庭地位摆在不平等的位置。其实，男人在家带小孩、做家务，也是工作，也是价值的一种体现，不存在谁"养"谁。"家庭煮夫"也会从中体会到家庭的乐趣，也是一种分担。（《做

幸福的家庭合伙人》"人民网"2013年9月22日)

很明显,家庭煮夫的主要工作是做家务。当然,对于家庭煮夫的社会评价,有褒有贬。有人认为,家庭煮夫的出现是社会进步、男女平等的体现,有利于调节家庭气氛、维系婚姻的平衡;也有人认为,这是当代极端女权主义泛滥,甚至整个社会阴盛阳衰的表现。

(二) 家庭煮夫产生的语言理据

家庭煮夫作为一个新词语,从语言结构上是怎么组合而成的呢?尽管家庭煮夫是一个偏正关系的二分结构,但"煮夫"不是汉语中一个固定表达,所以家庭煮夫不太可能由"家庭"和"煮夫"直接组合而成。我们认为,家庭煮夫是由"家庭主夫"通过同音近义联想推演而来的,"家庭主夫"则是由"家庭主妇"以仿词的方式类推出来的。具体过程如下图所示:

家庭主妇 ⇒[仿拟] 家庭主夫 ⇒[同音近义推演] 家庭煮夫

图 4-5-2

第一,家庭主妇仿拟出家庭主夫。

"家庭主妇"是汉语词汇系统一个很普通的成员。"主妇"指一家的女主人。根据传统的"男主外、女主内"的观念,妇女的主要责任就是相夫教子做家务,可以说是"主持家庭内政",所以是"家庭主妇"。随着现代社会的发展,女性慢慢地从家庭中解放出来,走进了职场,而且有一部分女性还在职场上获得了很大的成功。职场女性的精力都用于事业的发展,她们不可能像传统的家庭主妇一样再致力于相夫教子。相反,有些男性在职场上混得并不如意,为了支持妻子的事业发展,这些丈夫就只好退而求其次,主持家庭内政;另一方面,随着社会的进步、文明的发展,男女平等的思想越来越深入人心,人们越来越意识到夫妻之间应该互相尊重,家务活并不是只能由妻子承担,丈夫在家干家务也并不是什么见不得人的事。在这种宏观社会语境之下,由丈夫主持家庭内政的家庭越来越多,人们也心平气和地接受了这种新情况。

妻子主持家庭内政称为"家庭主妇",那么由丈夫主持家庭内政自然称之为"家庭主夫",这是根据语言的类推性仿拟出来的。"家庭主夫"早在世纪初就出现了。如:

（1）1998年7月，48岁的弗兰克提前退休，心甘情愿地当起了"家庭主夫"，全力支持卡莉的事业。（《市场报》2001年11月10日）

（2）台湾当局……明确规定夫妻在家庭生活费用之外，得协议一定数额的金钱供"家庭主夫"或"家庭主妇"自由处分。（《江南时报》2002年5月18日）

（3）一名博士为了照顾小孩以及支持妻子的事业，情愿在家"相妻教子"做起"家庭主夫"，这是很多人所不理解的，它与人们传统观念中要求女性"回到家中相夫教子"这一模式恰恰相反。（《网友说话：博士"相妻教子"有何不可》"人民网"2003年7月10日）

（4）从小县城里奔到大武汉创业的一对夫妻，原来并不十分出色的妻子却如鱼得水，事业干得轰轰烈烈；而曾被县委看成是培养对象的丈夫，进了大城市后却时运不佳。又因要养孩子，他回家做了家庭主夫。之后又陷入了面临被时代、被社会抛开的危机，怎么办？（《主夫的日子喜忧参半》"人民网"2004年10月11日）

第二，家庭主夫推演出家庭煮夫。

家庭煮夫是由家庭主夫根据同音近义推演而来的。"主夫"和"煮夫"音同义近，"主夫"是主持家庭内政的丈夫，"煮夫"是煮饭烧菜的丈夫，以"煮饭烧菜"借指做家务，所以二者的语义基本相同。问题是既已有了家庭主夫，又何必再来一个同义的家庭煮夫呢？岂不多此一举？

其实，家庭煮夫和家庭主夫尽管基本意义一样，但二者的表达效果有很大差别。"煮夫"更能吸引眼球，能获得更好的表达效果。原因有二：一方面，由"主妇"而仿造出的"主夫"尽管刚开始有点新鲜感，但在使用过程中慢慢地已经产生了审美疲劳，难以引起网络时代富有创见的受众的审美共鸣；而"煮夫"则能给人带来一种视觉上新鲜的刺激，符合语言运用的陌生化原则，即陌生的语言更能吸引注意力，更能产生审美愉悦。另一方面，"煮夫"更符合汉民族喜直观形象的思维特点，看到"煮"字，人们脑海中很自然地就浮现出一幅"锅碗瓢盆"的厨房七彩图，在传统的观念里，此图中的人物本来应该是女性，而现在居然变成了男性，所以"煮夫"很自然地能获得更加幽默诙谐的表达效果，尽管

"煮夫"的实际责任不仅仅在厨房，但这并不影响其幽默的表达效果。

现在家庭煮夫的使用频率已经很高了，我们2016年2月在百度上搜索到有关家庭煮夫的频次达198万次。根据人民网的搜索，似乎家庭煮夫的使用频率已经高过了家庭主夫。家庭煮夫在人民网共出现1546篇相关文章，而家庭主夫只出现425篇相关文章。像《人民日报·海外版》这样的权威报刊都使用家庭煮夫这一词语。如：

（1）甚至很多名人都坦承自己做过"家庭煮夫"，比如著名导演李安曾爆料，自己闲暇时会在家洗菜做饭带孩子，每天保证为妻子做四菜一汤。(《做新好男人，你准备好了吗?》《人民日报·海外版》2010年9月22日)

（2）工作勤奋、婚前耐心、婚后专一、不酗酒、"家庭煮夫"、尊老爱幼等俨然成为中国男人的"标签"。难怪华人小伙不仅在日本，就连在俄罗斯、越南等国家都很抢手。(《日本：牵手华人老公成潮流》《人民日报·海外版》2010年10月28日)

（三）家庭煮夫产生的社会文化理据

"家庭煮夫"一词能够在很短的时间内流行开来，除了词语本身的特殊表达效果之外，也缘于现代人价值观念的变化：夫妻应该是平等的，无论谁"主内"或"主外"都没有什么关系，夫妻双方都是为了共同的家。有一项在北京、上海、广州、深圳四地开展的调查显示，28岁到32岁的男性白领中，分别有22%、73%、34%、32%的人愿意在条件许可的情况下当"煮夫"。"家庭煮夫"越来越成为被男人们认可的身份（《南昌晚报》2010年9月2日）。一份来自可锐职业顾问的调查显示：上海有46%的男性经理人热衷"财女"，而73%的男经理愿意做全职家庭先生（《调查显示：上海七成白领男士愿做全职家庭主夫》"杭州网"2006年2月20日）。台湾《商业周刊》的一份调查显示，有超过六成受访者表示，可以接受男性在家当"家庭主夫"，而由太太在外面赚钱养家，不能接受这种观念的民众则不到四成，显见价值观已经有了转变。不同族群对于"家庭主夫"的接受程度大异其趣，一般来说，能接受这种观念的，集中在青壮年、高等教育等族群。以30到39岁的民众对"家庭主夫"接受度最高，近七成表示不排斥；大学以上教育程度者，也有超过七成表示能接受"家庭主夫"(《台湾超过六成民众接受男性在家当"家庭主夫"》《东方新闻》2003年11月6日)。

总之,家庭煮夫的出现并流行既有语言自身的原因,更有社会发展的原因,随着思想的进一步解放,越来越多的人会心平气和地接受家庭煮夫这个词和这种身份,这应该是社会进步的一种表现。

小　　结

本章主要考察了新词语的造词能力及表现出来的基本特征:近年来的新词语表现出明显的三音节化倾向,三音节新词语大量产生是社会发展、概念复杂化和语法结构简约化相互作用的结果。别解造词近年来被大量使用,语义、语法、字形都成为别解造词的方式,大量使用别解手段造词主要是时代文化造成的。词语模造词和类词缀造词是造成今天新词语成几何数增长的重要原因,我们考察了他们的主要构造理据并分析了其规范问题。另外,本章还考察了"山寨""人肉搜索""家庭煮夫"这三个新词语的具体构造理据及基本的句法语义语用特征。本章的内容主要是考察新词语的构造理据,为后文讨论科学语言规范观提供事实基础。

第五章

新词语的社会效应

语言是人类交际和思维的工具。语言从产生之初起就和人类社会息息相关,从来就没有脱离人类社会而存在的语言。海德格尔说:"语言是存在的家,语言就是人的生命活动。从人类文化学的意义看,语言并不是一个完全客观的符号系统,而是人类的生命意识之流。"(鲁枢元,2011)语言是社会生活的一面镜子,映照了社会生活的方方面面,而在语言诸要素中对社会映照最直接最快捷的莫过于词汇,尤以新词语为甚。新词语一方面记录社会发展的轨迹和人们生活中的喜怒哀乐,另一方面又在一定程度上影响着人们对客观世界的认知。研究新词语,可以发现社会发展的轨迹和存在的问题,可以探究当代人的生活方式、生活态度和生存准则。

第一节 新词语的社会共变

语言是社会生活的影像,因社会生活而架构,可以说"语言与社会结构共变"。凡是社会生活中出现了新的东西,诸如新制度、新体制、新措施、新思潮、新事物、新观念、新工具和新行为,它们都会雨后春笋般地在语言中得到呈现,而词汇作为语言中最活跃敏感的部分,表现得愈是直观明显,与时代同步。特别是在网络飞速发展的今天,我们已经步入了一个"词媒体"的时代,词就是传递信息的载体,一个词往往可以浓缩特定时间、地点、人物所发生的事件,这显示了知识爆炸时代信息传播的特征。所以,通过语言中新出现的词语,我们可以探究社会发展的轨迹和期间存在的问题。如"D字头、C字头、和谐号、追风时代、高铁"等新词语就清楚地显示出中国铁路运输的飞速发展,而"钓鱼执法、国家罗汉、躲猫猫、冲凉死"等新词语则显示出某些执法部门的霸道和对法律的漠视。本节试图通过分析国家语委正式公布的 2006—2014 年的共 4000 多个新词语,来探究当代中国前进的脚步及其存在的问题。

一 新词语记录社会的发展

语言是社会的一面镜子,能清楚地反射出社会前进的脚步。新词语是语言中最活跃的要素,社会的发展和进步都会首先在新词语中体现出来。如果把某一范畴之内的新词语汇集起来,往往能清楚地看到社会发展的轨迹。改革开放以来特别是 21 世纪以来,中国社会紧跟世界科技发展的潮流,很多行业领域都获得了巨大的进步,有的甚至处于世界领先水平,其中发展速度比较快的产业主要有交通、信息产业、电子产品等,近年来的很多新词语就清晰地记录了这种前进的步伐。

(一) 交通的发展

"衣食住行"是每个人须臾不能离开的基本生活保障,自改革开放以来,我们穿的、吃的、住的都有了很大程度的提高,尤其是交通工具更是发生了翻天覆地的变化。单就"火车"而言,十几年前我们熟悉的是"慢车、快车(K 字头)、特快(T 字头)",时速最快也就百来公里,自 21 世纪以来,火车技术获得了重大突破,火车时速明显提高,这几年出现的新词语清楚地记录了火车提速的历程。

2007 年在中国铁路运输发展史上应该是一个比较重要的年份,全国铁路实行第六次提速,火车时速达到 200 多公里,而具有世界一流技术水平的动车组是本次提速的最大亮点,"D 字头、动车、动车客、动姐、动妹、和谐号、子弹头、行星列车、风时代、追风时代"这些新词语清楚地记录了这次铁路系统的发展情况。2008 年,随着津京之间城际高速列车的开通,又出现了新词语"C 字头"。到 2009 年,更是出现了时速达到 300 多公里的"G 字头"高速列车。到 2013 年,甚至出现了理论时速高达 6500 公里的"胶囊高铁",虽然这还停留在研究阶段,但不可否定可能哪一天会变成现实。

城市公共交通也获得了极大的发展,出现了诸多新的公共交通工具。2007 年出现了由两节车厢组成、长度超过 10 米的超大容量的"大肚公交"。2010 年更是出现了巨无霸的"3D 巴士",一种新型立体巴士,行驶时速达 60—80 公里,是一般公交巴士的三倍,可承载人数达 1400 人,而成本只有地铁的十分之一。公交的管理也趋于智能化,2013 年出现了公交智能化管理系统"巴士通",能通过智能投币机、POS 机与 GPS 车载终端数据对接,实现营运车辆、站点乘车人数、营收数据自动采集与适时更新。在 2016 年"巴铁"一词更是吸引了全世界的眼光,这是一种完全依靠电力驱动的大运量宽体高架电车,也被称为"空中奔跑的巴士"和"陆地空客",具有地铁一样的大运力,还能像巴士一样在地面上运行。

高空和深海探测技术也实现了突破,达到世界领先水平,神舟号飞船(神一、神二、神三、神四、神五、神六、神七)这些新词语非常清楚地记录了中国探索宇宙高科技前进的步伐,"神七游、伴飞小卫星、巡天宝贝"这些新词语清楚地记录了我国航天技术近年来的飞速发展,可下潜 7000 米深海域的"蛟龙号"则显示了我国潜水技术已经处于世界领先水平,从这些新词语可以看出,中华民族已经实现了令人神往的"可上九天揽月,可下五洋捉鳖"的浪漫主义美梦。

(二) 信息产业和电子产品的发展

自 21 世纪以来,我国科技发展日新月异,其中信息产业的发展更是突飞猛进,各种新的技术层出不穷,其中"云技术"最具有代表性。云技术指在广域网或局域网内将硬件、软件、网络等系列资源统一起来,实现数据的计算、储存、处理和共享的一种托管技术。有关"云"的新词语数量众多,如"云计算、云战略、云竞赛、云电视、云概念、云会议、云家庭、云客服、云空调、云整合、移动办公云、云播放、云家政、云视讯、云手表、云健康、云搜索、云医疗、云制造、商业云、中国云",这些新词语清楚地显示了云技术正应用于社会生活的各个领域。"3D 打印技术"也是一种重要的数字技术,是快速成型技术的一种,是一种以数字模型文件为基础,运用粉末状金属或塑料等可黏合材料,通过逐层打印的方式来构造物体的技术,该技术在珠宝、鞋类、工业设计、建筑、工程和施工、汽车、航空航天、牙科和医疗产业、教育、地理信息系统、土木工程、枪支以及其他领域都有广泛的应用空间。相关新词语如"3D 打印机、3D 报纸、3D 空调、3D 涂鸦笔",甚至还出现了"4D 报纸"。

随着信息产业的发展,各类功能强大而又便捷的电子产品也大量出现,极大地方便了人们的生活。生活中最常用的手机就出现了多种类型,可以提醒人躲避雷击的"避雷手机",装有太阳能电池的"光能手机",利用可乐饮料发电的"可乐手机",还有"宝宝手机、家庭手机、有线手机"等等,手机的功能也不仅仅是通信,还可以用来刷票,如"手机地铁票""手机票",还可以用于阅读,如"拇指图书馆"等。其他新兴电子产品还有很多,如录入200万字的微型扫描仪"e摘客",装有照相设备的小型遥控"直升相机",可以将照片变成印章形式的"印章相机",还有"蓝媒电视、视控厨房、视频光锅、影像探测器、电子气卡、数字跑道、数字跑鞋"等相关新词语都清楚地记录了电子技术的发展。

新词语是社会发展的忠实记录者,很多情况下,一个新词语就代表了一种新的技术或一个新的产品,此类新词语的大量出现,正显示了社会的发展、技术的进步。

二 新词语反映社会的问题

社会在发展过程中不可避免会存在着很多问题,其中最重要的、最受关注的是民生问题,通过近几年的新词语可以清楚地看到当代中国最受关注的民生问题。所谓民生,从社会层面上看主要是指民众的基本生存和生活状态,以及民众的基本发展机会、基本发展能力和基本权益保护的状况,等等(李爱萍,2010)。民生表现为物质和精神需求两个层面,物质需求主要体现在基本生活保障、医疗、就业、养老、住房、交通、社会治安、社会救助、食品安全、环境质量等方面,精神需求主要体现在教育、文化、政治等方面(张弥,2009)。很明显,民生涉及的问题很多,而从新词语所反映的情况来看,近年来中国最受关注的民生问题主要涉及7个方面。

(一)诚信公德问题

诚信公德是中华传统文化的一个非常重要的组成部分。孔子曰:"言而无信,不知其可也。"但是,在市场经济飞速发展的今天,我们却遇到了严重的诚信危机,从相关新词语可以看出,无论个人、公司企业还是政府机关都存在诚信公德缺失的问题。

第一,个人诚信公德的缺失。个人诚信缺失最典型的表现就是造假成风。在这个浮华的年代,多少人梦想着一夜成名或一夜暴富,并且选择了一种自认为最快捷的方式——造假。近年来,这样的报道不断见诸报端,其中影响最大的是陕西农民周正龙拍摄野生华南虎照片的造假事件,从而产生新词语"周老虎"。自此之后,全国各地的造假事件都相继浮出水平,用电脑合成照片获奖的"刘羚羊""张飞鸽",涉嫌学术造假的"汉芯造假事件""职称门""姚抄抄""西毕生",为骗取他人或国家钱财的"伪农民""婚嫂""群体离婚",以及"平江虎""律师造假门"等诸多造假事件。连社会名流也出现了诸多缺乏诚信的事件，如"文怀沙事件""诈捐门""赖捐"等。似乎造假已经成为时尚，这不能不说是当今社会诚信缺失的表现。更有甚者是社会公德的缺失，这种缺失对别人、对社会都造成极大的影响甚至危害，特别是在重大灾害来临时尤为明显。最典型的人物要算四川都江堰光亚学校教师范美忠，他在"5·12"汶川地震中抛下一个班的学生独自逃生，因此被网友戏称为"范跑跑"。此事之后，各地又出现了诸多此类事件的报道，如，犯有甲型H1N1流感而不按要求进行居家观察却频繁出入公共场所的"何逛逛""李染染"，洪水来时不顾乘客而独自弃车逃跑的出租车司机"文跑跑"，等等。诸多新词语显示，某些人社会公德的缺失已经成了一个日益严重的社会问题。

第二，公司企业诚信公德的缺失。诚信应该是公司企业生存发展的最高准则，但事实上，今天的诸多公司企业甚至一些著名的公司企业都陷入了诚信危机。从携程网使用无效假保单的"保单门"到康师傅、统一方便面使用辐照处理调料包而不注明的"辐照门"，从王老吉使用违规药材的"配方门"到统一蜜桃多、农夫山泉砷含量超标的"砒霜门"，诸多国内知名企业都出现了诚信危机。至于一般的企业就更不用说了，试看"桥糊糊""桥塞塞""漂绿""空气考生""紫砂门"，这些新词语都真实地记录了商家的不诚信事件。这其中影响最大、社会恶果最严重的当推"三鹿事件"，造成了对数万儿童的伤害，把商家的道德良心抛得无影无踪。

另外，政府有关部门缺乏诚信的事件也时有发生，"检测门"就是生动的例子。2009年12月，海南出入境检验检疫局检测农夫山泉、统一饮料产品"总砷超标"，但中国检验检疫科学研究院综合检测中心复检结果显示其3种抽检产品全部合格，此事在社会上引起较大反响，重创了政府检测机构的公信力。

《人民日报》（2010年1月14日）如此说：一段时间以来，从南京的"彭宇案"，到杭州的"飙车案"；从"被就业""被增长"等"被"字句式，到对一些"听证会"的批评质疑，社会不同群体之间、社会对政府有关部门，表现出种种猜疑、隔膜和不信任感，有人形象地称之为"社会墙"。

（二）教育就业问题

教育是一个国家、民族繁荣昌盛的强有力保障，也是与普通民众关系最密切的问题，民众的关注度非常高。从新词语可以看出，近年来有关教育的热点问题表现如下：第一，各种教育理念和教育模式层出不穷。如："3之3幼儿园"，中小学的"三生教育"，大学的"新三手能力"教育，这都是一些全新的教育理念；在教育模式上则既有主张传统化的"复古学堂"，又有主张经典通俗化的"国学快餐"，还有将教育融入舞蹈、体操的"舞育""国学操"等模式；在教学方法手段上有"慕课""翻转课堂"等；在家庭教育方式上有"虎爸、狼妈、鹰爸"等严厉型的父母，也有"羊爸、羊妈、猫爸"等民主型的父母。第二，大学教育及高考改革问题备受关注。大学教育是近年来民众非常关注的一个热点问题，相关新词语很多。如，涉及大学专业设置与社会需求关系的"黄牌专业""红牌专业""绿牌专业"，涉及学生学业完成情况的"学业预警""超学时""清退门"等，其中最引人关注的当首推"钱学森之问"，拷问了当代中国的教育质量特别是大学教育的质量问题。与大学教育相关的是高考问题。目前的高考制度受到了太多的责难，也出现了诸多探索高考改革的途径，其中在新词语中反映较多的是高校自主招生的改革，如"招优生""北大推荐生""校长实名推荐""北约""华约""工科联盟"等。除此之外，还有很多类型的新词语。如：反映国家教育项目的"三支一扶""硕师计划""项目生""反腐硕士"，反映学习压力的"班奴""考奴""过学死"，反映学生学习能力和状况的"学霸""学渣""学癌""学残""学糕""学鬼""学民""学魔""学沫""学痞""学弱""学神""学水""学酥"，反映学生诚信的"作弊克""考试诚信档案""抄袭监测系统""学历造假门"，反映权力干扰的"加分门""硬条子生"等。

就业问题也一直是人们关注的焦点，特别是近年来新增的就业人数远大于岗位增加的数量，使就业的矛盾更加凸显。新词语所反映的就业问题主要体现在三方面：第一，工作难找。如"赖校族""过季毕业生""毕剩客""国考炮灰""短漂族""飘摇族"等就生动地刻画了毕业生找不到工作而无可奈何的境况，只有少数幸运者成为"城市版村官"，或者是顺着"就业逆流"去西部。第二，为就业做准备。为找工作得准备各种技能，就是"灰色技能"也无可厚非，自然就得参加各种各样的考试，这就有了"考碗族""试考族""考研蚁""考奴""考神""教考"，出现"炫证女""证件哥""证奴"也就不足为奇了，为找到一个好工作，可以使用各种办法，"悬赏求职"也好，"移动就业"也罢，还可以"微求职"。另外，大学和国家有关部门也在为大学生求职创造条件，提供

"求职红包""求职街""教育消费券"等。当然"被就业"的事件也时有发生。

(三) 楼市安居问题

安居才能乐业,在房价居高不下的今天,安居问题成了国人心中最大的痛,相关新词语就真实地记载了楼市的风云变幻和购房者的酸甜苦辣。

第一,反映购房贷款及压力。近年来,国内房价一直在飙升,"楼疯"一词就非常生动地记载了这一事实。房价虽高,为了安居,老百姓还是得买。在买房过程中为增加与开发商讨价还价的筹码最好组成团体,有人就组成"万人购房团""砍房团",或者选择最佳时机成为"抄底团",这样相对来说要划算些。买房就得贷款,各种各样的贷款方式随之出现,如"气球贷""洋房贷""点按揭""活利贷"等。一旦贷了款就成为了"固贷族""房奴",如果哪天下岗了就会有"断供案"发生,所以国人的"住房痛苦指数"自然就很高。

第二,反映无房者的居住状况。因为房价太高,有人买不起商品房就自己开发"地下标间"或"蛋形蜗居",或使用集装箱成为"柜族"。不过对大多数人来说,还是只能租房,"胶囊公寓"也好,"群租"也行,"箱居""井居"也罢,都是过着"鼠族"的生活,如果碰到房东想加价时还得交"桌底钱",所以成为"租奴"自然是不可避免的。最痛苦的莫过于"蜗婚族",这些人离婚不离家,婚前夫妻双方共同买了房子,离婚后无钱再买房,只好还在一个屋檐下生活,这不能不说是最大的精神煎熬。

第三,反映房产商的险恶及房屋质量低劣。在普通老百姓眼中,大多数房产开发商的身上流的都不是"道德的血液",名曰"房魔",为了高价卖房,经常"捂地惜建""囤房捂盘""捂盘惜售""懒售",甚至利用一些房产中介机构组织"房托族",制造房价居高不下的假象。尽管房价高得离谱,但房屋的质量却难以令人满意。2009年6月上海市闵行区莲花河畔景苑发生一栋楼整体倾倒的"倒塌门"事件,并被网友戏称为"楼脆脆",之后各地有关房屋质量的问题都浮出水面,成都的"楼断断""楼歪歪",烟台的"楼垮垮",山东的"楼酥酥",西安的"楼挤挤",深圳的"楼陷陷",另外诸如"壁炉门""楼薄薄""楼晃晃""楼裂裂""墙脆脆""屋漏漏""楼超超"等,相关新词语数不胜数,房屋质量之低劣可见一斑。

第四,反映国家房产调控政策。从新词语可以看出国家对楼市调控的力度非常大，从"国六条""十五细则""国十一条"到"新国十条""新国四条""新国五条""退出令""央四条""央五条"等，各种调控条令接踵而出，又提出了"保障房""三限房""一费二税""房改三三制""国民住宅"等诸多设想，但总的看来很多都是"空调"。

另外，还有诸多相关新词语，如，有关房屋拆迁矛盾的"牛钉""牛楼""被上楼""吃拆迁""血房地图"，有关房价预测的"后拐点论""后拐点时代"，有关卖房推销的"买房后悔权""买房换就业"，有关房屋空置的"空房管家""黑灯率""黑灯照"，等等。

(四) 医疗健康问题

近年来，医疗方面的问题主要体现为新疾病、新理疗方法的出现以及医患矛盾的存在。从近年来的新词语可以看出，各种奇形怪状的疾病时时在我们身边出现，2006 年的"福寿螺患者"，2007 年的"快乐细菌""树人""夜间杀手"，2009 年的"甲流"，2010 年的"哈夫病"，2011 年的"初老症""大脑肥胖症"，2012 年的"蝠流感""锰狂症"，2013 年的"H7N9 禽流感"，2014 年的"埃博拉"。而与现代生活相关的疾病更是数不胜数，与电子产品相关的疾病有"三手病""手机幻听症""手机手""游戏手""病理性上网""键盘指"，与经济生活相关的有"股市症候群""彩票依赖症"，与交通出行相关的有"怒路症""路恐症"，另外还有"城市压力病""道德恐高症""梦食症""密码强迫症"，等等，有时即使没有明显的症状也是处于"亚疾病"状态。有疾病就得有治疗，从新词语也可以看到，新的治病药物、工具或理念不断出现，如"情绪食品""塑料血""可听药""纳米蜂""全能心脏祖细胞""乙肝作弊药""微针""喜剧理疗"等。从供需关系来看，目前国内医疗的发展还满足不了群众的需要，所以医患矛盾就在所难免。医院为谋利而产生"李鬼药""降价死""药你苦"，有关部门只好设置"药监机器人"，有个别无良医生甚至人为造成"徐宝宝事件"，群众不满所以就有"医闹""医诉"，无可奈何之下甚至只能"自助透析"或"开胸验肺"。

健康问题也备受关注，主要体现为饮食安全和健康的生活习惯。2008 年世界卫生组织提出"健康三要素"，包括食品安全、健康饮食和适当的身体活动，对照此标准，我们的健康状况都不容乐观。肇始于三鹿奶粉的"结石宝宝"事件使公众意识到自己的饮食健康问题正遭受极大的威胁，相类似的还有"耐药宝宝""早熟门""激素门"。另外，"三聚氰胺"

"洗蟹粉""洗虾粉""滤油粉"等诸多化学药品以及"垃圾动物"正被我们大量吞食。为遏制这些有害食品，国家有关部门也采取了许多措施，这就有了"放心贴""新国标水""脚环鸡""禁香令"等。当然，关键还得靠自我保护，为了有一个好的身体而不至于当"炮灰团"，人们慢慢地有了健康的理念，讲究"心体谐一""反骨感"，吃的是"薄食代""维他糖"，适应现代生活的形式各异的锻炼方式也随之出现，如"劲走""路边操""公健操"，还有"站式办公"等"泛户外"活动。

总之，今天我们对医疗健康的要求非常高，而社会又难以满足人们的需求，这就产生了矛盾。《人民日报》（2010年7月7日）说："张悟本现象"显示出医疗保健信息的市场需求潜力巨大，高质量医疗保健信息供不应求。

（五）公权腐败问题

近年来，政府有关部门及个人滥用公权力及腐败现象非常普遍，给人民利益、国家利益、公共利益和法治秩序造成了极大的损害。从新词语反映的情况来看，近年来公权滥用的一种重要的表现是执法部门不作为或恶意执法，这样的事件不断见诸报端，第一件影响较大的事件是云南玉溪的"躲猫猫"事件。2009年2月，青年李乔明在看守所意外死亡，警方隐藏真相，称因玩"躲猫猫"不慎撞墙而死，后经调查是被牢头狱霸殴打致死，这一事件暴露出了某些执法部门严重不作为甚至可能是恶意执法的行为。之后相关事件不断出现，河南的"冲凉死""喝开水死"，广东的"发狂死""盖被死"，江西的"上厕所死"，河北的"骷髅死"，湖北的"洗脸死"，等等，每一个新词语都是一个网络典故，是执法部门对自身不作为甚或恶意执法的辩解，但广大民众对这些说法并不信任或对这些事件非常不满。有些执法部门甚至为了自身的经济利益竟不惜使用"钓鱼执法"等"公权碰瓷"手段，或者干脆就使用"养鱼执法""罚款套餐"。如果一旦遇到敢于揭露黑幕的"冒死爷"则严厉打击报复，所以就有因批评政府而被通缉的河南"灵宝事件"，所以网民只好在网上发帖子形成"帖案"。诸多新词语真实地折射出了政府有关部门的公权滥用以及民众对政府的不信任。

权力本是人民赋予一部分人管理国家的力量，但某些人却把这种力量转变成了一种牟利的工具，即把公权变成了私权，这就产生了特权和腐败。所以尽管很多学校的校舍还是危房，但政府机关就有权修建豪华的

"官衙工程"，某些高官可以获得"官效工资"，某些官员可以利用手中职权像大树一样荫庇着亲属而成为"树官"，某些官员可以"权金化"，等等，这些新词语都反映了官员利用特权牟利的现状。有特权就自然有腐败、有行贿受贿，从"上海社保基金案""南杨案"到"PE腐败""考试门"，从"戴包包""俗贿"到"游贿"，从"土腐败"到"洋腐败"，从"温和腐败"到"侠贪"，还有"暗腐败""崩塌式腐败""车腐""呆腐败""腐利""亲缘腐败""小官巨腐""烟草腐败""人情腐败""首腐""智腐""号腐""微腐败""腐败能人""农机腐败""慵懒腐败""腐坚强"等等，形成了一个以"腐"为核心语素的词语群，这些新词语都真实地记载了当代中国社会的腐败问题，它严重损害了公权部门的社会声誉。除此之外，特权的代际传递也是一个非常严重的社会问题，"拼爹"现象时有发生，"权二代""富二代""垄二代"与"穷二代""贫二代"生而不平等，所以"李刚门"的出现也就不足为怪了。

（六）婚姻家庭问题

家庭是社会的细胞，婚姻是家庭的基础，一个社会的婚姻家庭状况如何将最终决定这个社会是否能长久地稳定繁荣。从近年来的新词语我们大致可以了解到当代中国的婚姻家庭问题主要体现在三个方面：

第一，养老问题。与世界大多数国家一样，中国正步入老龄化社会，而随着独生子女家庭增多、家庭小型化和市场经济的发展，传统家庭养老模式正面临极大的挑战，各种新社会养老模式正逐渐出现，试看相关新词语。

邻居型养老：一种新型养老模式。老年公寓设在居民小区内，老人可以不脱离熟悉的老邻居、老环境而就近入住。

养老房屋银行：一种新型的养老方式。老人将原住房出租，所得租金直接支付养老机构的费用。这样不用另付养老费，并且能够保留原住房产权，避免引起家庭矛盾。

拼家养老：一种新型的养老方式，由几家的空巢老人结成新的"家庭"，在生活上彼此照顾，情感上相互依靠，一同享受晚年。

白托：老人白天在社区的专设机构接受照管，晚上回家居住。

拼房养老：指拥有房产的老人向其他老人出租房间，以实现经济上的双赢和生活上的沟通。

老人也可以通过"电子邻居"或"网上敬老院"向社区提出服务请求，社区配备了"暖巢管家"，他们专门为没有子女在身边的老人提供服务。

第二，婚姻观问题。与传统的婚姻相比，当代的婚姻生活显得形态多样甚至光怪陆离。有人单身就假装结婚成为"伪婚族"，有人积极主动寻找婚姻成为"婚活族"，而有人则在婚姻问题上摇摆不定成为"摆婚族"。由于性别比例失衡而造成"婚荒"，所以就有"剩女"甚至"白金剩女""高端剩女"，这就难怪有"急婚族""毕婚族""求嫁族"，当然也有"懒婚族""滞婚族"。在结婚过程中，有从简的"悄婚族""裸婚族""宅婚"，也有热衷于攀比成为"婚奴"的"比婚女"。为了避免枯燥乏味的"橡皮婚姻"，很多人选择了过"半糖夫妻"或"已婚单身族"的生活。总之，婚姻形式多种多样，这大概是多元化社会的必然产物吧。

第三，儿女养育问题。在传统观念中，结婚就应该生子，生儿育女是婚姻生活中非常重要的内容，但今天有些年轻人则不愿生孩子，只想做"丁宠家庭"甚至"铁丁""坚丁族"，有一部分人则既想要又不想要，思想矛盾，是为"丁忧"，也有"恐生族"，当然也有错过了最佳生育年龄又想要孩子的"悔丁族"。有人生下孩子却不想养而送入保育院造成"双亲孤儿"，当然也有愿意花大量时间陪伴孩子的"酷爸爸"和坚持母乳喂养的"背奶"族，还有的人则一生为子女忙碌成为"孩奴"。另外，在离婚率居高不下的今天，因父母离异而成为"单二代"的小孩越来越多，为这些单亲孩子提供特殊父爱的人则是"志愿者爸爸""声音爸爸"。而近年来最热门的话题莫过于"失独"和"二孩"，相关新词语如"失独父母""失独家庭""失独老人""失独者"，"分放二孩""单独""单独二胎""单独两孩""双独二胎""非独家庭""全面二孩"等。

（七）环境保护问题

环境是人类生存发展的客观物质基础。在现代工业的发展过程中，人类正面临着越来越严重的环境问题，例如"水破产""火山灰危机"等。环境保护问题关系民生，迫在眉睫。近年来有关环保的新词语很多，内容主要涉及两个方面。

第一，环保措施或活动。为了有效地保护环境，国家采取了诸多举措，在经济发展的宏观政策上考虑 GDP 的"碳强度""绿价比"，采取

"行业限批""流域限批""区域限批"等措施,提倡发展减少水资源消耗的"低水经济",记录排放二氧化碳量的"碳足迹",为公司建立"低碳谷",要求企业进行"绿色保险",要求汽车上有标明环保的"电子绿标";另外,还发布了"禁塑令""限塑令",提倡使用"纸布袋",制定有关空调使用的"26℃法",等等。现在还可以使用"环境红绿灯"了解环境污染情况,对于被污染的环境,会种植"吸碳林",或者进行"碳捕捉"封存到地下或海底。有关部门和团体也开展了一些环保的活动,如"减塑日""休车日""爱绿日""垃圾减量日"等,以及为增强环保意识而进行"走河"活动。"胡萝卜族""互联网森林"和"环保妹"等某些人也在倡导环保活动。

第二,环保生活。今天民众的环保意识越来越强,生活方式也越来越环保,出现了新潮的"低碳一族",他们刷的是"低碳交通卡""低碳信用卡"甚至"绿色零碳信用卡",用的是环保的"可乐手机""植物环保瓶""海藻灯",烧的是"绿炭",住的是"低碳人家",旅游是"低碳旅游""绿游",祭祀是"环保祭祀",上网是低能耗的"灯光上网",连爱情都是"低碳爱情",而且他们往往是吃本地蔬果的"土食族",骑自行车绿色出行的"拜客",加入了拒绝使用一次性筷子的"筷联盟"。尽管不同人在环保知识能力的"绿商"上有差别,不同地区在环保技术、方式及认识上有"绿色鸿沟",但只要大家都有环保的意识,相信我们的环境将会越来越好。

近年来有关环境问题的高频词是"霾",以它为核心语素构成的相关新词语如"霾情""霾沙""十面霾伏""雾霾假""雾霾经济""避霾""霾表""霾症""清霾""雾霾险",而与雾霾相关的新词语如"北京咳""毒颗粒""PM1""清肺游""细颗粒物"。与之相对的就是"北京蓝""APEC蓝""护蓝"。

三 新词语与社会共变的计量分析

上述第二部分阐述的七个方面就是从近年新词语中窥探出来的当代中国最受关注的民生问题,这些问题说不出谁更重要谁更不重要,但可以从计量研究的角度分析出人民关注程度的差别。计量研究认为,事物的质与量有着密切的关系,质存在于量之中,量反映质,重要的语言现象都会以较多的量的形式表现出来(苏新春,2010)。由此可见,某类问题新词语数量越多说明其受到的关注度越高。我们对近年来涉及民生问题的新词语进行数量统计，以此窥测民众对相关问题关注度的差异及其变化情况。

近年来产生的新词语数量很多，难以有一个确切的数目。自 2005 年以来，国家语委每年都对新词语进行了监测，在海量文本的基础上提炼出了当年的新词语并及时向社会公布，各年度的新词语数量如下：2006 年 171 个，2007 年 420 个，2008 年 444 个，2009 年 573 个，2010 年 626 个，2011 年 618 个，2012 年 525 个，2013 年 363 个，2014 年 424 个。我们把每年中涉及上述 7 类民生问题的新词语全部找出来，图示如下：

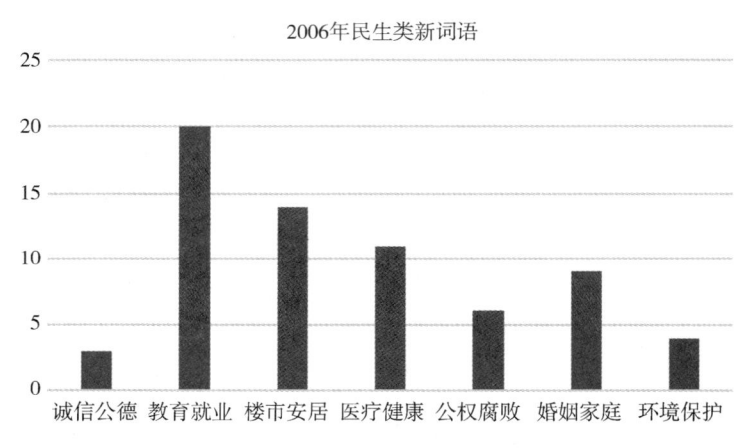

图 5-1-1

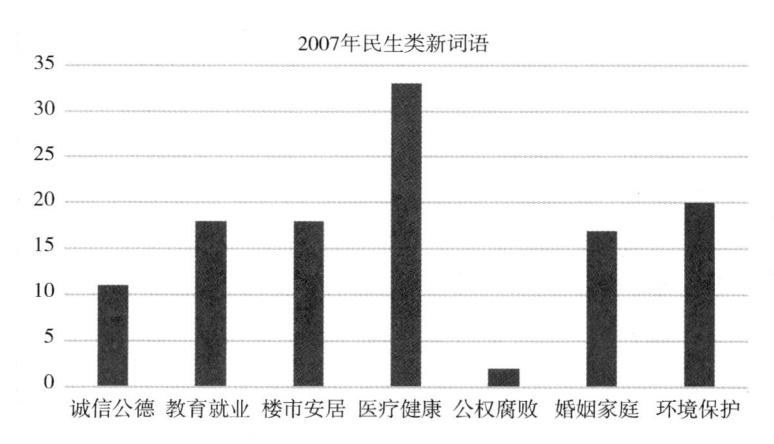

图 5-1-2

从 2006 年至 2014 年这 9 年共提炼出新词语 4164 个，其中涉及民生

第五章 新词语的社会效应

2008年民生类新词语

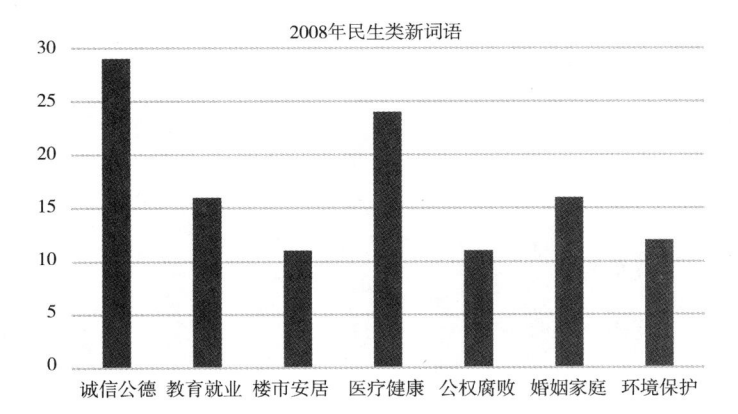

图 5-1-3

2009年民生类新词语

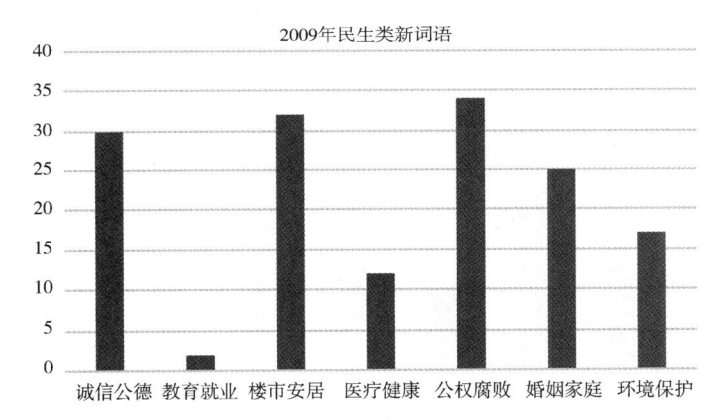

图 5-1-4

2010年民生类新词语

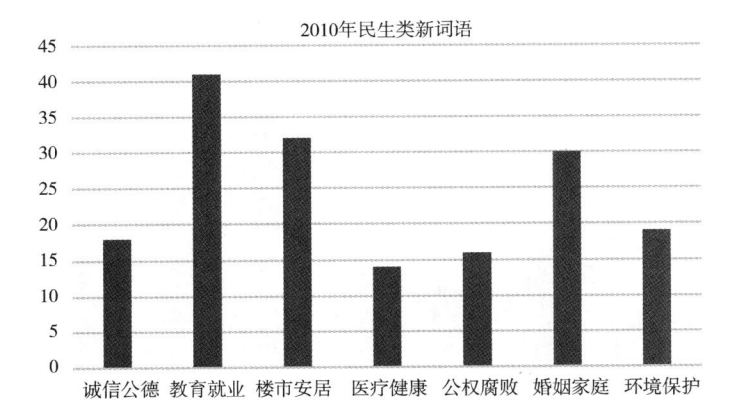

图 5-1-5

2011年民生类新词语

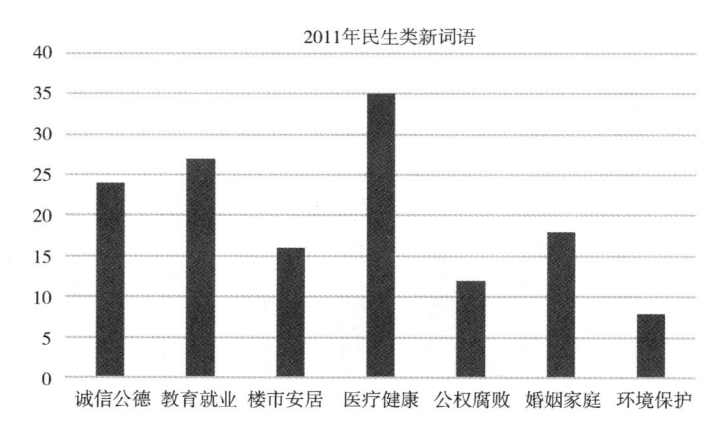

图 5-1-6

2012年民生类新词语

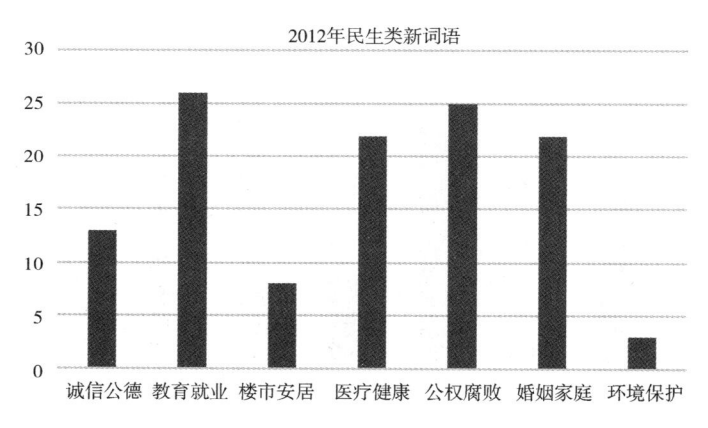

图 5-1-7

2013年民生类新词语

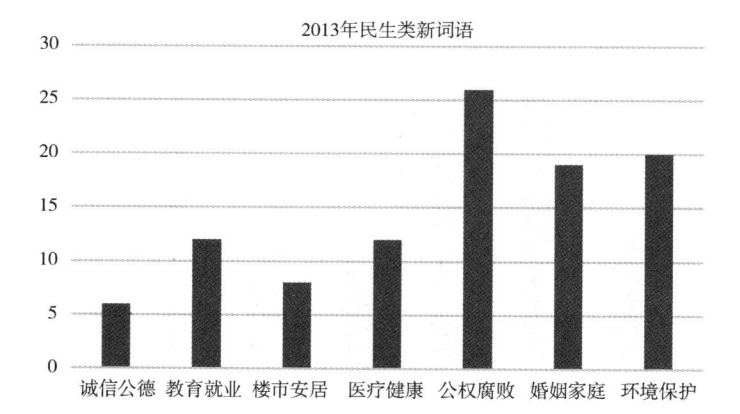

图 5-1-8

第五章 新词语的社会效应

2014年民生类新词语

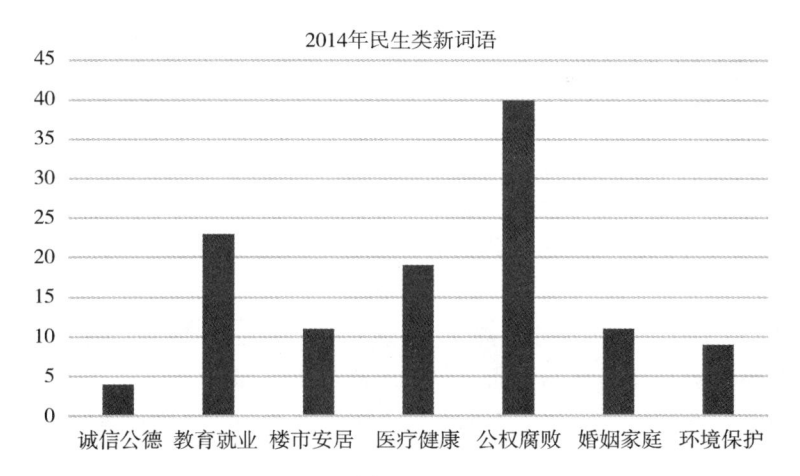

图 5-1-9

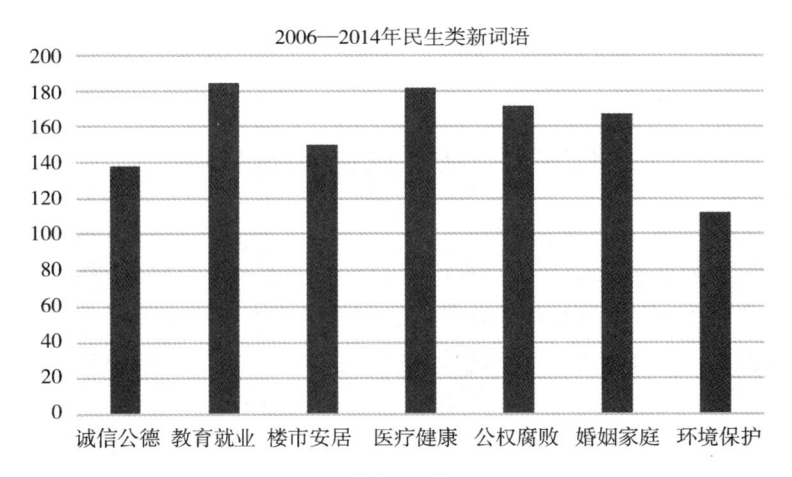

2006—2014年民生类新词语

图 5-1-10

的有1106个，约占所有新词语的26.6%，可见民生领域的新词语数量还比较多。

从上边柱状图可以看出，"教育就业"和"医疗健康"是近年来民众最关心的问题。这在一定程度上说明，在当代诸多矛盾中，最尖锐的矛盾主要体现在教育就业和医疗健康两方面，可能是因为民众的生活压力主要来自这两方面，民众生活支出的绝大部分都花在这两方面。所以，要解决当代中国的民生问题，当务之急就应该是解决这两方面的问题。其次是公权腐败和婚姻家庭，这也是民众关注度比较高的问题。

近几年民众关注焦点有所变化，2006年最关注"教育就业"问题，

2007年最关注"医疗健康"问题，2008年最关注"诚信公德"问题，2009年最关注"公权腐败""楼市安居""诚信公德"问题，2010年最关注"教育就业"问题，2011年最关注"医疗健康"问题，2012年最关注"教育就业"和"公权腐败"问题，2013年最关注"公权腐败"问题，2014年最关注"公权腐败"问题。值得注意的是，自2012年以来，"公权腐败"一直是公众关注的焦点。当然，这种年度关注点的变化和社会重大事件有很大关系，比如，2008年因为出了"三鹿奶粉"这一恶性事件，所以"诚信公德"问题备受关注；而自2012年以来国家的高压反腐，从而导致有关腐败的新词语也就出现得比较多。

总之，在词媒体流行的今天，网络正逐渐成为普通民众真正行使话语权的平台，改变着并将继续改变着传媒生态和平民百姓的生活。所以探究新词语与社会的共变关系为我们了解社会问题、关注民生疾苦提供了方便快捷的途径，也为解决民生问题提供了一些方向性参考。

第二节 新词语的词媒体性

网络社会有两个非常重要的特征，一是信息量大、信息传播快捷，二是生活节奏快。受众往往需要在尽可能短的时间内获得尽可能多的信息量，作为信息发布平台的媒体为了使自己的信息能尽可能多地吸引受众的注意，就需要尽可能简洁准确高效地传播信息。在这种新的语境之下，传统的传播方式受到了很多的局限，一种新的传播模式——词媒体应运而生。

词媒体是指将词作为传递信息的载体，最大限度地加快传播和记忆的速度，将特定时间、地点、人物、事件等进行超浓缩，以便于口口相传。①简言之，词媒体就是通过一个词语记录传播一个事件。比如"锦旗哥"。

> 事件回放：2010年11月下旬，在江苏无锡市新区几个主干道的路口，常常可以看见一位戴镜眼、背双肩包的小伙子，手举锦旗，上书"不为人民服务"，以此控诉劳动保障监察部门的不作为，由此被网友戏称为"锦旗哥"。

---

① 互动百科，http：//www.hudong.com/。

"锦旗哥"作为词媒体它包含了特定的时间、地点、人物、事件等丰富的内容,但传播起来却言简意赅,简洁快捷。词媒体传播早就存在,其中最早最典型的例子就是 1972 年 6 月 17 日发生的"水门事件"(Watergate scandal),这是美国历史上最不光彩的政治丑闻之一。几十年过去了,而今,"门"作为一个构词词素具有了"丑闻"这一特定含义,任何一个"××门"的新词都记录了一个特定事件,如娱乐圈陈冠希"艳照门"、政坛克林顿"拉链门"、体坛易建联"年龄门"、学术界杨帆"抄袭门"等,一个新词语就是一个词媒体。

一 词媒体的传播优势

词媒体的最大特点是把有丰富内涵的信息融入简洁凝练的词语形式中,便于识记,并且呈现方式还新颖独特,能吸引眼球。既增强了传播效果,又迎合了受众追新求异的审美心理需求,紧跟了时代潮流。词媒体是对社会生活最快捷、最生动、最简明的反映。比如:"5·12 汶川地震""八八水灾""3·14 事件""赵作海案""南杨案""华南虎事件""黑砖窑事件""牛肉风波""南方冰冻雨雪灾害"等等,每一个新词语都是对某一事件的直接反映。

词媒体作为一种新兴的信息传播方式,表现出与传统媒体明显不同的传播优势。

第一,词媒体传播形式简洁便利。与报纸、电视等传统媒体相比,词媒体因为其形式简洁所以传播更加便利。报纸、电视等都是用一篇文章或报道来记录一个事件,而词媒体只用一个词记录一个事件,即把某一事件中的关键词提炼出来作为传播整个事件的载体,这个特定的词在流传过程中就承载了整个事件的客观信息,往往还负载了一定的情感信息,鲜明地传递了公众对这些人物事件的爱憎情感态度。所以受众只需要了解一个词就可以了解一个事件,并了解民众对这个事件的基本情感态度,这就使传播更加简洁便利。如"小悦悦"就是一个词媒体。

事件回放:2011 年 10 月 13 日,2 岁的小悦悦(本名王悦)在佛山南海黄岐广佛五金城相继被两车碾压,7 分钟内,18 名路人路过但都视而不见,漠然而去,最后一名拾荒阿姨陈贤妹上前施以援手。2011 年 10 月 21 日,小悦悦经医院全力抢救无效离世。2011 年 10 月

23日，广州佛山280名市民聚集在事发地点悼念"小悦悦"，宣誓"不做冷漠佛山人"。"小悦悦"成了贬斥冷漠的代名词。

很明显，按照传统媒体的传播方式，这整段文章都需要介绍，相对费时费力；而作为词媒体的"小悦悦"则仅用一个词传递了一个社会事件，负载了特定的时间、地点、人物、事件等信息，并且传递了社会舆论对这些人物事件的主观态度情感等评价性因素，传播起来则简洁便利，很容易为受众熟识。

第二，词媒体传播范围广、传播速度快。词媒体传播所借助的媒介主要是网络，网络传播具有传播范围广、传播速度快的特点。根据中国互联网络信息中心（cnnic）发布的统计数据，截至2015年年底，中国网民的人数已经达到近7亿，手机网民也超过6亿，而且从下图可以看出，这个数据近年来一直在增加。

图 5-2-1

词媒体能让信息在瞬息之间传遍大江南北，这是传统媒体根本无法媲美的。特别是手机网民的空前膨胀，上网不再局限于固定的时间和空间，词媒体的传播更快更广了。

第三，词媒体传播方式立体化。词媒体的传播方式不像传统媒体一样仅仅借助于文字的单一形式，而是表现为立体化特点。一方面，表现形式图文并茂，即词媒体的传播往往配有很多插图，形象可感；而且还可以很方便地回溯过去，即随时都可以通过超链接非常方便地查阅整个词媒体事件的来龙去脉、前因后果以及相关问题。另一方面，词媒体的传播过程有民众的积极参与，即网民往往会对词媒体事件的性质发表自己的意见和评论，因为这种评论是不记名的，所以网民往往无所顾忌，能积极主动地表达自己内心真实的想法。总之，词媒体的传播信息量大，可以很方便地查阅了解整个事件，另外还可以负载民众对这些事件的评价，这样立体化的传播方式是传统的纸质传媒甚至有声传媒都无法媲美的。

二　词媒体的传播效能

词媒体的内容可以涉及社会生活的各个领域，大到国际民生，小到个人小事，都可能通过词媒体来传播。比如，有关司法公正的"佘林祥案""赵作海案""呼格案"，有关食品安全的"毒奶粉事件""饺子事件"，有关官员腐败的"表叔""亿元水官""令氏家族"，有关公共安全的"7.24动车事故""上海踩踏事件"，有关住房问题的"楼歪歪""楼脆脆""楼靠靠"，有关娱乐圈的"锋菲恋""周一见"，有关个人感人事件的"最美孕妇""最美新娘""托举哥"，这些词媒体都广为传播。从某种意义上说，词媒体的传播情况反映了民众的心声和情绪，反映了民众关注的焦点。

词媒体传播速度非常快，但被持续关注的时间一般不会太长，这是词媒体的一个重要的传播特征。一个词媒体出现后，往往在几天之内网络上就有上万条相关帖子，但是，几天之后，可能就会淡出民众的视野。

我们选取了2014年和2015年比较受关注的5个词媒体，对其传播状况进行定量统计分析，以窥视词媒体的传播规律。选择的词媒体包括"亿元水官""呼格案""外滩踩踏事件""锋菲恋""最美癌症女孩"，其内容涉及官员腐败、司法不公、公共安全、娱乐圈人物、个人事件。我们统计这五个词媒体在各大新闻门户网站的发帖量，具体包括"新浪微博""腾讯微博""搜狐微博""人民网微博""新浪博客""搜狐博客""百度贴吧"，统计每天的发帖量，从最初出现开始持续统计一个月。[1]

第一，"亿元水官"。指河北省秦皇岛市北戴河区供水总公司总经理马超群，2014年因涉嫌贪污被调查，检察机关从其家中搜出上亿元现金，因此得名。在一个月之内，"亿元水官"的发帖量达到23000多次，其中从11月14日开始最初7天的发帖量就达到了14000次，此后一直走低，在12月3日和4日两天有所增加，这是因为12月2日爆出了警方跟踪马

---

[1] 本数据是笔者指导研究生统计出来的，具体数据见戴剑云《网络舆情视角下的"词媒体"研究》（江西师范大学2015年硕士论文）。

超群的儿子，发现了上亿元现金藏匿点，从而引起媒体的进一步关注，因此发帖量又出现了一个小高峰。下边是具体的走势图：

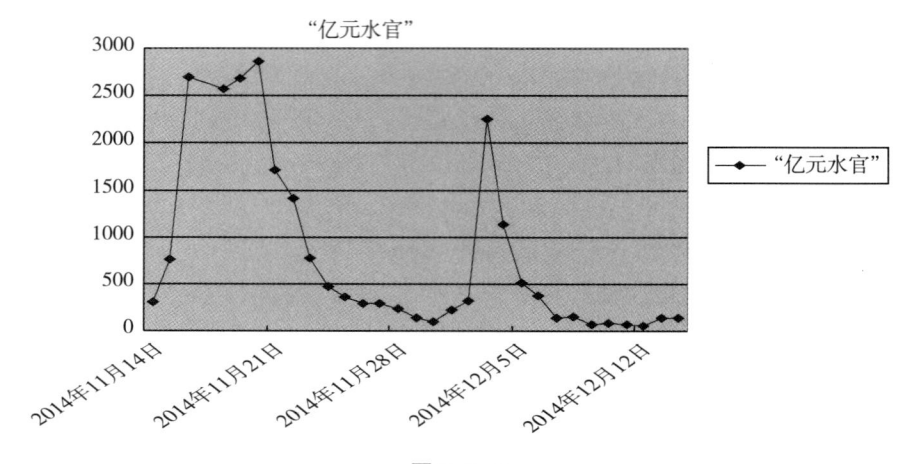

图 5-2-2

第二，"呼格案"。指内蒙古呼和浩特 18 岁青年呼格吉勒图无辜被扯入一桩奸杀案，并被判处死刑，10 年后证实呼格是无辜的，从而引发媒体和社会的广泛关注。"呼格案"从 2014 年 12 月 15 日开始出现，一个月的发帖量达到 16000 多次，其中最初 7 天的发帖量就达到 11000 次，之后持续走低，中间第 16 天稍有反弹，这是因为官方在 12 月 31 日发布赔偿呼格吉勒图家人约 206 万元人民币作为补偿，从而再次引发了网民的热议，使得 12 月 31 日的发帖量又达到了一个小高峰。下边是具体的走势图：

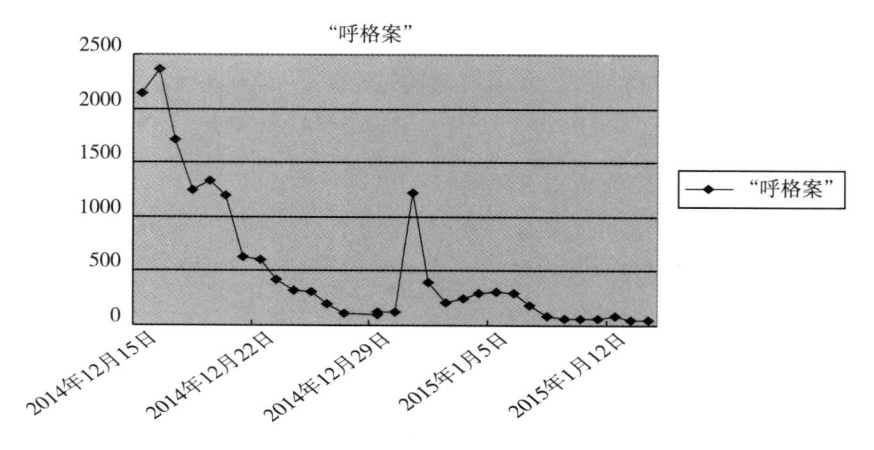

图 5-2-3

第三,"外滩踩踏事件"。在 2014 年 12 月 31 日晚上的跨年夜活动中,上海市黄浦区外滩陈毅广场通往黄浦江观景平台的人行通道发生拥挤踩踏事件,造成 36 人死亡,49 人受伤。"外滩踩踏事件"的发帖量在一个月之内达到 18000 次,其中最初 7 天就达到 10000 次,之后持续走低,但中间出现了两个谷峰。第一个谷峰我们暂时没有找到原因。第二个谷峰是第 21 日,因为这一天上海市公布这一事件的调查报告,认定这是一起对群众性活动预防准备不足的公共安全责任事件,黄浦区政府和相关部门对这起事件负有不可推卸的责任,遇难者家属将获 80 万元抚慰金。下边是具体的走势图:

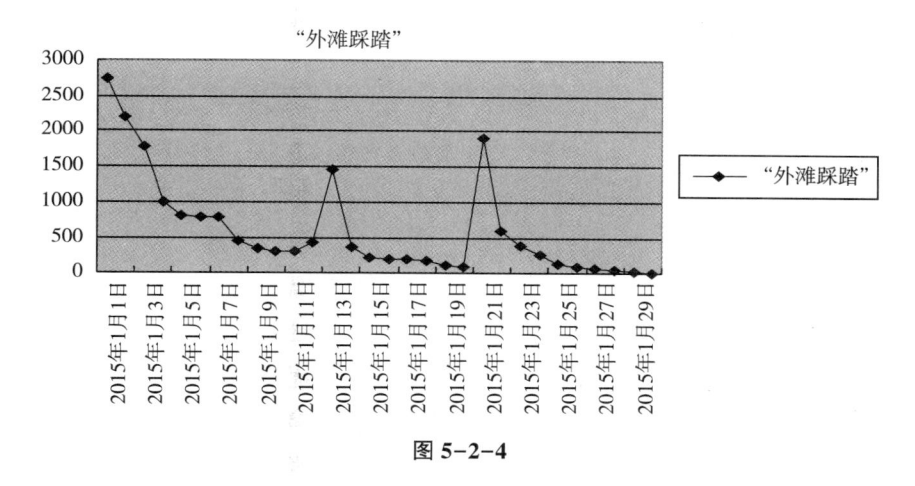

图 5-2-4

第四,"锋菲恋"。指王菲和谢霆锋的姐弟恋,一开始遮遮掩掩,后来在公开场合如胶似漆,最后分手收场。"锋菲恋"的发帖量在一个月之内达到 22000 多次,其中最初 7 天达到 11000 次,之后持续走低。下边是具体的走势图:

第五,"最美癌症女孩"。指陕西省西安市的 19 岁姑娘李娜,2007 年因右腿部肿瘤而截肢,2014 年又被查出肺部患有肿瘤,必须进行化疗,高昂的费用和未知的将来让全家人无所适从,但是李娜依旧选择微笑面对,她的乐观开朗感动了很多人,被网友称作"最美癌症女孩"。"最美癌症女孩"的发帖量在一个月之内达到 8700 多次,其中最初 7 天达到 8500 次,之后持续走低。下边是具体的走势图:

上边 5 个词媒体在 1 个月内发帖量的走势图基本一致,都是由高到低,中间可能会稍有走高,据此我们可以大致窥测到词媒体传播的基本规

"锋菲恋"图表

图 5-2-5

"最美癌症女孩"图表

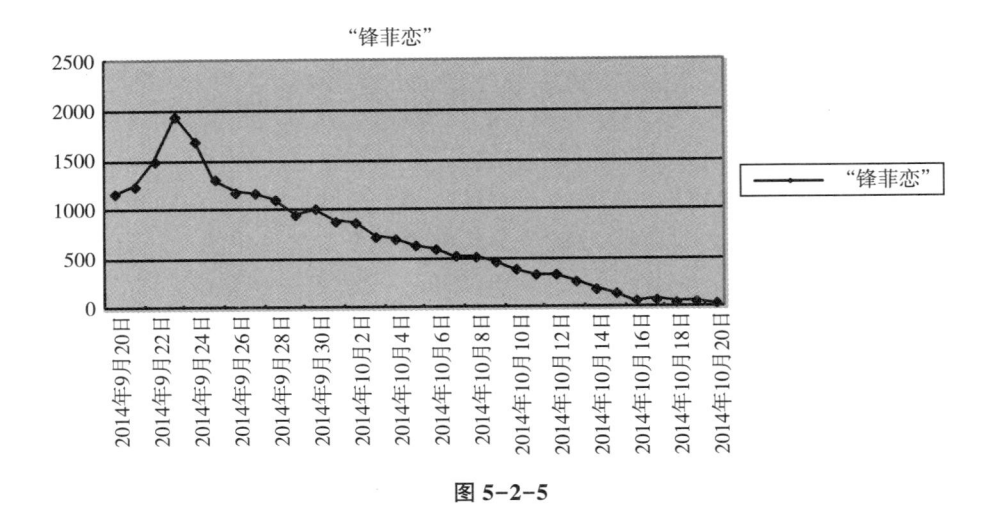

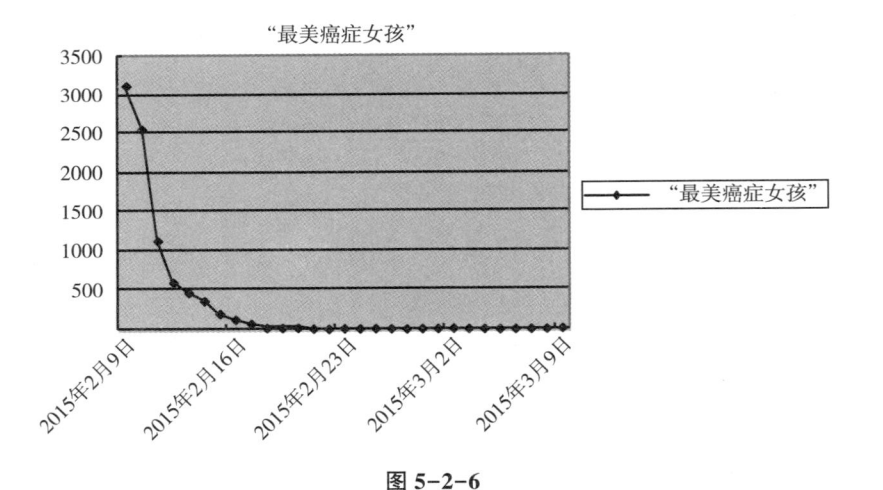

图 5-2-6

律：一般说来，词媒体刚出现时民众的关注度比较高，所以其发帖量呈井喷态势，但这种高度关注的时间不会太长，一般维持在一周左右，之后民众对其关注的热情就会消退，发帖量就会锐减。但如果在词媒体传播过程中出现了与该事件密切相关的敏感性事件，则可能引发词媒体传播的第二个小高峰，从而造成发帖量的激增，比如"亿元水官"和"呼格案"都是这样。

三 词媒体的负面评价语义倾向

词媒体是对某些社会事件的高度浓缩概括。社会上每天都会发生各种各样的事情，有好事也有坏事，有正能量的事，也有负能量的事，但以词媒体方式传播的更多是负面的事情。词媒体作为网络时代的传播方式，其传播的不仅仅是事件本身，而且往往带上了明显的主观情感，经常表现出明显的负面评价语义倾向。如：

董暴雨：2008年8月8日，山西临汾襄汾县发生尾矿坝溃坝特别重大事故，损失十分惨重。襄汾县委宣传部部长董凤妮在第一时间接受新华社和中央电视台采访时，称这场事故为"暴雨引发的泥石流"所致。事实真相是，事故发生时只下了点零星小雨，明显是隐瞒事实真相，欺骗群众。董凤妮由此被网友戏称为"董暴雨"。

上厕所死：2010年2月16日，江西九江市修水县看守所在押的犯罪嫌疑人陈绪金突然死亡。警方称其系上厕所时摔倒猝死，后医院诊断其死于心肌梗死，尸检报告又鉴定其死于多种慢性病导致的"心、肺等多器官系统功能衰竭"。网友称其为"上厕所死"。

楼歪歪：2009年7月中旬的一场大雨后，四川成都"校园春天"小区原来距离就很近的两栋楼房居然微微倾斜，靠在了一起，人们形象地称它为"楼歪歪"。

何逛逛：是网友对一位甲型H1N1流感患者的称呼。他在美国期间的房东和一位室友曾出现流感样症状，2009年5月31日他返回北京后不仅未按要求进行自我居家观察，相反却多次乘坐公共交通工具，导致82名密切接触者需集中进行医学观察。

齐全哥：武汉科技大学一名大学新生，因报到时带了14箱行李而被戏称为"齐全哥"。

很明显，上述词媒体在传播一个客观事件的同时，也负载了明显的主观情绪，董暴雨表达了民众对某些官员欺上瞒下的不满，上厕所死表达了民众对公权机构混淆是非颠倒黑白的愤慨，楼歪歪表达了民众对房屋质量问题的担忧，何逛逛显示了对某些人社会公德缺失的鞭笞，齐全哥则表达了对因长辈溺爱从而导致大学生生活能力低下的担忧，这些词媒体无一例外地带上了负面评价的语义特征。

当然，有些词媒体也承载着正面语义特征，如，在暴雪中一直坚守在无盖下水井旁的"车坚强"，因救人而溺亡的"最美爷爷"，拾金不昧苦寻失主的"贩菜哥"，不容置疑，这些都充满了积极向上的正能量。然而，总体看来，负载负面评价意义的词媒体更常见，我们随机分析了259个词媒体，发现带负面评价意义的有190个，超过了73%。为何词媒体很容易带上负面评价意义呢？是不是因为社会上消极性的事情多于积极性的事情呢？其实最根本的原因是消极性事情更能引起民众的注意，更能刺激民众敏感的神经。

当代中国正处于社会转型时期，政治、经济、思想、文化等所有领域都发生了巨大的变化，社会的转型必然会导致诸多的问题和矛盾，比如，分配不均，贫富差距加大，官员腐败，政府某些部门不作为，企业唯利是图，个人诚信缺失，不同社会阶层价值观的冲突，社会上的不公平事件增多，等等，这些矛盾在短时间内很难调和。而民众心中理想的社会生活图景应该是政府以民为本，官员清正廉明，企业表里一致，民众品德高尚，生态环境优良，不同社会阶层和睦相处。尽管理想和现实还有很大的差距，但民众都抱有理想的生活理念，用上帝的目光在审视着世间的万事万物，一旦发现有消极性事件发生就会莫名地兴奋起来，从而对其进行加工提炼，很容易就产生了词媒体，因此带有负面评价意义的词媒体很容易吸引民众的眼球，也很容易传播开来。其中尤其是有关官员和某些政府部门的负面性行为更能刺激民众敏感的神经，因此这方面的词媒体尤其多。中国新闻网（北京）（2007年9月14日）报道：在2006年《小康》杂志组织的调查中，75.36%的网民评选政府官员为信用最差的群体，在2007年的调查中，这一比例已上升到80.3%的绝对多数。总之，带负面评价意义的词媒体大量存在凸显了转型时期存在的诸多社会问题。

四 词媒体的生成模式

词媒体用一个词记录一个社会事件。这个词是怎么被提炼出来的呢？一般都是根据事件的主要特征提炼出几个核心义素组合成一个新词语，其生成过程常见的有五种模式。

模式一：姓/名+特征。

在词媒体所记录的事件中一般都有一个关键性人物，正因为人物的非常规行为而导致事件被民众瞩目。事件中的重要语义成分有两个，一是人物本身，二是非常规行为，网民在构造词媒体词语时往往会提炼出重要语义成分中的核心语素，根据一定的语法语用规则组合成新词语。如"刘羚羊"：

事件：刘为强通过电脑合成《青藏铁路为野生动物开辟生命通道》的照片而获奖。

重要语义成分：人物［刘为强］+事件［电脑合成藏羚羊照片获奖］

选择核心语素：［刘］+［羚羊］

此模式的词媒体具体说来又包括四种形式：第一，姓+特征。即把当事人的姓和事件中的核心语素组成词媒体，如"董暴雨、周至尊、郭跳跳、姚抄抄、周老虎、刘羚羊、张飞鸽、朱抢抢、何逛逛、李染染、吕传传"等。第二，名+特征。即把当事人的名和事件中的核心语素组成词媒体，如"秋雨含泪、兆山羡鬼、久耕托市、正龙拍虎"。如果当事人有两个，就把两个名字与事件核心语素一起组合，如"锋菲恋"。第三，姓名+特征。即把当事人的姓名和事件总的核心语素组成词媒体，如"佘林祥案、赵作海案"等。第四，姓名。即直接用当事人的姓名或昵称构成一个词媒体，如"小悦悦、小月月"等。

模式二：特征+泛称。

此模式是用事件中的核心语素与一个泛称性成分构成，如西安一位老大爷在三轮车上挂上牌子"你酒驾，爷担忧"，整个事件最吸引人的核心语素就是"担忧"，事件中的人物是"老大爷"，所以网民就概括出了一个新词语"担忧爷"。泛称性成分主要是人物泛称，包括"哥、姐、弟、妹"等亲属称谓词，如"孔雀哥、冒死爷、齐全哥、微笑姐、犀利哥、犀利姐、戳车男、锦旗哥、表叔、表哥、暴走妈妈"等；也包括"男、女、帝"等非亲属的指人词，如"最美孕妇、最美新娘、练摊帝、抢车男"等；还包括非指人的一般性泛称，如"毒奶粉事件、饺子事件、7·24动车事故、上海踩踏事件、汉芯造假事件"等。

模式三：特征+门。

"门"是词媒体的一个重要的标志性成分，很多消极类词媒体都由事件的核心语素和"门"组合而成,如"解说门、泼墨门、淫媒门、艳照门、竞价门、结石门、高薪门、尘肺门、辐照门、鞠躬门、兽兽门、擦汗门、感谢门、跳楼门、紫砂门、检测门、电话门、资料门、泄露门、香烟门、国籍门、改龄门、房改门、假捐门、监视门、通缉门、吸费门、早熟门"等。

模式四:物+特征。有的词媒体所记录的不是某个人的行为,而是事物的某种情况,其构成词媒体的方式就是用事物词语加上特征性成分,如"车坚守、猪坚强、墙脆脆、桥裂裂、楼坚强"等,有时还使用谐音手段,仿拟现成的习语构成词媒体,如表示物价飞涨的"蒜你狠、豆你玩、煤超疯、棉花掌、苹什么、糖高宗"等。

模式五:特征。

即直接用特征性词语作为词媒体传播。在这些事件中行为主体往往很难确定某个具体的人物,如"临时性强奸、冲凉死、盖被死、发狂死、上厕所死、洗脸死、梦游死"等,这些词媒体所谴责是公权部门的不作为或滥施刑罚,但具体是哪个人很难确定,所以直接用特征性词语作为词媒体。

上述五种是词媒体构造的主要模式,其实词媒体的构成非常复杂,远非这五种模式所能概括得了的。有时,还可以在一个事件或同一人物中提炼出多个词媒体。如:

事例一:"周老虎"和"正龙拍虎"
事件回放:2007年陕西农民周正龙声称拍摄到华南虎,后证明照片来自年画。
重要语义成分:人物[周正龙]+事件[拍摄假华南虎]
核心语素:[周]+[正龙]+[拍摄]+[华南虎]
构成词媒体:"周老虎""正龙拍虎"
事例二:"周至尊"和"久耕托市"。
事件回放:2008年12月10日,南京江宁区房产局局长周久耕抛出"对于开发商低于成本价销售楼盘,下一步将和物价部门一起进行查处"的言论,引发网友对其展开人肉搜索,被晒出其抽的烟是1500元一条的"南京"牌"九五至尊",引发舆论一片哗然,最终丢官并被判刑。

重要语义成分：人物［周久耕］+事件［托住楼市价格，抽九五至尊高档烟］

核心语素：［周］+［久耕］+［托市］+［至尊烟］

构成词媒体："周至尊""久耕托市"

词媒体在生成过程中除了要提取核心语素进行糅合之外，还会受到汉语已有词语的影响。在上述事例一中，产生了两个词媒体词语"周老虎"和"正龙拍虎"，前者是仿拟汉语三音节人名而生成的，后者是仿拟汉语四音节成语而生成的，这是同一人物同一事件，但从不同视角而生成的词媒体；事例二的两个词媒体词语是针对同一人物的不同事件，周久耕涉及的敏感事件不仅仅是违反民意要托住楼市，而且还抽超出了其合法收入水平的高档香烟，以前者为基础生成"久耕托市"，以后者为基础生成"周至尊"。

词媒体是网络时代快捷传播的一种方式。每一个词媒体背后都有一个故事，都是一道特别的社会风景。词媒体的大量出现反映了当代语言生活生机勃勃，民众思想得到极大解放，创造力空前活跃。探究词媒体的形成及传播规律可以了解当代社会丰富多彩的生活特征。

第三节　新词语的调侃效能

新词语记录新的事物现象或思想观念，是社会生活的真实反映。在当代思想解放、观念多元、民众情绪无限释放的网络时代，很多新词语带上了明显的调侃色彩。语言调侃一直存在于人们的日常生活中，它是生活的调味剂，为单调的世俗生活增添了趣味的佐料，但是，调侃词语的大量出现并形成一种语言潮流则与特定的社会环境有关。王海燕（1992）认为，在 80 年代末 90 年代初，调侃成为一种普遍性的社会语调，文学作品、流行歌曲、电视剧、相声小品等纷纷大量使用调侃语言，这是因为人们进入了大潮之后的舒缓、平稳，物质生活相对充盈，自我情感领域更加自由，调侃情绪应时而生。

进入 21 世纪以来，一方面，人们的物质生活更加富裕，精神追求越来越高，在关注自身的同时，也越来越多地关注他人的生存状态，关注社会公平公正；另一方面，在社会体制深化改革的过程中又出现了诸多新的社会问题。这些新的社会因素为调侃语体的进一步发展创造了条件；再有，随着思想认识和文化水平的提高，民众不再用极端的手段来解决问题，而是慢慢地习惯于用一种嘲弄戏谑的口吻表达对某些现象的看法，特别是随着网络的普及，调侃语的传播更加方便快捷。

一 新词语的调侃性

调侃指用言语戏弄或嘲笑。近年来的新词语中出现了一批搭配新奇、风格幽默、表义独特甚至出人意料的词语，它们在表达风格上具有明显的调侃性。比如"煤超疯"是仿拟武侠小说人物"梅超风"造出的新词语，表达了对煤炭价格疯狂上涨的调侃；"楼脆脆"搭配新奇，表达上生动形象，是对房屋质量差的调侃；"十面霾伏"是仿拟"十面埋伏"造出的新词语，生动形象地调侃了空气质量的低劣。这些调侃性新词语最初大都产生于网络，或来源于社会事件但借助网络传播，然而它们在使用过程中慢慢地不再局限于网络，也大量出现在各种比较轻松随意的日常交际场合。这些新词语的调侃对象范围很广，大至国际民生，小至生活琐事。比如"被慈善、被代表、被当爸、被复出、被富裕、被高速、被股东、被冠军、被就业、被捐款、被留学、被满意、被民意、被全勤、被山寨、被上市、被时代、被死亡、被网瘾、被小康、被医保、被增长、被自杀、被自愿"等"被××"结构就对社会生活的方方面面进行了淋漓尽致的调侃。

调侃性新词语的表现方式多种多样，有的使用某种修辞格，使平常的内容获得强烈的表达效果；有的进行超常规的语法组合，获得视觉的新鲜感；有的内容平实直率，但一语中的，指出了问题的本质，使人难忘。如：

（1）火箭蛋：仿拟"火箭弹"，调侃鸡蛋价格猛涨的状况。

（2）副科病：仿拟"妇科病"，调侃部分副科级干部长时间不能晋升的现象。

（3）小鲜肉：对情感善良单纯、长相俊朗美丽、身材挺拔苗条的年轻男女的戏称。

（4）冷无缺："冷漠、无理想、缺乏信仰"等近义词语的反复叠加从而产生奇特的夸张效果，用于调侃某些网民的精神状态。

（5）矮穷矬：对身材不高、家庭贫困、长相平平的男性的谑称。

（6）甜素纯：对长相甜美、外形素雅、内心纯洁的女性的谑称。

（7）眼花法官：河南陕县人民法院审判员水涛解释其明显错判的一起刑事案件，说是由于"眼花"的缘故，由此被网友戏称为"眼花法官"，这是对某些官员办事不公的调侃。

（8）人民罚单：对市民给违章停车的公车、执法车等贴的类似交通违章罚单的手写纸条的戏称。

上边例句都是近年流行的调侃性新词语，其产生调侃的方式各不相同。例（1）（2）是通过仿拟已有词语达到调侃效果，例（3）用比喻的方式造出新词语，产生幽默搞笑效果，例（4）（5）（6）是特别组合达到调侃效果，例（7）（8）用简单的词语调侃了某些社会现象的本质。

调侃性新词语的大量出现是特定时代的产物，我们认为有三个重要的前提：第一，人们的物质生活丰富了，有了调侃的心情；第二，社会制度还有诸多不完善之处，消极社会现象比比皆是，有了调侃的对象；第三，国民整体文化素质提高，思想空前活跃，对语言灵活运用的能力增强，使调侃语的大量出现最终成为现实。

二 调侃性新词语的特点

调侃性新词语的语义内容包罗万象，其表现特点也有很多，其中有两个最基本的特点。

（一）模仿性强适应范围广

调侃性新词语的来源，有的和一定的社会事件或社会现象有关，有的是某位网民灵光闪现突发奇想的结果，应该说产生过程具有一定的偶然性，但这些调侃性词语因其特色鲜明而为网民所接受并广为流传，而且在流传过程中形成了一种固定的话语模式，这种话语模式具有较强的模仿性，能根据语境条件产生大量的相关调侃性词语，适应范围很广。如：

（1）裸捐→裸奔（指汽车不挂牌照）、裸官、裸退、裸价、裸考、裸博

（2）蒜你狠→豆你玩、腐不起、鸽你肉、姜你军、苹什么、虾死你、油你涨、煤超疯、糖高宗、糖玄宗、棉花掌

(3) 中国式过马路→中国式到此一游、中国式求人、中国式剩宴、中国式装腔、中国式逼婚、中国式交通、中国式接送、中国式买房

(4) 范跑跑→郭跳跳、何逛逛、黄贩贩、李染染、姚抄抄、朱抢枪、吕传传

(5) 楼脆脆→楼晃晃、楼薄薄、楼挤挤、墙脆脆、塔断断、屋漏漏、桥糊糊

上例（1）由"裸"构成的具有调侃意义的较早的词应该是"裸捐"，人民网2003年4月1日就相声演员牛群的捐赠问题发表文章《"裸捐"还是"洗钱"，牛群"空手套现"三千万》，此后"裸官、裸退"等相关调侃语大量产生，都是模仿"裸捐"而来的。例（2）"蒜你狠"的出现缘于物价上涨，2010年中国农产品价格大幅上涨，大蒜疯长百倍，价格超过肉和鸡蛋，有网民把惯用语"算你狠"中的"算"利用谐音替换掉，从而造出了"蒜你狠"，调侃意味十足，广为流传并迅速被模仿，从而"豆你玩、姜你军"等相关调侃性新词语大量出现。例（3）自从出现"中国式过马路"之后，不断出现各种"中国式XX"，这是对某些人做事风格做事方式的一种调侃。例（4）的"范跑跑"是对汶川地震中不管学生而独自逃生的教师范美忠的调侃，之后此类调侃性新词语大量出现。例（5）"楼脆脆"是网友对上海某在建楼房整体倒塌的调侃，之后相关调侃性新词语大量出现。

（二）对事件或现象背景的依赖性强

调侃性新词语在使用中大多以孤立的词、短语或句子出现，基本上没有上下文语境，所以其调侃语义的存在往往依托一定的社会事件或现实现象，或者说广义的社会语境，而不是狭义的上下文语境。如果不了解这些特定的社会事件或某些现实现象，就没办法理解其调侃语义。如：

(1) 一个非常艰难的决定。
(2) 打酱油的。
(3) 季挖挖、李拆城、扒市长。
(4) 被就业、被增长、被代表、被小康、被开心。

第五章　新词语的社会效应　179

　　上述例子，如果不了解相关事件的背景，根本就没办法理解这些词语的调侃语义。例（1）来源于QQ与360之间的一场"3Q大战"，2010年11月3日晚，腾讯发布公告，在装有360软件的电脑上停止运行QQ软件，并说做出了"一个非常艰难的决定"，很明显，商家之间的竞争网民却成了受害者，无奈之下，网友只能把腾讯的公开信作为调侃对象，并不断仿造，由此"腾讯体"出现。例（2）来源于陈冠希艳照门事件中的一个受访市民的神回复，之后"打酱油的"就是调侃自己与某事无关或不关心某事。例（3）分别调侃南京市长季建业、成都市长李春城、安徽六安市长倪发科在城市建设中乱挖乱建的行为。例（4）每一个"被××"都是对一种不正常社会现象的调侃。

三　调侃性新词语的生成

　　调侃性新词语的生成方式与两方面因素有关系，一方面是依托特定社会事件，另一方面是借助一定语言手段，可能是二者综合起来生成新词语，也可能依据某一方面生成新词语。

（一）依托特定社会事件生成调侃性新词语

第一，从特定事件中提炼。

社会生活中每天都在发生各种各样的事情，有些事因为影响较大或特色鲜明，网友对该事件进行概括提炼，造出调侃性新词语。如：

　　（1）表哥：对拥有多款名表的陕西省安监局局长杨达才的戏称。
　　（2）房叔：对拥有20多套房产的广州城市管理综合执法局番禺分局政委蔡彬的戏称。
　　（3）楼粉粉：合肥某楼盘承重隔离板遇水可捏成粉，遂遭网友调侃。
　　（4）盖被死：广东某男子在看守所内突然死亡，警方通报死因时说是被棉被闷死的，遂遭网友调侃。
　　（5）××就是任性：一位老人被骗几十万但没有报警，声称还想看看对方再怎么骗自己，有网络调侃说"有钱就是任性"，之后"任性体"很火，"长得帅就是任性""成绩好就是任性""年轻就是任性""有订单就是任性"等。
　　（6）担忧爷：西安一位老人在自己三轮车后面贴上"你酒驾，

爷担忧"的标语，提醒司机不要酒后驾车，被网友戏称为"担忧爷"。

上述调侃性新词语都和一个特定事件相关联，是网友对特定事件概括归纳的结果。

第二，对特定话语的放大。

有的调侃性新词语来源于社会公共事件或公众人物的某些言论，这些言论有的产生了极坏的社会影响，有的则获得了大众的共鸣，网民把这些言论进行无限的放大、强调，或者进行加工改造，反复使用在各种语境中，从而取得放大镜甚至哈哈镜一样的幽默调侃效果。如：

（1）我爸是李刚。
→恨爹不成"刚"。
→有一种爸爸叫李刚。
→不是所有的爸爸都叫李刚。
（2）起码××。
→起码是个官。
→起码转发了。
→起码还活着。
（3）且行且珍惜。
→吃饭虽易，减肥不易，且行且珍惜。
→失业虽易，就业不易，且行且珍惜。
→看博虽易，发博不易，且行且珍惜。

例（1）"我爸是李刚"源自一起车祸事件，在河北大学新校区内两名女生被撞飞后，肇事者口出狂言"有本事你们告去，我爸是李刚"（李刚是河北保定某公安分局副局长），此事引起了网民的极大愤慨，后来"我爸是李刚"这句话被网民大量使用，不断强化，表达对权势的愤怒和嘲讽，再后来，网民不断对这句话进行加工改造，无限放大其使用范围，愤怒的情感也慢慢减少，而调侃戏谑之趣越来越浓。例（2），广西梧州桂江一桥整修1年后重新开通，桥面却出现许多裂缝，梧州市政管理局局长梁冰对此作出解释："我们政府是有责任心的政府，宁愿先通车，通车虽然路难走点，质量差点，但是起码通车了。"此话后来被网友不断调侃并大量造句，形成调侃性很强的"起码体"。例（3），马伊琍在其丈夫文章出轨后的微博留言有一句话"恋爱虽易，婚姻不易，且行且珍惜"，网友感同身受，从而大量仿造，形成"且行且珍惜体"。

（二）利用一定语言手段生成调侃性新词语

调侃性新词语的生成除了依托特定社会事件之外，还依赖于一定的语言手段。生成调侃性新词语的语言手段很多，主要手段有如下几方面。

第一，语法上的陌生化搭配。

在长期的语言使用过程中，人们心中往往会形成一些习惯性的语法搭配方式，这些习惯性的搭配因经常使用而不会有任何新鲜感。调侃性话语往往突破这些习惯，制造一些新奇陌生的搭配，吸引人的眼球，从而产生调侃的表达效果。如：

（1）也许似乎大概是，然而未必不见得，羡慕嫉妒恨
（2）很黄很暴力，很空很期待，很绿很惨痛
（3）被当爸，被股东，被民意，被死亡，被富裕，被网瘾

现代汉语中很少出现（1）这样的三个语义相近的同类词连用的情况，也很少出现（2）这样的"很 X 很 Y"的情况，（3）这样的"被"字结构也是传统汉语中没有的，这些搭配都突破了语法上的常规和习惯，给人新奇陌生感，从而产生幽默调侃的效果。

有时甚至还通过无厘头的缩略，造出完全不符合汉语基本规则的新词语，但其调侃意味却十足，深得年轻人喜欢。如：

（1）普大喜奔："普天同庆、大快人心、喜闻乐见、奔走相告"的缩略。
（2）人艰不拆："人生已经如此艰难，有些事情就不要拆穿"的缩略。
（3）十动然拒："十分感动然而拒绝"的缩略。
（4）不明觉厉："虽然不明白具体内容，但感觉很厉害的样子"的缩略。
（5）我伙呆："我和我的小伙伴们都惊呆了"的缩略。

（6）然并卵："然而并没有什么卵用"的缩略。

第二，巧妙使用仿拟生成新词语。

仿拟是仿照已有的语言格式生成新的类似结构，这是生成调侃性新词语的重要手段。既包括语音相同、相近的音仿，也包括语义相同、相关、相对的义仿。如：

（1）葱击波、羊贵妃、腐不起：仿"冲击波、杨贵妃、付不起"，调侃物价上涨。
（2）足囚协会：仿"足球协会"，调侃足协多名高官落马。
（3）爱资病：仿"艾滋病"，调侃性说法。
（4）欺实马：仿"70码"，警方公布杭州富家子弟胡斌飙车撞死浙大学生谭卓一案调查结果时说"事发时车速为70码"，网友很不满，从而造出的新词语，有较强调侃意义。
（5）坟地产：仿"房地产"，调侃哄抬墓地价格的行为。
（6）家庭妇男：仿"家庭妇女"，调侃性说法。
（7）金拐奖：仿"金鸡奖"，由IT行业记者投票选举的一个奖项，授予年度中国电信、科技、传媒行业中最具欺骗性的人物或事件，命名灵感源自小品《卖拐》，调侃性较强。
（8）一国两气：仿"一国两制"，对大陆与港澳地区实行不同的空气监测制度的戏谑说法。

上例（1）—（4）都是通过音仿而生成的新词语，例（5）—（8）则都是通过义仿生成的新词语，它们都带有较明显的调侃性。

第三，通过比喻生成调侃性新词语。

利用比喻修辞格造出新词语，表达对某些人或事的调侃。如：

（1）虎爸、虎妈、狼爸、鹰妈。
（2）猫爸、猫妈、羊妈、羊爸。
（3）僵尸车、僵尸公司、僵尸股、僵尸儿童、僵尸议员、僵尸用户。
（4）备胎、韭菜姑娘、白菜货。

(5) 钓鱼执法、养鱼执法。

上述新词语都是通过比喻的手法生成的，例（1）调侃对小孩非常严厉的父母，例（2）调侃对小孩管理比较宽松的父母，例（3）的"僵尸"是对活跃程度比较低的调侃，例（4）"备胎"是对备用人选的调侃，"韭菜姑娘"是对经验不足经常亏损却执迷不悟屡赔屡战的女股民的调侃，"白菜货"是对制作成本低的商品的调侃，例（5）是对某些部门非法执法的调侃。

通过修辞格生成调侃性新词语还有其他方式，比如，"打工帝、房祖宗"等是以夸张的方式造出的新词语，"抗日神剧、抗战神剧"等是以反讽的方式造出的新词语，"换草、奶瓶男"是借代的方式造出的新词语，都具有明显的调侃性。

总之，调侃性新词语在今天产生速度非常快，流行范围非常广，成为了一种非常受欢迎的社会方言。一方面是因为调侃话语在当今生活节奏快、竞争激烈的社会环境中能够有效地自娱自乐，发泄情绪，表达观点；另一方面也反映了国人的心态变得越来越健康成熟，能够用一种宽容甚至调侃的心态对待各种新生事物或一些消极的社会现象。

第四节　新词语的社会知晓

在当代语言生活中，各种新词语、流行词语层出不穷，让人应接不暇，但是很多新词语如昙花一现，稍纵即逝，还没有被受众接受熟悉甚至了解就已经淹没在词汇的汪洋大海中了。这些新词语的社会知晓情况如何呢？这是本节要讨论的问题。新词语的社会知晓情况从广义上看涉及两个维度：一是个人知晓情况，即某个人是否在传统媒体、网络媒体或现实生活中看过或听过某个或某些新词语（谢俊英，2001）；二是大众知晓情况，即某个或某些新词语被多大范围内的民众所熟悉了解。一般讨论社会知晓情况是通过对个人知晓情况的调查来获取大众知晓信息。本节将以2006年度新词语和2010年度流行词语为例调查新词语的社会知晓情况。

一 新词语的社会知晓度

自 2006 年以来，国家语委每年都在教育部网站上公布当年的新词语，这是权威性比较高的年度新词语。这些新词语中有很多成员随着时间的流逝已经逐渐淡出了民众的视野。为了解年度新词语时隔多年之后到底还被多少人知晓，我们于 2011 年上半年以问卷调查的方式调查了 2006 年度新词语的社会知晓度。调查设计及数据分析如下：

（一）调查基本情况介绍

本调查问卷主要调查大众对 2006 年度新词语的了解和熟悉程度。国家语委公布的 2006 年新词语共 171 个，我们全部调查，具体词目如下：

八荣八耻、白奴、白托、白银书、半糖夫妻、抱抱团、抱抱装、奔奔族、笔替、博斗、博客话剧、博文、草根网民、车奴、成考移民、城市依赖症、村证房、大肚子经济、倒扁、盗版党、等额配比基金、电话门、电子环保亭、吊瓶族、丁宠家庭、动能车、冻容、独二代、断背、*EMBA、2 时歇业令、二奶专家、法商、返券黄牛、饭替、房魔、房奴、飞鱼族、废统、沸腾可乐、分手代理、福利腐败、福寿螺患者、复古学堂、感恩红包、高薪跳蚤、搞怪、公司驻虫、谷歌、骨性、国际高考移民、国六条、国十条、海缆断网、海绵路、海啸音、寒促、汉芯造假事件、汉语托业、合吃族、红楼选秀、红衫军、换客、灰色技能、回购地、会议大使、婚嫁大年、急婚族、监控门、江选、奖骚扰、交强险、脚环鸡、节奴、解说门、禁电、掘客、卡神、考霸、科研包工头、啃椅族、*空调、骷髅门、赖校族、乐活族、梨花体、李娅空翻、两会博客、垄奴、绿色产房、裸考、裸替、M 型社会、慢活族、美丽垃圾、迷卡、蜜月保姆、秒杀、明星枪手、墓产经济、墓奴、年后饭、暖巢管家、诺亚规则、跑酷、陪拼族、捧车族、拼卡、拼客、7 时代、擒人节、轻熟女、穷人跑、求学房、群租、让票区、人球、入户育婴师、润滑经济、三失、三手病、三限房、三支一扶、*晒、晒客、上海社保基金案、剩女、十五细则、世宗、试药族、手机幻听症、手机手、熟年、睡眠博客、她经济、痛快吧、图书漂移、土腐败、囤房捂盘、网络晒衣族、威客、微笑北京、微笑圈、文化低保、文替、巫毒娃娃、捂盘惜售、新明星学者、新中间阶层、熊猫烧香、炫富、学术超男、学业预警、压洲、洋腐败、洋漂族、医闹、医诉、移动商街、印客、游贿、游戏手、砸票、择校税、证奴、职粉、终统、众包、住房痛苦指数、装嫩族、作弊克

调查的问题就两个：（1）"您是否听过或见过这个词"，选项是"是"和"没有"；（2）"您是否知道这个词的含义"，选项是"知道""可以猜出""不知道"。由于数据量比较大，最后统计时只统计了第一个问题的情况，即知晓度情况。

调查对象个人信息包括六方面：（1）性别；（2）年龄；（3）受教育程度；（4）工作性质；（5）是否经常上网；（6）是否经常在网上聊天。

调查方式。本调查是采用电子邮件的形式进行。因为调查的词语比较多，如果展开社会田野调查的话，被调查人可能因为耗时较多而不愿配合，所以我们主要是通过电子邮件在熟人之间展开调查，也借助了本专业研究生的力量，请他们协助在同学朋友之间展开调查。也正因此，本项调查对象的文化水平一般都比较高，至少大学以上学历。

本次调查共收到177份有效反馈问卷。尽管我们在设计调查对象个人信息时涉及多方面情况，但在统计时发现，对新词语知晓度影响较大的主要是职业，所以我们最后的统计主要是以职业为依据进行分类统计，不再考虑性别、年龄、受教育程度等因素。各种职业的问卷情况如下：在读大学生68人，公务员21人，公司白领27人，大学教师18人，中学教师37人，记者编辑及其他文化工作者6人。

（二）调查数据分析

调查问卷的数据分析我们采用赋值定性的方法。如某个人对某个流行语的知晓度调查分析：调查的问题"知道"和"不知道"，分别赋值为1分、0分，总共是171个新词语，如果某位被调查人熟悉所有的新词语则得分171分，如果熟悉50个新词语则得分50分，只要将某问卷得分再除以171，得到的折合得分即为知晓度的衡量标准，其数值介于0—1之间。某个被调查人如果熟悉所有新词语，将折合得1分；如果一个新词语都不知道，将折合得0分。折合得分高者就是知晓度高；折合得分低者则是知晓度低。如果把总共177份问卷的得分之和再除以177×171的乘积就得到总的知晓度。我们把所有的调查结果都输入数据库，然后使用柱形图显示

调查结果。具体的调查及分析结果如下:

第一,新词语的社会知晓度整体上并不高,只有 0.249。

图 5-4-1 是新词语的整体社会知晓情况。每一条柱形线代表一位被调查者,柱形线的高度所对应的数据代表被调查者所熟悉或了解的新词语的数量,一共 177 条柱形线代表 177 位被调查者。比如,图 5-4-1 中最高的柱形对应左边的数据是 147,表示在 171 个新词语中该被调查者熟悉或了解 147 个。

从图 5-4-1 可以看出,绝大多数人所了解的新词语数量在 60 个以下,还有一小部分人了解新词语的数量在 60 个到 80 个之间,了解超过 80 个新词语的被调查者很少,只有 7 人。具体知晓度计算情况如下:

总共 177 份问卷总得分:7540 分。

问卷总分:177×171=30267 分。

整体知晓度:7540÷30267=0.249。

基本结论:新词语的社会知晓度整体上并不高,只有 0.249。

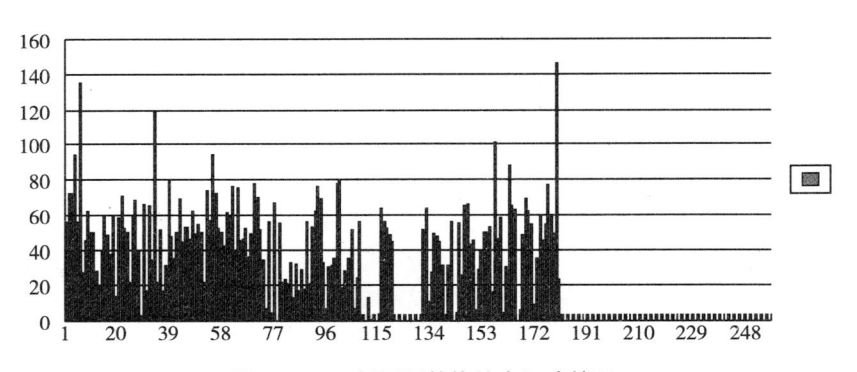

图 5-4-1 新词语整体社会知晓情况

第二,公务员对新词语的知晓度略低于平均数,只有 0.212。

本次调查的公务员共 21 人,从柱形图 5-4-2 可以看出,公务员对新词语的了解熟悉情况并不太好,只有 3 个人超过 60 分,大部分都在 30 分左右。具体知晓度计算情况如下:

总共 21 份问卷总得分:761 分。

问卷总分:21×171=3591 分。

知晓度:761÷3591=0.212。

基本结论:公务员对新词语的知晓度比较低,只有 0.212。

第三,公司白领对新词语的知晓情况也不太理想,其知晓度只

第五章 新词语的社会效应

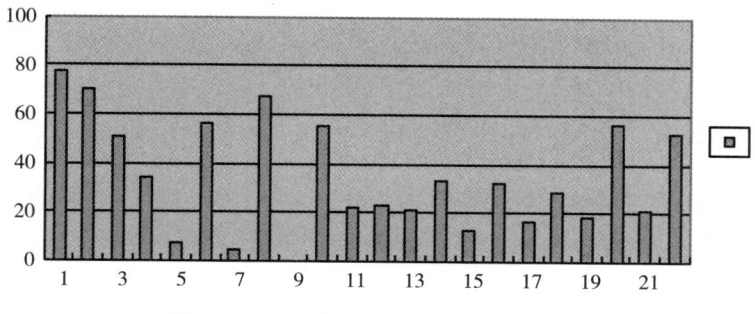

图 5-4-2 公务员对新词语的知晓情况

有 0.250。

本次调查的公司企业白领共 27 人，从柱形图 5-4-3 可以看出，公司白领对新词语也不熟悉，其知晓度与全体调查对象的平均知晓度基本持平，但比公务员的情况要好，超过 60 分的有 7 人，而且大部分人得分都在 40 分、50 分左右。具体知晓度计算情况如下：

总共 27 份问卷总得分：1153 分。

问卷总分：27×171＝4617 分。

知晓度：1153÷4617＝0.250。

基本结论：公司企业白领对新词语的知晓度并不高，只有 0.250。

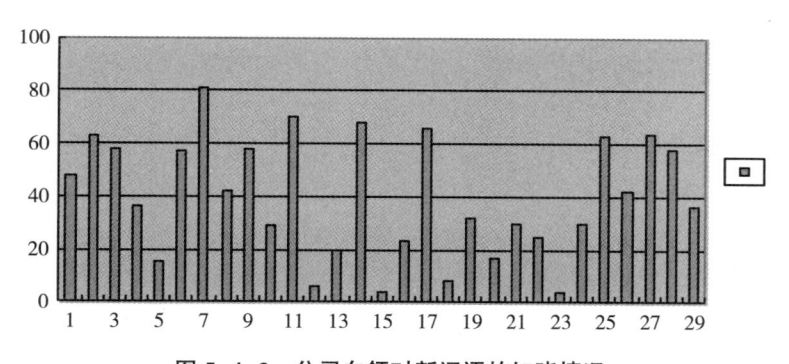

图 5-4-3 公司白领对新词语的知晓情况

第四，大学教师对新词语的知晓情况也不太理想，其知晓度只有 0.238。

本次调查的大学教师共 18 人，从柱形图 5-4-4 可以看出，大学教师对新词语的了解熟悉情况也不太好，其知晓度比公务员还要低，只有 2 人超过 60 分，有 3 人得分竟然只有 10 分左右。具体知晓度计算情况如下：

总共 18 份问卷总得分：731 分。

问卷总分：18×171=3078 分。

知晓度：731÷3078=0.238。

基本结论：大学教师对新词语的知晓度并不高，只有 0.238。

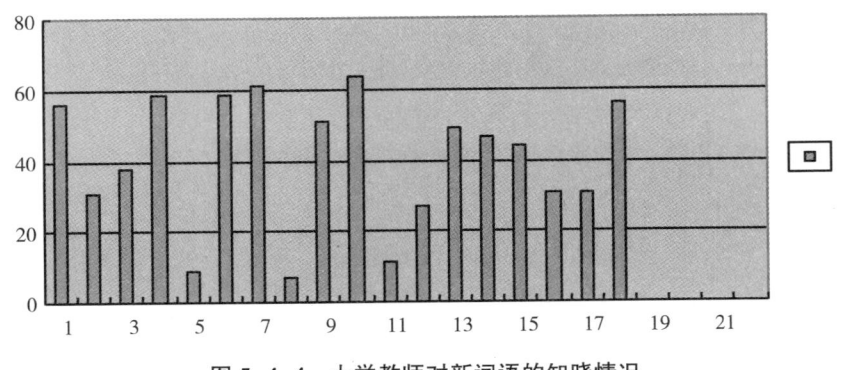

图 5-4-4　大学教师对新词语的知晓情况

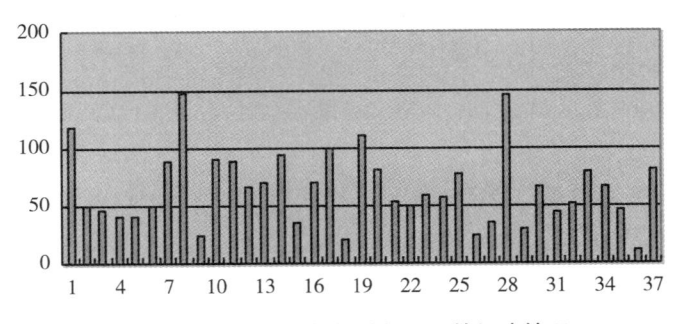

第五，中小学教师对新词语的知晓度明显高于平均数，有 0.382。

本次调查的中小学教师共 37 人，从柱形图 5-4-5 可以看出，中小学教师对新词语的了解熟悉情况明显好于平均情况，有 12 人超过 80 分，大部分人都在 40 分以上。具体知晓度计算情况如下：

总共 37 份问卷总得分：2419 分。

问卷总分：37×171=6327 分。

知晓度：2419÷3078=0.382。

基本结论：中小学教师对新词语的知晓度相对较高，有 0.382。

图 5-4-5　中小学教师对新词语的知晓情况

第六，在读大学生对新词语的知晓度略高于平均水平，有 0.314。

本次调查的大学生共 68 人，从柱形图 5-4-6 可以看出，在读大学生对新词语的了解熟悉情况比平均情况要好，但低于中小学教师。具体知晓度计算情况如下：

总共 68 份问卷总得分：3648 分。

问卷总分：68×171＝11628 分。

知晓度：3648÷11628＝0.314。

基本结论：在读大学生对新词语的知晓度相对要高一点，有 0.314。

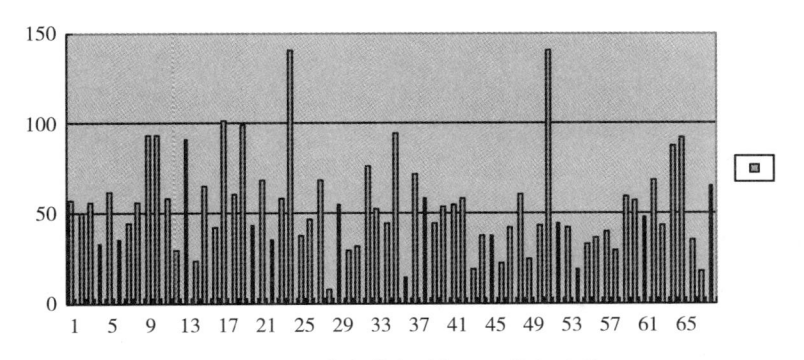

图 5-4-6　在读大学生对新词语的知晓情况

第七，记者编辑及其他文化工作者对新词语的知晓度最高，有 0.403。

本次调查的记者编辑及其他文化工作者共 6 人，从柱形图 5-4-7 可以看出，记者编辑及其他文化工作者对新词语的了解熟悉情况最好。具体知晓度计算情况如下：

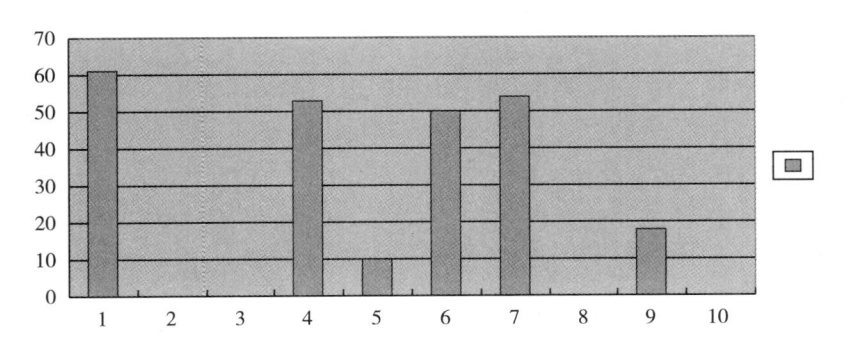

图 5-4-7　记者编辑及其他文化工作者对新词语的知晓情况

总共 6 份问卷总得分：413 分。

问卷总分：6×171=1026 分。

知晓度：413÷1026=0.403。

基本结论：记者编辑及其他文化工作者对新词语的知晓度最高，有 0.403。

总的看来，2006 年的新词语，在时隔 5 年之后，民众对这些词语并不熟悉，其社会知晓度比较低，只有 0.249。可见绝大多数新词语并没有被民众熟识，所以时隔多年后自然被遗忘了，其实有的新词语可能在其产生之初就没有被民众了解。职业是影响新词语知晓度的重要因素，不同职业的人对新词语的知晓情况有差异：记者编辑等新闻传播工作者对新词语最熟悉，这应该和他们的职业有关系，他们要跟踪社会热点，所以对新词语自然最熟悉；其次比较熟悉的是中小学老师和在校大学生；对新词语最不熟悉的是公司白领和公务员，这些人所从事的工作一般都是常规性的，一般较少关注新的语言变化，所以对新词语不太熟悉。

二 流行语的社会知晓度

在新词语中，最受关注、影响也最大的是流行语，因为流行语反映的是社会的流行信号，是媒体关注的焦点，其传播更快更广，也自然更为民众所熟悉。为了解流行语的社会知晓情况，我们展开了相关社会调查。调查的内容是"2010 年度中国媒体十大流行语"，具体调查设计及调查结果情况如下：

（一）调查基本情况介绍

本次调查的"2010 年度中国媒体十大流行语"是国家语言资源监测与研究中心联合几家单位于 2010 年 12 月 30 日发布的，分为 10 个常规类别和 5 个专题，10 个常规类别包括综合类、国内时政类、国际时政类、经济类、科技类、教育类、文化类、娱乐类、体育类、社会生活类；5 个专题包括世博专题、楼市专题、环保专题、灾害专题、社会问题专题。每一类都包括 10 个流行语，15 类合在一起一共 150 个流行语。考虑到调查的可行性，我们选择 30% 的词语进行问卷调查，每一类选取 3 个词语，共 45 个词语作为调查对象。选词以随机抽样为主，进行适当的主观干预，即每一类别 10 个词语中按公布的自然顺序抽取第 2、5、8 位的词，其中有少数词语根据经验有所更换，这样做的目的是保证调查的可靠性。具体词目如下：

南非世界杯、团购、腾讯与360、矿难、亚残运会、给力、节能减排、人民币升值、低碳、绿色发展、犀利哥、清洁能源、踩踏、校园安全、慈善晚宴、中国达人、房产税、国考、富士康、高铁、章鱼哥、菲律宾人质、海宝、麻疹疫苗、保障房、火山灰、裸捐、世博护照、问题疫苗、执行力、空巢老人、胶囊公寓、学历姐、方舟子、珠海航展、驻京办、去执行化、生命阳光馆、股指期货、菅直人、空天飞机、公共服务均等化、三网融合、二次探底、柠檬水起义

本次调查在2011年上半年进行，调查的对象全部是江西师范大学的在校大学生。由上边新词语的调查可知，大学生对新词语的知晓情况在知识阶层中不是最好的，也不是最差的，处于居中状态，因此具有一定的代表性。

本项调查主要以问卷的形式进行。问卷主要内容涉及三方面：（1）被调查者的基本情况，包括性别、年级、专业、上网情况、阅读报刊情况等；（2）大学生对流行语的知晓和理解情况，包括是否知道这些流行语以及对这些词语语义的了解情况；（3）大学生对流行语主动认知情况调查，包括获知流行语的渠道和主动性。

此次调查共发放问卷300份，回收297份，其中287份为有效问卷，有效率为95.67%。为了研究的有效性，我们在发放问卷时考虑了不同专业、不同年级、不同性别的均衡情况。我们把调查对象分成三个大的专业类型，即文史哲类、理工类、音体美等艺术类，每个类型100份，每个类型又分成四个年级，每个年级25份，每个年级又根据性别分成两类，男女各12份或13份。最后得到不同类型人群的有效问卷情况见表5-4-1：

表5-4-1

人群特征 问卷数量	性别		专业			年级			
	男生	女生	文史	理工	艺术	大一	大二	大三	大四
287	149	138	99	96	92	71	68	75	73

（二）调查数据分析

调查问卷的数据分析仍然采用赋值定性的方法。知晓度设两个选项："知道"和"不知道"，分别赋值为1分、0分；理解度设三个选项："知道"，"可以猜出"，"不知道"，分别赋值1分、0.5分、0分。下边是具

体的数据统计结果：

1. 大学生对流行语的整体知晓度较高

表 5-4-2 的数据显示，大学生对 2010 年中国媒体十大流行语比较熟悉，熟悉程度达到了 0.745。从各变量情况来看，男生得分比女生稍高，说明男生更加关注新事物，更加熟悉流行语；从年级来看，大四学生对流行语的知晓度最高，这可能是因为大四学生接触社会更多，比较多地关注各种社会新闻信息，所以对流行语更加熟悉；从学科来看，艺术类稍微高一点，这可能是因为艺术专业的学生参与社会实践的机会更多，还有艺术类的专业性质也和流行元素有关系，所以对流行语相对更加熟悉。

表 5-4-2　大学生对 "2010 年中国媒体十大流行语" 的知晓度

整体知晓度	各项变量的知晓度								
	性别		年级				专业		
	男	女	大一	大二	大三	大四	文科	理科	艺术
0.745	0.764	0.724	0.732	0.734	0.721	0.792	0.736	0.746	0.762

2. 大学生对各类流行语的知晓情况有差异

表 5-4-3 的数据显示，大学生对 15 类流行语的熟悉情况并不一样。大学生最熟悉的流行语依次是环保类、综合类、体育类、社会生活类、灾害类。排名最靠后的依次是科技类、国际时政类、经济类、国内时政类。各类流行语的知晓情况差别还很大，最高的环保类得分 829 分，知晓度达 0.963；最低的科技类得分只有 339 分，知晓度只有 0.394。从得分差别可以看出，由于生活圈子的狭小、生活方式的简单、生活环境的安定，大学生不怎么关注国际和国内时政，正所谓 "两耳不闻窗外事，一心只读圣贤书"，所以对时政类和经济类流行语并不熟悉。而科技类流行语如 "三网融合"、经济类流行语如 "二次探底" 等因为专业领域性太强、离学生生活较远，所以大学生对其了解相对较少。相反，综合类如 "给力" 是时尚和流行的标志，作为时尚文化主体的大学生自然对其非常熟悉；体育类则是大学生在日常生活中非常关注的问题，所以很熟悉；对环保类、社会生活类和灾害类流行语的熟悉说明大学生尽管不关心时政，但非常关心社会生活、关心民生疾苦。有一点值得说明，环保类流行语得分之所以高居榜首与我们的省情、校情有关系，近年来，江西施行绿色崛起的经济发展模式，其提出的 "鄱阳湖生态经济区规划" 被国务院

批准正式上升为国家战略,而我校恰是这一战略的文化桥头堡,所以这两年学校开展了诸多有关环保的宣传活动,因此学生对环保类流行语自然非常熟悉。

表 5-4-3　　大学生"2010 年中国媒体十大流行语"不同类别的知晓情况

	得分、知晓情况 流行语类别	大一	大二	大三	大四	总得分	总知晓度
1	环保专题	207	198	217	207	829	0.963
2	综合类	193	187	216	213	809	0.940
3	体育类	188	187	210	209	794	0.922
4	社会生活类	198	184	211	198	791	0.919
5	灾害专题	200	183	192	196	771	0.895
6	娱乐类	155	173	188	177	693	0.805
7	文化类	169	163	155	177	664	0.771
8	楼市专题	169	154	160	178	661	0.768
9	教育类	155	149	173	176	623	0.724
10	社会问题专题	146	138	138	182	604	0.702
11	世博专题	130	127	144	153	554	0.643
12	国内时政类	117	123	119	146	505	0.587
13	经济类	102	122	131	134	489	0.570
14	国际时政类	100	88	102	121	411	0.477
15	科技类	85	67	68	119	339	0.394

3. 大学生对流行语的理解度略低于知晓度

所谓"理解度",即能否正确定义其词义或大致知道其含义。"知晓"和"理解"是两个不同层级的概念,知道某个词语的存在不等于理解其含义。比较表 5-4-4 和表 5-4-2 就可以看出,整体来说,大学生对流行语的理解度比知晓度低了大约 10 个百分点。从其他变量的差异来看,理解度的差异与知晓度的差异基本成正比,从性别来看男生对流行语的知晓度比女生稍高,其理解度也稍高;从年级来看大四学生对流行语的知晓度最高,其理解度也最高;从学科专业来看艺术类学生对流行语的知晓度最高，其理解度也最高。

表 5-4-4　大学生对"2010 年中国媒体十大流行语"的理解度

整体理解度	各项变量的理解度									
	性别		年级				专业		
	男	女	大一	大二	大三	大四	文科	理科	艺术
0.638	0.662	0.613	0.609	0.623	0.614	0.705	0.622	0.620	0.683

不同类别流行语的理解度和知晓度也大体相当。对比表 5-4-5 和表 5-4-3 可以发现，不同类别流行语的理解度和知晓度的排序虽然并不完全相同，但也无特别明显的区别。体育类、社会生活类、楼市专题类、教育类、经济类等流行语相比于知晓度的排序都上升了一位，而国内时政类下降了一位，综合类和文化类则下降了两位。

表 5-4-5　大学生对"2010 年中国媒体十大流行语"不同类别的理解情况

排序	流行语类别	得分	理解度	排序	流行语类别	得分	理解度
1	环保专题	797	0.926	9	文化类	619	0.719
2	体育类	780	0.906	10	社会问题专题	600	0.697
3	社会生活类	771	0.895	11	世博专题	555.5	0.645
4	综合类	767.5	0.891	12	经济类	464.5	0.539
5	灾害专题	751.5	0.873	13	国内时政类	456.5	0.530
6	娱乐类	685	0.796	14	国际时政类	399.5	0.464
7	楼市专题	640	0.743	15	科技类	363	0.422
8	教育类	633.5	0.736				

表 5-4-6 的数据显示，具体到每个流行语的理解情况来看，居于前十位的是"南非世界杯""团购""腾讯与 360""矿难""亚残运会""给力""节能减排""人民币升值""低碳"和"绿色发展"，这些流行语都与日常生活联系非常密切，绝大部分是大学生日常生活或娱乐中经常接触到的事物或现象，所以大学生比较熟悉。居于后十位的是"驻京办""去执行化""生命阳光馆""股指期货""营直人""空天飞机""公共服务均等化""三网融合""二次探底""柠檬水起义"，这些流行语所记

录的客观现象离大学生的日常生活相对较远,大多与政治、科技和经济有关。

表 5-4-6　大学生对"2010 年中国媒体十大流行语"单个词语的理解情况

排序	流行语	理解得分	排序	流行语	理解得分	排序	流行语	理解得分
1	南非世界杯	279	16	中国达人	249.5	31	空巢老人	176.5
2	团购	274.5	17	房产税	246.5	32	胶囊公寓	172
3	腾讯与360	273.5	18	国考	244.5	33	学历姐	171.5
4	矿难	271.5	19	富士康	244	34	方舟子	167.5
5	亚残运会	269.5	20	高铁	232	35	珠海航展	162
6	给力	269	21	章鱼哥	231.5	36	驻京办	160
7	节能减排	269	22	菲律宾人质	227.5	37	去执行化	131.5
8	人民币升值	268.5	23	海宝	226	38	生命阳光馆	131.5
9	低碳	266.5	24	麻疹疫苗	223	39	股指期货	127.5
10	绿色发展	265.5	25	保障房	221.5	40	菅直人	124.5
11	犀利哥	264	26	火山灰	219.5	41	空天飞机	122.5
12	清洁能源	262.5	27	裸捐	200.5	42	公共服务均等化	117.5
13	踩踏	260.5	28	世博护照	198	43	三网融合	78.5
14	校园安全	257.5	29	问题疫苗	179.5	44	二次探底	68.5
15	慈善晚宴	251	30	执行力	179	45	柠檬水起义	47.5

4. 大学生对流行语的主观态度调查

大学生对流行语的主观态度调查我们设计了两个问题:一个是调查其了解这些流行语的渠道,另一个是调查他们在听到某个流行语而不知道其含义的情况下是否会主动去弄明白含义。在所有 287 份问卷中有 270 份回答了这两个问题,数据统计结果如下:

第一,大学生了解流行语的渠道主要是网络媒体。

表 5-4-7 的数据显示,大学生了解流行语的主要途径是网络媒体,占 91%,这也从一个方面说明了今天大学生上网比较多,了解社会的主要渠道是网络而不是报刊。

表 5-4-7　　　　　　　　　大学生了解流行语的渠道①

了解流行语的渠道	人数	比率
网络媒体	246	91%
报纸杂志	51	18%
同学们口耳相传	63	23%

第二，大学生弄懂流行语含义的主动性不强。

表 5-4-8 的数据显示，大学生对流行语含义了解的主动性不太强，只有 15% 的学生会积极主动查阅资料，这也从另一个方面说明大学生对获取专业之外的知识主动性不够强。

表 5-4-8　　　　　　　　　大学生了解流行语的主动性

	人数	比率
会主动查资料弄明白	41	15%
如果方便，偶尔查查	199	74%
一般不会	30	11%

第三，上网频率对流行语的理解有一定影响。

表 5-4-9 的数据显示，上网情况对流行语的理解度有一定影响。经常上网的大学生对流行语的理解程度最高，很少上网的大学生对流行语的理解程度最低，这与前面调查的"大学生了解流行语的主要渠道是网络"这个结论是一致的，当然二者的悬殊也不是太大。

表 5-4-9　　　　　　大学生上网情况对流行语理解度的影响

	经常上网	有时上网	很少上网
人数	147	117	23
所占比率	51.2%	40.7%	8.01%
平均理解度	0.744	0.691	0.642

通过对调查结果的分析，可以大致得出结论如下：整体上，大学生对"2010 年中国媒体十大流行语"还算比较熟悉。从人群特征来看，男生、

---

① 一部分被调查者选了两项以上，所以各项的比率之和大于 1。

大四学生、艺术类学生对流行语相对更熟悉。从流行语涉及的领域来看，大学生最熟悉的流行语是环保类、综合类、体育类、社会生活类、灾害类；最不熟悉的是科技类、国际时政类、经济类、国内时政类。从大学生对各类流行语熟悉情况的不同可以看出，当代大学生比较关心社会生活，关心民生疾苦，但不太关注国际国内时政。

当代大学生了解流行语的主要途径是网络媒体，很多大学生没有阅读报刊的习惯。另外，大学生对流行语的态度是囫囵吞枣，较少积极主动查阅其含义，可见大学生对获取专业之外的知识主动性不够强。

小　　结

本章主要从社会的角度来讨论新词语，讨论语言规范观离不开对宏观社会语境的客观科学认识。语言是社会生活的记录，当代新词语记录了当代社会发展、文化特征、民众心理等客观现实。本章主要讨论四方面内容：一是新词语对社会生活的反映，新词语一方面记录了社会发展的历程，另一方面也反映了当代社会存在的问题；二是新词语的词媒体性质，这是新词语能快速传播的一个重要原因；三是新词语的调侃性质，这是新词语能为民众所喜闻乐见的一个重要原因；四是新词语的社会知晓，新词语尽管产生速度非常快，但消失的速度也非常快，绝大多数的新词语如同夜空中的流星，尽管炫丽，但能停留的时间很短暂，很容易淡出民众的视野。

第六章

当代语言规范观

　　语言是人类交际和思维的工具。语言依托人类社会而存在，随着人类社会的发展而发展。语言研究中的任何内容都离不开其依存的社会环境和时代背景。语言规范也不例外，离不开社会思想、意识形态、文化结构的现实状况及其发展趋势。语言规范的理念和具体举措都应该随着社会语境的变化而有所调整。在社会的发展历程中，不同的时代有不同的首要任务和观念形态。在中国两千多年封建社会中，首要任务是维护国家统一和统治阶级的地位，语言规范的主要任务是让统治阶层掌握统一规范的语言文字，以保障政令畅通。无论是秦始皇的"书同文"还是北魏孝文帝改革的"断诸北语，一从正音"，以至后来元朝推行"天下通语"，清朝推广朝廷官话，这些语言文字规范的措施其基本目的概莫能外。在19世纪末20世纪初的清末民初，首要任务是强国强兵，以驱除列强，实现民族振兴，与之相对应的语言规范的主要任务是打破语言文字的阶级垄断，降低语言文字的难度，实现语言文字书面语和口语的统一，以方便向普罗大众推广，从而提高全民文化素质。从五四时期的白话文运动、国语运动到30年代的大众语运动，都是以此目的展开的。在中华人民共和国成立初期，国家的主要任务仍然是延续前一阶段的目标，使中国走向现代化，语言规范的任务也是前一阶段任务的延续，进一步规范和简化语言文字，实现言文一致，主要措施就是推广普通话、推行汉语拼音方案和简化汉字，进一步提高国民素质。历史的车轮滚滚向前，进入21世纪的中国，文化教育已经基本普及，国民素质大大提高，综合国力大大提升，社会宏观语境已经发生了极大的变化，语言规范的内容自然要发生变化。今天的社会语言生活多姿多彩，语言规范的内容不像过去那么相对单一，不同领域、不同行业、不同阶层都有不同的语言规范需求，相互之间甚至可能互相抵牾。当代中国语言规范的首要目标是构建和谐的语言生活，因此与之相应的规范理念和方法都与以前大不相同了。本章试图分析当代中国与语言规范密切相关的社会新语境的基本表征，并构建适应新的社会语境之下的科学语言规范观。

第一节　语言规范的当代新语境

语境指语言使用的环境，既包括狭义的上下文语境，也包括广义的社会文化环境。广义的社会语境要考虑不同的时代特征、地域特征、社会心理、使用群体、社会观念、文化心态、审美情趣等诸多因素。本书的语境指广义的社会文化语境，语言规范总要适应特定的宏观社会语境。语言规范视角下的当代新语境表现出几个重要的特征：时代文化的多元化，语言生活的多样化，语言意识的多重化，语言传播的全球化，交际工具的智能化。这些新的时代特征都会影响语言规范的理念和实施。

一　时代文化的多元化

语言是交际的工具，也是文化的载体。语言记录文化，也承载文化，语言和文化息息相关。美国人类学家、语言学家萨丕尔（Sapir）曾说过："语言也不能离开文化而存在，就是说不脱离社会流传下来的、决定我们生活面貌的风俗和信仰的总体。"现代语言学奠基人索绪尔（Saussure）说过："一个民族的风俗习惯常会在它的语言中有所反映，另一方面，在很大程度上，构成民族的也正是语言。"语言与文化的关系是互为依存的，一方面语言反映着其使用者的民族文化特质，各个民族的生存环境、社会制度、经济模式、历史传统、价值观念、风俗习惯、行为模式等大都在语言中有所体现，另一方面文化语境也会影响语言的发展演变及其运用规则。灿方、孙曼均（1990）认为，文化语境是指一个民族在自身的社会历史发展过程中形成的独特的文化传统、风俗习惯、生活及思维方式、民族心理及性格等。语言作为一种社会现象，总是依从于社会的文化状态，并反映这种传统习惯的，语言的习惯与文化风俗习惯有着密切的关系。

文化是一个抽象的概念，其内容可以说包罗万象，哲学、教育、典章制度、文学艺术、天文地理、农学医药、科学技术、文物宝藏、衣食住行、价值观念、社会风尚、民间习俗等等都属于文化的范畴。文化的具体所指会随着时间的转移和空间的转换而有明显不同，古代文化和现代文化、东方文化和西方文化都有明显差异，这些差异对语言使用都有明显影响。中国古代文化的主旋律是以封建帝王将相士大夫为主导的精英文化，其价值取向相对单一，主要是为维护封建统治服务；进入当代以来，特别是近三十年来，文化特质发生了很大的改变，精英人士尽管高居金字塔的顶端，但其人口比例很少，难以左右文化的走向，普通民众在推动社会文化的发展方面发挥了重要的作用，使文化的价值取向从单一走向了多元。我们正处在多元文化生活的时代。中华民族是由56个民族构成的大家庭，各民族的文化交融在一起，形成了独特的多元文化。外国文化不断引入中国，比如古代的印度文化、现代的欧美文化、俄罗斯文化、日本文化和韩国文化等，都在不同程度地影响着我们的文化生活，中外文化交合在一起，形成文化的百花苑。特别是欧美文化、日韩文化的影响，使中国由传统的多元文化社会发展到现代多元文化社会（李宇明，2014）。文化特征的变化直接导致民众观念的变化，过去推崇备至的观念今天可能不再受追捧，而过去难登大雅之堂的言行今天则堂而皇之地被一部分人奉为圭臬。伴随着社会的转型，中国当代的文化潮流也发生了很大变化。这主要表现在文化的审美取向和文化的流行走势两方面。在审美取向上，传统的崇高、理性、悲剧的审美取向正在被世俗的物欲、实用和笑剧所代替，过去视为神圣的东西现在成为一些人调侃和嘲笑的对象。大众的世俗趣味渐渐占据文化的主导地位，决定着文化潮流的发展方向。当前文化的主流表现为：以反映普通人生活和情感为内容，以大众普通参与为形式，以满足人的感官刺激为追求，以消遣、滑稽、嘲讽、夸张为特点，以"为大众乐"为终极目的的大众文化潮流。……在文化的流行走势上，当前城市文化消费大众的构成分为高、中、低三个层面。处于最高部的层面面窄人少，难以左右文化消费；而处于底部的那个层面则面广量大，人数众多，构成了文化消费的主体，从而决定着文化消费的发言权和文化生产者的取向。因此，中国当代文化重心下移，文化的流行呈现由下向上、由低到高扩散的趋势（孙曼均，1996）。文化的变化必然会导致语言表达习惯的变化，文化的多元必然导致语言表达风格的多元。外来文化产品源源不断地输入，不可避免地会带来国外的语言文字和新鲜的表达方式；民族意识的强化，又使一部分人对外来语言文字持排斥的态度；国民个体意识越来越强，个性越来越张扬，人人都渴求成为众人关注的焦点，于是就有了各种创新，体现个性的网络语言等新潮的表达方式也就大量出现。

语言离不开其所依存的文化环境，语言规范是在一定的文化语境下的规范，语言规范一定要切合特定的时代文化特征。自中华人民共和国成立以来，社会在不断发展，文化语境也在不断变化，语言规范的理念也需要不断调整。五六十年代匡谬正俗的语言规范理念就是产生于当时民众整体文化水平不高以致交际不畅的宏观语境之下，而今天国民的文化水平已经大幅度提高，工具性问题已经不再是语言规范需要处理的焦点问题，而且时代文化出现了多元性的特征，因此匡谬正俗的语言规范理念已经不合时宜，要求全民语言表达都按照一种模式进行显然已经不太可能。多元性的时代文化特征导致了语言表达的多姿多彩，语言规范必须有新的理念，与时俱进，适应这种新的文化语境。

二　语言生活的多样化

何谓语言生活？李宇明（1997）指出，运用和应用语言文字的各种社会活动和个人活动，可概称为语言生活。说话、作文、命名、看书、听广播、做广告、语言教学等，都属于语言生活范畴。语言生活不仅是社会生活的一个重要组成部分，而且它也记录着、传递着、影响着社会的物质生活和精神文化生活。陈章太（2011）提出，从学术角度来考虑，语言生活指人们为了生存、交际和发展对语言文字的使用状况；通俗地理解就是人们使用语言文字的状况。李宇明（2016）进一步提出，语言生活是运用、学习和研究语言文字、语言知识和语言技术的各种活动。很明显，一切和语言文字相关的个人活动和社会活动都属于语言生活的范畴。语言生活从来都不是单一的，但当代社会语言生活的多样性尤其明显。孙曼均（1996）认为，当前特定时期、特定社会文化背景下，社会语言生活表现出如下倾向：第一，一些专业或行业词语扩大化、通用化，进入社会生活领域，转化为普通词语。第二，城市中具有特殊内涵的方言词语一方面互相传播，另一方面对普通话有很强的渗透力；方言的封闭性减弱，对不同方言区词语的兼容度扩大。第三，生活化、大众化的口语词与较高雅的书面语词互相吸收，相互影响；书面语言表现出口语化的趋势。第四，汉语对外来词语的宽容性增强，外来词的引进在数量、范围和形式上有新特点。第五，流行词语的语义有表面化、简单化、直接化和形象化的特点，它的构成形式则表现出随意性、灵活性、系统性和不稳定性；一些语素和词的能产性大大提高。第六，当前词语的变异和流行呈现出超常的逆向流行趋势。李宇明（1997）进一步提出，我国当前的语言生活生机勃勃，充满活力，突出表现在三方面：第一，新词新语大量涌现，词义的新意义新用法让人目不暇接，特别是出现了一大批能灵活构词的"词语模"。第二，出现了一些富有表现力的新的语法现象，如"很生活、很乡村，忒女性、太人工、真英雄、十分男子汉、说说清楚、讲讲明白"等。第三，一些新的语体迅猛发展，最为世人瞩目的是商业用语、新闻用语和体育用语；新时期的话语风格也发生了而且正在发生重要嬗变，"文化大革命"期间形成的充满火药味、以气势见长的"威逼型"话语风格已不多见，说理的、诱导的、商洽的、感染式的"平等型"话语风格，成为当今语言生活的主流风格。进入21世纪，中国语言生活更是发生了翻天覆地的变化，表现出多姿多彩的时代特征。整体看来，现实和虚拟两个空间的语言生活相互促进是中国当代语言生活的时代特征。

现实语言生活不拘一格，形式多样，古典与现代、传统与时尚、严肃与活泼、高雅与低俗、洋文与中文、通语与方言等各种相对的语言形式和谐共处、各安其所。比如，我们2015年对江西省上饶市的语言生活做过相关调查，以此就能够窥测出全国的语言生活状况。我们收集到上饶主要街道商店名称共324个，从字符组合形式来看，就不是纯汉字一统天下，尽管纯汉字店名是主流，占68%，但其他形式也占了32%，具体包括：英文和汉字搭配使用的，如"CEFIRO 塞飞洛""卡索 Castle"；纯英文的，如"Little""lily"；汉字和拼音搭配使用的，如"億嬡 IYUAN""Feidiao 飞雕"；汉字、拼音和英文搭配使用的，如"HB 黑白印象婚纱摄影 IMAGESTUDIO"；纯拼音的，如"Mengdibaoluo"；汉字与拼音、英文和符号搭配使用的，如"禧福珠寶 C&F CROWN & FELICITY"；汉字与英文、韩文搭配使用的，如"여자 가장 사랑 Most Loves woman 外贸专营店"；拼音和符号搭配使用的，如"Z&Z"；汉字与韩文搭配使用的，如"黄夫人 황부인 韩舍"；汉字与阿拉伯文字搭配使用的，如"西北风味 الإسلاميه الاطعمه 民族特色 兰州牛肉拉面"；汉字与日文搭配使用的，如"筱沫の寿司"。很明显，有的店名根本就不知所指，但仍然有人使用。就汉字使用来说，尽管简化字占主流，但繁体字也不少见，我们收集到的324个店名中共使用汉字1375次，字符数624个，其中使用繁体字

42个，约占7%，具体包括"國、寶、館、貝、傳、東、鳳、華、飾、鷹、賓、產、車、樹、燈、電、鵝、貴、號、匯、會、貨、記、間、餃、馬、門、檸、鋪、慶、聖、師、萬、訊、養、藥、業、園、雜、棧、億、饃"。从日常语言使用习惯来看，尽管普通话是主要的交际语言，但方言使用也很常见。我们在公共场所进行随机的问卷调查，共回收了902份调查问卷，发现不同场合民众的语言选择有明显差别：在工作中，93%的人会使用普通话，7%的人会使用方言；在家里，50%的人说普通话，50%的人说方言；在和朋友聊天时，78%的人说普通话，22%的人说方言；在和陌生人交谈时，90%的人会说普通话，10%的人说方言；在农贸市场，75%的人说普通话，25%的人说方言；在银行超市等大型商业场所，94%的人说普通话，6%的人说方言；在餐馆就餐时，91%的人说普通话，9%的人说方言。另外，社会上改造成语作为店名的现象也很常见，如，服装店"衣衣不舍（依依不舍）"、涂料店"好色之涂（好色之徒）"、钢琴店"琴有独钟（情有独钟）"、眼镜店"一明惊人（一鸣惊人）"、车行"骑乐无穷（其乐无穷）"、快餐店"烧胜一筹（稍胜一筹）"、浴池"随心所浴（随心所欲）"、帽子店"以帽取人（以貌取人）"、网吧"一网情深（一往情深）"、礼品店"礼所当然（理所当然）"、酒店"酒霄云外（九霄云外）"，在广告中也出现了谐音改造成语的现象，如"默默无'蚊'的奉献"（蚊香广告）、"趁早下'斑'，请勿'痘'留"（洗面奶广告）等。公益广告则表现出更多的温情与人文关怀，比如，传统的"请勿踩踏"现在变成了"小草微微笑，请君绕一绕"，类似的广告再比如"劝君莫打三春鸟，儿在巢中盼母归""司机一滴酒，亲人两行泪""这世界上最后一滴水，一定是你的眼泪"。个性化的标示语更是异彩纷呈，比如车贴语言，"人生最痛苦的是，有钱买车，没钱加油。""核弹后置，保持距离。""别吻我，我怕羞（修）。""喂，别碰我，我要喊非礼。""当您看清这行字时，您离我太近了。""驾校除名，自学成才。"这些表达形式把语言的戏谑功能发挥到了极致。

虚拟语言生活横空出世，且发展形势一片大好。李宇明（2012）指出，虚拟语言生活对现实语言生活的影响越来越大，具体表现如下：第一，以新词语为代表的许多语言新现象，首先在虚拟语言生活中聚集萌生，然后进入现实语言生活；第二，产生了电子邮件、BBS、QQ、博客、微博等许多新的新词传播方式，网络逐渐成为信息的集散地和"反应堆",以新媒体身份深刻地影响着现实语言生活;第三,人类在现实生活中的许多活动,都尝试着迁移到网络上去运行,如电子政务、电子商务、电子学务、电子出版、电子娱乐等,构成了当今的虚拟语言生活。网络已经成为人类最大、更新最快的信息储存库,纸媒出版物(包括辞书)、图书馆、档案馆、博物馆的许多职能,将越来越多地让位于网络。虚拟语言生活中影响最大的两种形式就是网络语言和手机短信语言,这些语言形式表现出诸多不同于传统语言表达的特征,最明显的体现在两个方面:第一,语法组合的超常规性。传统上很多不能组合的结构单位现在都可以组合使用,如"痛,并快乐着""亮相香港""严重同意""非常周末""被就业",等等。第二,语言的游戏功能加强。语言的主要功能是交际,但有时也可以用于游戏玩乐,在今天的网络和短信中,语言的游戏功能被无限放大了,如"哥吃的不是面,是寂寞""床前明月光,我爸是李刚""神马都是浮云""距离产生的不是美,是小三""豆你玩、腐不起、鸽你肉、姜你军""也许似乎大概是""一失足成千古风流人物",这些网络语言交际价值极其微弱,主要价值在于游戏调侃。

进行语言规范一定要密切关注当代语言生活的现状,不可脱离语言生活空谈语言规范,离开了语言生活的现状而讨论语言规范的理念是无源之水无本之木。李宇明(2014)提出,语言规划是为语言生活服务的。语言规划该如何制定,语言规划制定得合适与否,要看它是否切合语言生活的实际,是否能够引导语言生活健康发展。因此要科学制定语言规划,必须了解语言生活,了解语言生活的发展趋势。当代语言生活多姿多彩,形式多样,语言规范的理念一定要契合当代语言生活多样化的时代特征,应该具有多元性。

三 语言意识的多重化

语言意识也叫语言意识形态,是非常重要的语言哲学概念。最早提出"语言意识"这个术语的是德国语言学家洪堡特,洪堡特认为语言创建了民族的语言意识,语言按着精神规律发展,而且遵循人类意识规律而发展。俄罗斯著名哲学家施别特认为,洪氏所谓的语言意识本质上就是一种语言世界观(赵秋野,2012)。近年来,越来越多的学者关注语言意识的问题,因为语言意识不仅仅是个人的语言价值取向,而且影响着甚至左右着社会舆论的走向和国家语言政策的制定。周明朗(2009)认为,意识形态是一个思想、认识、信念、价值观等组成的系统，是人对物质生活的反映。语言意识形态就是关于语言的一系列认识、思想、价值观等。李宇明（2012）指出："语言意识也称语言意识形态，是指社会对语言的认识和态度，是语言政策和语言实践的思想基础，有什么样的语言意识，才可能有什么样的语言政策，产生什么样的语言实践。"崔丽红（2012）认为，语言的意识形态是指语言使用者做出的用来解释观察到的语言结构和语言使用的、对于语言的任何观念的集合。语言意识，简单说来就是语言世界观，是对语言各方面属性的价值认同，具体包括对语言结构本身、语言的使用、语言的文化价值审美价值、语言的权势地位等方面内容合理合法性的看法和态度。从主体属性来看，语言意识包括国家语言意识、阶级阶层语言意识、集团语言意识、个人语言意识（包括专业人士和普通大众）；从具体内容来看，当代社会的语言意识至少包括语言权利意识、语言保护意识、语言文化意识、语言民族意识、语言规范意识、语言表现意识等等。

　　语言是文化的重要组成部分，在当代中国文化转型的宏观语境之下，语言意识表现出明显的多元性特征，具体表现为如下几方面：第一，工具意识与文化意识。语言的基本功能是用于交际，这是民众对语言功能的基本认识，然而，随着人们对语言价值的认识越来越深入，发现语言负载了强大的文化信息，具有很强的文化功能。语音表现、词汇特征、语法结构、修辞运用都和民族文化息息相关，比如，汉语谐音中的趋吉避凶的文化心理，汉语对称结构所体现的中庸文化，汉语双关、反语等修辞格所体现的汉民族含蓄深沉的文化心理。第二，本土意识与包容意识。任何一种语言都是特定民族的交际工具，不同民族的相互交往自然会导致不同语言的接触，语言的接触又会导致不同表达方式和语言成分的相互借鉴和借用，汉语在其发展演变历程中就不断地吸收了别的民族语言的成分。民族之间交往越频繁，语言的借鉴和借用就越多。当代世界一体化，全球成为地球村，语言之间的借用现象越来越多、越来越快，汉语中出现了大量的外来词，包括音译的、意译的和形译的，尤其是形译外来词（通常称为字母词）大量涌现，这就导致了语言的纯洁与健康问题的争论。有人认为字母词的大量出现影响了汉语的纯洁与健康，这种观点体现出很强的本土意识；也有人认为，吸收外来成分是汉语充满活力的表现，海纳百川，有容乃大，这种观点体现出了明显的包容意识。第三，规范意识与求异意识。从工具性角度来看，语言的主要功能是用于信息传递与交流，除此之外还有审美价值娱乐价值。在中华人民共和国成立初期，语言表达的不规范影响到了正常的交际交往，所以促进语言的规范统一自然成为了那个时代国家语言政策的主题，也是民众语言使用的主要指导思想。到了今天，不同地域不同阶层的人们之间交流的语言障碍已经越来越小，语言的规范意识相对淡化了，而审美意识娱乐意识凸显出来，特别是在某些特定领域，语言的审美性和娱乐性被无限放大开来，比如文学语言、网络语言等。"语言，尤其是文学语言，具有工具性的一面，但文学语言还有超越工具之外的另一面，即审美层面的问题。从审美层面看，文学语言未必都是出于交流、传达的需要，很大程度上语言在文学作品中的存在本身就是审美的完整部分。它不需要传递什么，它的存在本身就有意义。"（龚海燕，2009）网络语言更是把语言的娱乐性发挥到了极致，追新求异成为网民使用语言的一条重要原则，所谓语不惊人死不休，对网络语言而言，讲了什么并不重要，重要的是怎么讲，越囧越萌越奇越酷就越能获得网民的追捧。第四，通用语意识与方言意识。任何一个统一的国家都应该有一种通用语作为全民的交际工具，古今中外概莫能外。当代中国的通用语是普通话。近几十年来，国家一直在全力推动普通话的遍及工作，民众关注的焦点也聚集在如何学会普通话，如何提高普通话水平等问题上，普通话普及的效果比较理想，现在民众在公共场合进行交际时基本都使用普通话，相关调查显示，有超过70%左右的人能用普通话交流（谢俊英，2011）。随着普通话的不断普及，方言的使用空间变得越来越窄，特别是年轻人的方言能力越来越弱，人们逐渐意识到方言正渐行渐远，很多方言将会随着时间的流逝而消亡，于是保护和保存方言的话题迅速进入了民众的视野。近年来，社会的方言意识不断高涨，从民间到官方都不断有人在正式或非正式场合提出要保护方言，很多电视台开设了专门的方言类节目，有些学校甚至开设了（或计划开设）方言课程，国家也设立了有声语言数据库建设和语言资源保护工程等大型项目，有社会名流也参与到了语言资源保护工程中，党的十八大报告提出"科学保护各民族语言文字"也为保护方言提供了理论依据。总之，方言意识的高涨是社会发展到一定阶段的产物，是物质文明发展到一定阶段之后的必然产物。语言不仅仅是交际工具，也是一种文化的载体，方言的背后是地域文化，方言的消失就意味着地域文化某些方面的消亡。另外，语言意识还包括单语意识与多语意识、语言权利意识、语言平等意识、语言资源意识等，因为这些语言意识与本书讨论的语言规范之间联系不密切，此处就不再讨论。

进行语言规范工作不仅仅要考虑现实的语言生活，而且还得考虑社会语言意识和民众语言态度，了解社会语言意识状况是形成科学语言规范理念的前提条件。周明朗（2009）指出，语言意识形态本身不是语言政策，但是它可以左右语言政策的执行，也可以通过法定程序成为语言政策或语言法律。作为思想意识的参照系统，语言意识形态不但影响个人和社会的语言价值观，而且还左右个人语言的取舍和社会语言秩序的走向。语言意识的多元化一方面映射出当代中国语言生活的丰富多彩，另一方面，有些相互对立的语言意识又给语言生活的管理带来很大的困难。要构建科学的语言规范观切不可忽视民众的语言意识而进行脱离实际的主观臆造，而是要尊重社会语言意识，科学研究各种语言意识背后的深层动因，合理引导民众语言意识向健康有序的方向发展。

四 语言传播的全球化

全球化（Globalization）是当代社会生活中不可回避的现实。早在1992年，时任联合国秘书长加利在联合国日致辞中就宣告"第一个真正意义的全球化时代已经到来"，时至今日，全球化的浪潮汹涌澎湃，不断冲击"地球村"的每一个角落，从经济领域逐渐向政治、文化、社会生活等领域全面扩展。全球化肇始于资本主义的兴起和市场经济的发展，马克思、恩格斯曾预言："资产阶级，由于开拓了世界市场，使一切国家的生产和消费都成为世界性的了。""过去那种地方的和民族的自给自足和闭关自守状态，被各民族的各方面的互相往来和各方面的互相依赖所代替了。""物质的生产是如此，精神的生产也是如此。各民族的精神产品成了公共的财产"。（《马克思恩格斯选集》）进入21世纪以来，随着科技的大发展，全球化进程日益加快，国家之间在政治经济文化等各方面的联系更加密切，相互依赖的程度也更强。

全球化必然造成人口的跨国流动，从而导致不同民族不同国家语言的相互接触相互影响，这是语言规范工作必须面对的现实问题。赵守辉、张东波（2012）认为，由网络、资本、贸易、技术、服务、人口流动等连通而成的全球一体化，一方面将更加强化各国在政治、经济、社会、文化等领域的联结，使各国的相互依赖加深，另一方面也衍生出更多、更复杂的跨国问题，语言规划首当其冲。扬·布鲁马特（2011）指出，全球化对语言本身的影响非常巨大，因特网的兴起形成了重要的社会语境，使新的话语类型或模式、新的实践、新的认同迅速发展；语言变化随着网络活动而发生，例如采用拉丁化的词语形式而非母语形式；各种英语变体通过新的力量传播到全球；嘻哈（hip hop）音乐等流行文化在全球的盛行推动了这些新变体的传播。在全球化的宏观语境之下，特别是随着中国国际地位的大幅提升，汉语的国际化是不可逆转的趋势。汉语国际化给语言规范工作提出两方面的问题：一是如何妥善处理汉语中大量的借词现象，二是如何处理大华语的规范问题。

不同语言成分的相互借用是语言接触过程中的常见现象，这既是交际的需要，也是语言自身发展完善的需要。萨丕尔（Sapir）认为："语言，像文化一样，是很少自给自足的。……一种语言对另一种语言最简单的影响是词的'借贷'。……甚至形态也可以搬运过来。"

洪堡特（Humboldt）指出："很难想象，语言在形成之初，就会马上完善其细微的构造，这样的完善是以各民族在漫长的岁月中所经历的一切为前提的，而在这一历史过程中，一个民族的语言活动与其他民族的语言活动通常相互影响。没有一种语言可以保持纯洁而不发生融合。"就汉语而言，在漫长的历史发展过程中就不断地吸收兄弟民族的语言，而到了近代，受西方语言的影响非常巨大，王力先生早在20世纪30年代就曾准确地判断："（汉语）语法的欧化（主要表现为英语化）的趋势是极自然的，正如生活的欧化一样。一切反对的力量都遏不住这一个潮流。"在当代全球化背景之下，外来词的大量出现成为了不可抗拒的时代潮流。外来词有三种主要借用形式——意译、音译、形译，其中意译外来词最符合民众的语言习惯和接受心理，但其借用的速度非常慢，不能满足当代全球化的国际交往需求，而音译特别是形译外来词更能满足快节奏的国际交往需求，所以表现出很强的生命力。

汉语国际化的另一个现实问题是大华语的规范问题。大华语是近年来学术界提出的一个重要概念，陆俭明、李宇明、郭熙、邹清海等先生都先后提出过这个概念，主要指全球华人所使用的共同语，以汉语普通话为基础但又不完全等同。在中国开放程度不高的年代，讨论汉语规范问题只需要考虑普通话在大陆的适用情况，而在今天全球化语境之下，为增强全球华人的凝聚力和认同感，不能完全以大陆的汉语普通话作为全球华语的唯一标准，而应该建立一个相对宽松的标准。徐杰（2006）提出"国际宽式汉语共同语"的概念，这是一套简单而且稳定的共同核心语言要素，它本身不是任何一种具体自然语言，而是一组语言特征，它存在于大同小异的各汉语变体之中，所有的汉语共同语区域变体一起组成一个没有家长的语言大家庭：北京汉语、广州汉语、上海汉语、新加坡华语、台湾华语、纽约唐人街华语。既要维持大同，又要尊重小异，应该给予汉语共同语的各地特色以充分的地位和完整的尊严。要摆脱"中心""一统"等过时观念的束缚。周清海（2007）提出，在全球化环境下，规范必须既要注意交流的需要，也要顾及各个区域相对的自主性。过分强调自己的自主性、自己的语言特色，不只妨碍国际间的交流，也使自己陷于孤立。中国改革开放之后，因为交流的需要，和外面华语世界的语言接触频繁，普通话和其他地区的华语差距正在逐渐拉近。各华语区的新词新语大量涌入普通话，新的表达方式逐渐出现在大陆的书面语中，这也使普通话出现新的面貌。频繁的交流使语言互相影响，互相吸收，这和以前的相互隔离的局面大不相同。普通话对各地华语的影响也越来越大，这是交流中难以避免的。语言交流的结果，就会出现你中有我我中有你的现象。

语言规范总得契合特定的时代背景，20世纪50年代提出的匡谬正俗的语言规范观恰是适应当时社会文化水平整体低下、民众语言规范意识不强的时代特征，而今天国民文化水平大幅提高，中国融入世界的脚步越来越快，应该用一种兼容并包的文化心态来处理今天的语言规范问题。

五 交际工具的智能化

语言交际包括口语和书面语两种方式，传统上，口语交际都是面对面进行，主要通过口耳相传，一般不需要借助其他的辅助工具，书面语则借助于纸笔进行交际。在当代语境之下，由于现代科技的发展，语言交际所借助的工具发生了很大的变化。口语交际不再局限于面对面的交流，还可以借助电波进行远距离交流，如电话、微信语音、QQ语音等。书面语交际也不再局限于传统的纸笔，而是可以通过网络、短信等形式进行交流，如聊天室、论坛、电子邮件、BBS、微信、微博、飞信、手机短信等形式进行，交际工具表现出很强的智能化特征。交际工具的智能化给语言规范工作带来了很大的挑战，特别是书面语的规范问题尤其明显，因为工具的变化必然会导致语言的某些特征发生变化，就像书写工具的变化导致汉字字体的演变一样，而大多数民众对这种变化并没有充分的心理准备，从而导致语言规范问题纷争迭起。

交际工具智能化对语言使用产生了多方面的影响，其中最明显的有两方面：第一是造成语言形式上的简约化。智能化的交际工具虽然传播起来方便快捷，但其输入主要依靠机械键盘，通过字母的输入转化为汉字输出，使用者往往为了加快输入速度，经常使用同音或近音替代现象，常见的包括汉字替代和数字替代，如"油墨（幽默）、驴友（旅友）、酱紫（这样子）、肿么了（怎么了）、神马（什么）、斑竹（版主）、偶稀饭（我喜欢）、木油（没有）""078（你去吧）、7456（气死我了）、1314（一生一世）、9494（就是就是）、918（加油吧）"。字母替代也是常见的语言简约化现象，如"BB（宝贝）、GG（哥哥）、SJB（神经病）、BC（白痴）、KHBD（葵花宝典）、BXCM（冰雪聪明）、PLMM（漂亮美眉）、FB（腐败）、SL（色狼）"。还有一种情况就是用符号替代，如"：)"表"微笑"，"：X"表"闭嘴"，"－D—1"表"笑得睁不开眼"，"−1"表"平淡无味的笑"，"：p"表"扮鬼脸"，"−S"表"语无伦次"，等等。这些形式都有一个共同的特征，就是输入时方便快捷。第二是造成表现风格上的个性化。交际工具智能化虽然仅仅是一种技术上的革新，但技术的革新往往会带来观念的变化。当代科技的突飞猛进与当代文化转型思想解放是相伴相生的。在这种智能化的背景之下，每个人都可以充分发挥自己的创造力和想象力，在思维的太空中天马行空，自由驰骋，彻底摆脱传统语言规则的约束，创造出无数光怪陆离的语言形式，从而使新媒介（主要是网络）上的语言表现出明显的个性化风格。追新求异成为新媒介语言的一种非常重要的特征，某些话语生产者往往会挖空心思创造出各种各样新异甚至离奇的语言形式，所谓"没有最离奇，只有更离奇"，一定要做到"语不惊人誓不休"。很多网络语言都体现出了这种明显的追新求异的个性化特征，如："被当爸、被小康、被就业""煤超疯、蒜你狠、豆你玩""流氓不害怕，就怕流氓有文化""水至清则无鱼，人至贱则无敌""怀才就像怀孕，时间久了才能让人看出来""走自己的路，让别人打车去吧""我从不以强凌弱，我欺负他之前真不知道他比我弱""都想抓住青春的尾巴，可惜青春是只壁虎""从天堂到地狱，我路过人间""初恋无限好，只是挂得早""人生就像打电话，不是你先挂，就是我先挂"，这些网络上的语言都具有明显的个性化特征，也许其内容并不那么高尚，有的甚至有媚俗的倾向，但往往幽默诙谐，甚或发人深省，读来确实使人忍俊不禁。

可以说交际工具的智能化造成了一个语言狂欢的时代，各种新奇的语言表达形式充斥于新媒体之中，一种新的话语形式只要能取得使用者的共鸣，就能在一夜之间传遍全国甚至全世界，至于这种语言形式是否符合规范，基本上无人问津，事实上也管不了，毕竟现代网络传媒是一个开放的空间，谁都可以用。这些产生于网络虚拟空间的语言形式往往又因为其超强的表现力而被大量使用于现实世界的日常生活中，并且为人喜闻乐道，尽管有人反对但也无济于事。当然，这些新异的语言形式代谢的周期往往比较短，不断有新的形式替代旧的形式，可谓"各领风骚数十天"。语言规范工作不能脱离交际工具智能化这一时代语境。

语言规范不能脱离特定的社会语境，不能脱离特定的时代特征。当代社会与语言规范密切相关的时代特征包括时代文化的多元化、语言生活的多样化、语言意识的多重化、语言传播的全球化、交际工具的智能化等五方面，综合考虑这些时代特征既是当代语言规范的理论基础，也是当代语言规范工作能否顺利开展的现实依据。

第二节 语言规范的当代理念

本节讨论的语言规范理念是从广义来说的，也包括文字规范的理念。我国语言文字规范工作自古就有，但轰轰烈烈的语言文字规范化运动则是近百年来的事，而进入新时期以来，随着经济社会的发展，城镇化进程不断加快，国际交流日益增多，网络虚拟空间逐步扩大，语言文字信息化脚步越来越快，语言生活发生了巨大变化，语言文字的使用情况表现出复杂、多元、多变的态势，不断出现的新的语言文字问题对语言文字规范工作提出了新的挑战，有关语言文字规范与否的争议也越来越多。冷静思索，其实很多问题和争议存在的根本原因往往是各人心中的规范观念不同，所以我们觉得有必要对语言文字规范理念做深入的科学阐释，澄清一些模糊不清的观念。

一 语言规范要有国家观念

语言文字是交际的工具，也是文化的符号。法国大文豪罗曼·罗兰说

"语言，是种族的特征，是血肉关系中最密切、最不容易泯灭的部分。"如果从国家意识的角度来看，语言文字可以成为维系国家统一民族团结的最重要纽带，所以语言文字规范体现了国家的核心利益。江泽民总书记1992年3月在人们大会堂会见香港事务顾问时说："中国是靠文字统一的国家，中华文化能够使大家统一起来。"英国研究中国科技史专家李约瑟说："中国文字在中国的文化的发展被地理上的重重障碍所分割的情况下，成为中国文化统一的一个多么有力的因素！"（张再兴，2007）Sue Wright（2012）研究发现，德意志和意大利在统一过程中语言文化也同样发挥了关键作用。统一的语言能提升凝聚力，有利于国家形成统一的文化。汉语自古多方言，而且不同方言语音差异非常大，甚至无法交流，但是不同方言区的人都使用统一规范的汉字，规范汉字这种强大的向心力使得任何一种方言都不能脱离汉语的轨道，所以中国历史基本保留了一种统一的状态。中国历史上的所谓"合久必分"往往是不同政治集团利益斗争冲突的结果，而"分久必合"则是文化向心力的作用，规范统一的语言文字在这种向心文化中扮演了重要的角色。封建帝王和士大夫都非常清楚地认识到了语言文字在国家统一中的作用，所以历代王朝都非常重视语言文字的规范统一。秦始皇统一天下后就把"书同文"作为其治国首策。汉宣帝、汉平帝都曾专门召人讲解文字，汉灵帝曾组织力量碑刻《熹平石经》，以规范字形，汉朝还将文字规范与官员的考评、选拔联系起来。唐朝专立书学博士，以"三体石经"、《说文解字》《字林》等进行文字教学，并用于科举考试。以后的科举考试中，有"明字"一科（刘富根，2000）。北魏孝文帝改革也有"断诸北语，一从正音"的规范语言使用的措施。元代统治者规定，学校教学要使用以大都（即北京）语音为标准音的"天下通语"。清代康熙年间官修了《康熙字典》，雍正六年曾下诏明令，地方官不可只讲本人的方言，而要熟习和推广朝廷的官话。以上种种举措说明，历朝历代都将语言文字规范工作置于非常高的地位，语言文字规范工作从来就不仅是方便交际那么简单，而是带有明显政治或行政目的。许慎所言："盖文字者，经艺之本，王政之始。"（《说文解字·叙》）深刻地反映了语言文字规范的本质，语言文字的规范统一是国家统一的前提条件。

到了近代，在挽救国家危亡、探索民族自强运动中，国人认识到语言文字的规范统一与民族的独立自强有着密切的联系，所以"清末民初的切音字运动、国语运动、白话文运动等，都汇入到救亡图存的滚滚历史洪流中"（李宇明，2012）。无数仁人学士为之呕心沥血，付出了艰巨的劳动，当然也收获了丰厚的回报。经过几十年的努力，在"语言共同化、文体口语化、文字简便化、注音字母化"（周有光，2009）等四方面取得了巨大的成就。中华人民共和国成立后，继续并强力推动了之前的语言文字规范工作，在推广普通话、整理并推行规范汉字、制定和推行汉语拼音方案等方面取得了巨大的成就，为在全国范围内扫除文盲准备了必要条件，使全民文化水平得到了快速提升，也使今天人口大规模流动和市场经济快速发展成为可能。所以说，语言文字的规范本质上关系到国家的强盛和民族的未来。《圣经》上记载人类修建通天塔虽然仅仅是一个故事，但是其说明语言的规范统一能够使人们团结一致从而产生巨大力量的道理却是真实的。胡明扬（1983）认为："民族语言规范化是一个民族在政治上高度统一、经济上迅速发展的必然要求，也是'民族意识增长，民族文化高涨的自然而直接的表现'（罗常培、吕叔湘《现代汉语规范问题》）。西方一些工业先进国家，从十七世纪资产阶级登上政治舞台起就开展了广泛的民族语言规范化的工作。""民族语言规范化决不是一个单纯的语言问题，而是一个政治、经济和科学文化发展的重要的因素。"

当代中国已经进入了一个文化多元观念多元的时代，在语言文字规范领域也就产生了很多新的争议，但如果我们能站在国家和民族利益的高度来看待语言文字规范问题，很多争议可能就比较好解决。比如，推广普通话的问题，现在有些人认为，我们的普通话推广已经成就卓著，所以今天的问题已经不是推普而是保护方言了，因为很多方言正在慢慢地走向衰亡。保护方言对于地域文化的传承确实很重要，但是在今天国际政治形势错综复杂的背景之下，我们应该看到，普通话已经不仅仅只承担了全民交际工具的作用，同时还承担了维护国家统一和加强民族沟通这一重要作用，特别在边疆和少数民族地区，普通话的作用更是极其巨大。从某种程度上说，普通话甚至可以理解为国家的某种标志，现代国家一般都有几个重要的标志——国徽、国旗、国歌、国语，普通话其实就是我们的国语。语言或方言都承载着特定的文化。方言承载的是地域文化或者特定族群的文化。方言是在社会不完全分裂也不完全统一的状态下形成的，一个国家方言越多、方言的差异越大，就越容易产生政治上的离心力。细读近代史，我们发现一个很有意思的现象，导致满清王朝倾覆的一些大的起义或暴动的策源地基本上都是在与中央官话差异很大的方言区,这也许是一种巧合,但也许有内在的原因,值得我们深思。普通话是中国现代化进程中的必然选择,是现代中国经济政治文化发展的需求,其承载的是一种国家大一统文化,接受普通话是中国公民的基本义务,方言所代表的是一种传统的族群意识和地域观念。北京语言大学张维佳教授在"纪念切音字运动120周年学术座谈会"(北京:2013年10月26日)提出,传统的族群意识应该让位于现代国家公民意识,这是保证国家统一的社会文化基础。在当代中国快速现代化过程中,过分强调方言的价值和地位很容易助推地方主义情绪的增长,甚至可能增长政治上的离心力;而对全国通用普通话的认可和熟练使用则能增强不同地域人们的精神交流和情感认同,能凝聚政治上的向心力。熟练掌握普通话是中国公民的义务和责任,也只有切实掌握了普通话,才会有超强的国家认同感,也只有把普通话意识融入每个中国人的灵魂深处,我们的国家才会有永久统一的语言文化基础。我们从不否定方言的重要文化价值,也不反对在一定范围内使用方言,但是从国家核心利益来考虑,普通话和规范汉字一样,具有强大的文化凝聚作用,对维护国家统一具有极其重要的作用,所以,加强普通话的规范推广工作在今天仍然非常重要,特别是在边疆和少数民族地区推广普通话的工作更是应该加强。总之,在当代处理语言规范问题一定要有国家观念,否则很多问题会陷入无尽的纷争之中。

二 语言规范要有包容意识

语言规范的目的是为了满足交际的需求,不是为规范而规范;语言规范的依据是人们交际的现实需要,而不应该是一套已有的不变的规则系统。随着社会的不断发展,语言也会不断地发展变化,各种新质要素会不断出现,而某些旧质要素则会慢慢消亡,这是语言发展的基本规律。美国语言学家 H. L. Mencken 说:"一个活的语言,就好比是一个血漏不止的病人,最需要的是不停接受外来语的新鲜血液。什么时候这些门关上了,这语言就开始死亡了。"(丁建庭,2012)于根元(2005)依据宇宙全息统一论指出,每个生态系统都是不完美的,不能直接从自身得到维持生命的生活资料,必须从外界吸取信息、能量、物质才能维持其正常发展。语言要从社会交际、社会文化、社会心理等许多方面汲取生活资料。语言更要从别的语言系统中汲取生活资料。现代汉语不但从古代汉语、汉语方言里吸取生活资料，而且从兄弟民族的语言和外语里吸取生活资料。北京好几千条胡同的"胡同"来自满语，来自日语的"干部"成了现代汉语的基本词，来自俄语的"布拉吉"收入《现代汉语词典》修订本了。来自英语从粤方言进口的"的士"，变换出了"打的、面的、人力的、的来的去"等。这都说明我们的汉语生机勃勃。任何一种语言的语音系统、词汇系统、语法系统都可能借鉴吸收别的语言系统的相关成员或特征，其中表现最为明显的是词汇系统，社会发展中的新质要素首先在词汇中显现出来。特别是在社会发展较快、国际交往较频繁的时期，词汇系统的变化尤其快捷，各种新词语大量出现，让人应接不暇，甚至难以适应，因为很多新词语可能突破了传统的语言结构规则、表现形式、语用风格等。语言规范必须适应语言发展的新形势，要具有包容意识，这既是语言发展的需要，也是社会发展的需要，更体现了人们的文化心态。田小琳（2004）认为，近几十年来，现代汉语词汇呈现出前所未有的开放性和包容性。词汇的开放性反映在以各种方式吸收新词语方面，包括以汉语语素组造新词、从方言词中吸收新词语、吸收汉语各社区词语和外来词；现代汉语词汇的包容性主要反映在吸收外来词数目的增多，特别是字母词数目的增多，其次是可以用多种方式来表示一个新的概念，再有就是对于多音节词语的包容。现代汉语词汇的开放得益于中国社会的改革开放，开放的社会，信息科技的发展，改变着使用汉语的人的心理状况。中华民族有五千年悠久传统，在使用语言上也形成了不少规矩，这规矩细说起来有好有坏，不足之处是比较封闭，比较喜欢束缚自己的手脚。但是，现代的中国人，特别是年轻一代，视野变得开阔，对自己运用语言的心理状态作了很大调整，比较容易接受新事物、新说法，趋洋趋新成了一种倾向，这无疑促使了语言的发展变化，特别是词汇发展变化。

语言规范的包容意识最突出地表现在对待外来词语的态度方面。外来词语是语言中的普遍现象，是民族间交往和国际交往过程中不可避免的现象。外来词语的存在是语言包容和开放的体现，甚至有人提出外来词语数量的多寡，标志着一个民族跨文化交际能力的强弱。对外来词语的包容以及主动吸收体现的是一种文化心态，也是国家民族向前发展的重要因素。祝玉深（2008）认为，日本之所以能顺利踏上汉化和欧美化的道路，沿着国际化道路不断向前迈进，以至形成今天多元文化共生的局面，就在于日语拥有一套可兼收并蓄且适应跨文化交际需要的多样而宽容的文字体系。日语在借用外来语方面表现出极大的宽容性。日语中广义外来语比例高达 57.3%，其外来语词源多达 11 种语言，包括汉语、英语、法语、德语、意大利语、荷兰语、西班牙语、葡萄牙语、俄语、拉丁语、希腊语。特别是近四十年来，随着科技的迅猛发展、全球经济一体化以及国际交往的不断扩大，在日语词汇中，狭义的外来语词汇的数量在急剧增加，所占比例也呈直线上升的趋势。与此同时，外来语词汇的来源国也在不断扩大。

语言的包容意识还表现在对待网络语言的态度上。网络语言产生于网络，但并不仅仅流行于网络，在现实语言生活中也使用频繁，因其表现形式的独特甚至异类而为某些人所不容。有人认为网络语言破坏了汉语的纯洁与健康，必欲除之而后快。但不管有多少人反对，网络语言的发展势头却没有任何减弱的趋势，不同社会阶层都有很多人不同程度地在使用网络语言，而且似乎乐此不疲。对待网络语言其实也是一种文化心态的问题，语言必须适应社会的发展需要，社会的发展特别是语言交际所凭借的工具发展变化必然会导致语言的发展变化。比如汉字，伴随着书写工具从刀子、软笔到硬笔的变化，其字体也从甲骨文、金文变化为隶书、楷书、草书、行书。语言也一样，网络的虚拟性、快捷性、智能性、机械性等特征造成了其承载的语言也与传统上大为不同。在虚拟语言生活无孔不入的今天，绝大多数人都不可能拒绝网络，也自然无法回避和拒绝网络语言。网络语言进入现实语言甚至一定程度上改造现实语言是社会发展的必然趋势。以一种开放包容的心态对待网络语言是一种科学的态度，符合语言发展和社会发展的客观规律。

三　要区分本体规范与使用规范

语言文字的使用无时无刻不存在于我们的生活中，规范地使用语言文字是交际顺利进行的必要保障，那么，什么是语言文字的规范呢？错综复杂的语言文字规范到底包括哪些内容呢？李宇明（2007）认为，语言文字规范是客观的语言文字规则、规律的主观化成果。换句话说，所谓语言文字的规范就是人们对规范语言文字的规范使用。我们认为，语言文字的规范涉及两方面内容：第一，规范的语言文字，即全社会形成一套约定俗成的稳定规范的语言文字体系；第二，规范地使用语言文字，即人们对已有规范语言文字体系按照约定俗成的方式规范使用。前者属于语言文字本身的规范问题，即本体规范；后者属于人们使用语言文字的态度观念，即使用规范。

关于本体规范和使用规范，学界多有论及，我们认为应该区分这两类不同的规范。语言文字本体规范指使用某种语言文字的人所应共同遵守的语音、词汇、语法、书写等方面的基本标准，这种规范标准是刚性的，是语言规范的管理者可以有所作为的，本体规范的成功与失败体现的是管理者对语言生活管理水平的高低。比如，对词语的异读、变调、儿化、人名地名的读音，对词语搭配组合的基本规则，对文字形音义的确定等，管理者应该在学界研究的基础上总结规律，为社会提供一个规范使用的科学标准，而且这些标准也应随着社会的发展而不断进行改进。国家语委已经公布的《汉语拼音方案》《通用规范汉字表》《人名拼写规则》《汉语拼音正词法基本规则》《现代汉语常用词表》《出版物上数字用法》《标点符号用法》等就是这方面的规范标准。随着社会的急速发展，很多行业都迫切希望国家管理部门能够及时提供本领域语言文字使用的规范标准，比如，广播电视界希望国家管理部门能尽快提供一个权威的字词读音规范标准，医疗界希望对专业术语进行字形的规范简化，基础教育界希望不同辞书在字词读音和解释方面能规范统一，特别对于古今音义发生变化的字词要提供一个权威的规范标准。目前本体规范的步子不是太快而是太慢，还难以满足社会的需要，管理部门应该支持学术界尽快研制适应各行各业需要的科学合理的规范标准。

与本体规范的刚性要求不同，语言文字的使用规范应该宽松对待，以柔性的引导为主。目前很多语言文字规范之争几乎都是使用规范的问题。在现实语言生活中常常有一些突破已有语言规范的创新或变异现象，这些创新往往和传统的使用习惯不符，怎么处理语言的创新现象也就成了学界争论不休的话题。比如，关于新词语和网络语言的问题，字母词的使用问题，新的语法组合问题，有人说这是不规范的表现，有人则认为这恰是语言充满活力的表现，也有很多学者试图对这些现象进行理性的科学分析。苏培成（2010）认为："应该怎样对待语文的变异呢？一律吸收或者一概拒绝都是不可行的。一律吸收就会使语文芜杂不堪，良莠不齐；一概拒绝就会使语文失去活力，停滞不前。正确的做法是对变异进行评价和选择。评价就是按照必要性、明确性和广泛性三个方面，把变异分为积极的变异和消极的变异两种类型。凡是符合交际需要、表达意思明确、流通比较广泛的变异，属于积极的变异，而与此相反的就是消极的变异。吸收积极的变异以促使语文的发展，这就是语文变革；拒绝消极的变异以保持语文的稳定，这就是语文规范。"侯敏（1988）认为："语言规范的实质就是对语言变化的评价和抉择。其中，评价是基础，是规范工作的主体和中心。衡量一个新出现的词语是新词还是生造词有两条重要的标准，一是在社会交际中是否确实需要，二是词语本身是否具备表义明晰准确、构词合乎规律、语音上没有混淆可能。"

尽管语言学家对语言变异的理据进行了辛苦的研究，提出了很多指导性意见，但语言使用者似乎并不买账，他们该怎么用还怎么用。我们认为，语言的规范标准是在人们约定俗成的基础上确立的，所以在使用过程中自然具有一定的灵活性，在对待是否符合规范的问题上也就带有一定的主观性。语言使用规范的本质是特定社会群体对有悖于传统习惯的社会语言使用现状能否接受的一种态度和限度，能接受或者在接受限度内就是规范的，否则就是不规范的。不同群体对语言新用法或变异的接受度是不一样的，一般说来，对语言文字的传统理据比较熟悉的人、年龄比较大的人对传统的东西更加热爱，传统习惯强，对创新或变异现象的接受度相对比较低；而相反，年轻的人往往更容易接受新的变异现象，也更乐意创造新的变异现象，而且恰是在这一创造的过程中获得一种成就感和满足感。语言学工作者没有必要把自己的好恶强加给社会，不要充当"语言警察"，动辄指责某些用法的不规范。80年代中期以来，有人批评"的士""巴士""卡拉OK""流脑""的哥""T恤"等新词语，觉得它们影响了祖国语言的纯洁和健康，应该坚决取缔；有人认为，把"洗澡""鞠躬""教育"等拆解为"洗个澡""鞠个躬""教而不育"破坏了意义和结构的完整统一，有时还使句子显得不够庄重。但语言生活的事实证明，这样的规范是没有意义的，这些词、这些用法在今天都已经被接受了，与其这样，还不如不要管，以免使语言文字规范工作丧失公信力。今天大量出现的新词语新用法又何尝不是这样呢，这些新兴的语言现象都是语言使用的问题。其实语言系统本身有一个自我调节的能力，不需要我们过多干预，那些有表现力的变异形式一定会沉淀下来为大众所接受，而那些不符合大多数人接受习惯的变异形式往往只是昙花一现，稍纵即会逝去。詹伯慧（1999）说得好，考虑语言规范化问题，最根本的出发点是为应用而规范，绝不是为规范而规范。对于语言文字应用中到底存在哪些需加规范的现象，我们应该心中有数，才能有的放矢，把力气用到分析这些现象，解决这些问题上来。对于那些在语言应用中并不需要规范的问题，也就无须多动脑筋，白花力气了。

四 语言工具性要优先于文化性

语言文字是人类社会最重要的交际工具，是人们约定俗成的一套符号系统，也承载了特定的民族文化。很明显，语言文字既具有工具特征也具有文化特征，所以语言文字规范既要考虑其工具特征也要考虑其文化特征，工具特征主要考虑交际的方便，文化特征主要考虑使用者的文化心理。近年来很多有关语言文字规范之争都来源于没有处理好工具特征和文化特征的关系，比如，有人认为简化字没有文化底蕴甚至隔断了中华文化，有人认为使用字母词是崇洋媚外的表现，有人认为很多新词语和网络语言体现出了一种低俗文化，不难看出，上述观点都是拿文化说事。语言文字具有很重要的文化特征这是不容置疑的。正因如此，今天的语言文字规范工作不得不考虑其文化特征，但是考虑语言文字的文化特征不等于一切唯文化是从，不等于文化就高于一切。

怎么处理语言文字的工具性和文化性的关系，二者孰轻孰重，孰先孰后，特别是当二者相悖时是优先考虑工具性还是优先考虑文化性，这是在理论上必须讨论清楚的问题。

语言最本源的特征是人类交际的工具，文字则是记录语言的工具。语言文字在其产生之初，只有一个功能，就是用来交际，而其文化功能是在长期使用过程中逐渐衍生出来的辅助性功能。语言文字的交际功能是与生俱来且永远存在的，而其文化功能则是后天获得并可以改变的。比如汉字，对于使用汉字的人来说，其基本交际功能不管何时何地都不会改变不会消失，但是其文化功能则可以随地点时间而改变。汉字到了日本就承载了日本文化，汉字到了韩国就承载了韩国文化，即使在中国，不同历史时期汉字所承载的文化也是有时代差异的，从最初的巫术文化到封建社会的皇权文化直至今天的大众文化，汉字所承载的文化内容在不断地变化。可以这么说，改变了甚至失去了某些显著文化特征的语言文字仍然是语言文字，仍然能被全民作为交际工具来使用，也正因如此，不同文化背景的人可以使用同一种语言文字作为交际的工具，不同文化背景的语言文字也可以相互翻译；但是，失去了基本交际作用的语言文字就不再是严格意义上的语言文字了，不再能作为全民交际的工具，只能被少数人作为艺术来欣赏，就像玛雅文字等一些已经消失文明中的文字一样，它们的性质其实就是一种出土文物，与陶器等其他物质性的出土文物一样，虽然承载了深厚的人类文化，但其交际作用已经消失殆尽，只能被少数人作为研究之用。

毋庸置疑，语言文字的工具性优先于其文化性，所以在考虑语言文字规范问题时，如果工具性和文化性发生冲突，应该优先考虑其工具性。譬如汉字的繁简问题，有些人认为，简化字不美观，甚至隔断了中国文化的根，应该恢复繁体字，至少部分恢复繁体字，对此种说法，国家语委前副主任傅永和在一次访谈中说，这是把文字的工具性和文化性混为一谈了。傅永和认为，汉字在演变过程中向两个方向发展：一是交际工具的方向，作为工具，不管是交际工具还是其他生产工具，人们的主要期望就是趋简，越简便越好，就像农具一样，都是越来越简便；二是书法艺术的方向，这与作为工具的发展要求不一样，作为书法艺术，要求汉字保留传统的结构、笔势、黑白度等越充分越好，这体现着我们汉民族的美。书法和交际工具不可混起来谈，书法上按交际工具的要求是不行的，但交际工具也绝不能按书法的要求，汉字越来越符号化是其作为交际工具的必然要求。苏金智（1989）也认为，审美功能实际上只不过是一种辅助性的次要的功能，在语言使用中，首先应该注意实用功能。同样的道理，对于字母词和网络语言等，如果我们认识到他们首先是一种交际工具，从方便交际的角度来考虑他们的规范时，我们就会在语言内部就事论事，而不会把强烈的民族情绪和文化情绪带入语言文字规范工作中来，这样会有利于问题的有效解决。关于字母词的工具价值问题，邢福义（2013）有过非常精辟的论述：当今信息化时代，全球的联系和沟通已经离不开英文字母词，比如电子邮件的发件人和收件人都是英文字母词，我们不能拒绝。英文字母词能够在各种场合频频出现，是英文字母词对使用者具有美感引力。我们可以把英文字母词看成是一支外来的特种生力军，让它配合汉语汉字，发挥其特定的作用，这是具有积极意义的。语言本质上就是交际和交流思想的工具。

五 "从今"要优先于"循古"

语言文字规范的理据是什么呢？一般有两种观点，"循古"和"从今"，所谓"循古"就是根据以往的经典形式来制定今天的规范标准，也就是"于古有据";所谓"从今"是根据现代人的使用习惯来制定规范标准,主要是"约定俗成"。从历时事实来看,任何一种语言文字从古至今都已经发生了很大的变化,以后也一定还会发生很大的变化,所以,"约定俗成"派在语言文字规范的理论论争中一直是占上风和主流的。两千多年前的老祖宗荀子的"约定俗成"理念就一直是语言文字规范的核心指导思想:"名无固宜,约之以命,约定俗成谓之宜,易于约谓之不宜。"(《荀子·正名》)。现代很多专家学者也在"约定俗成"这个大框架内阐述过语言文字规范的理念。赵元任(1985)认为,规范标准常常是约定俗成的,非规范的语言现象在一定的条件下可以转化为规范的东西。许嘉璐(1998)认为:"规范"是人类进入文明阶段以后不久就开始的一种社会行为,并且随着社会生产力的发展而发展。这种社会行为大体有两个方向相反而作用相成的运动:自下而上的约定俗成和自上而下的制定、推广规范。约定俗成是基础,因为它来自使用语言文字的千千万万人,是一种习惯;制定和推广规范是归纳性行为,从社会习惯里择优而推而广之。苏金智(1989)认为,雅俗问题是一个牵涉如何对待广大语言使用者的问题,也是一个语言规范标准究竟是以广大民众在日常语言生活中约定俗成为准则,还是以少数人的金科玉律为标准的重大问题。语言的大众化观点是我们评价语言规范工作的一条极其重要的标准。刘福长(1993)认为,从规范的形成过程看,有自然的,也有人为规定并通过行政或其他手段实施的。但从整体上说,语言的规范主要还是自然形成的。这就是说,即使不实施人为的、行政的规范,某语言社团的成员之间仍能相互交际,沟通思想。从这个角度看,自然形成的规范是占统治地位的,属于语言的共核部分,而人为的规范不过是自然的规范周围的某些边缘地带而已。

从理论上认识"约定俗成"的意义似乎不难,但实际操作起来却并不容易,"约定俗成"的具体内涵包括哪些要素?"约定俗成"是无章可循的吗?规范工作在"约定俗成"面前就是无能为力吗?这些问题需要进一步阐述。许嘉璐(1998)认为:如果自上而下的运动不理睬自下而上的运动,制定的规范将是无效的;反之,社会的习惯要靠规范的制定和推广加以引导,无序的运动将给约定俗成者(社会及其成员)造成不便,而这"不便"才是促进社会规范的最大的动力。很明显,许嘉璐认为尽管约定俗成很重要,但恰当的规范也是应该的。武汉大学赵世举在一次访谈中提出：约定俗成，并不是放任自流，想怎么样就怎么样。语言文字是公共产品，是公共的交际工具，使用者必须遵从共同的规范标准才能把自己的意思表达清楚，从而让接受者能够理解。目前人们对约定俗成的认识有两方面局限性，第一，认为"俗成"一定是在现实中要有，反过来只要现实中有的就是对的；第二，把规范制定过程中的理据性等同"于古有据"，古代有的就是理据，古代没有的就不是理据。我们认为，规范的理据应该包括两个层面，一方面是"于古有据"，因为语言文字是继承性的；另一方面有必要强调"于今有理"，某些语言文字现象尽管古代没有，但从现代的科学性和使用性这些角度来讲，它具有明显的交际价值，这也是理据，是科学的理据，是现实需要的理据。

我们很认同赵世举的观点，在语言文字规范中，"于古有据"不能全盘否定，"约定俗成"也要科学对待，尽可能吸收"于今有理"的成分，最好能把二者有机结合，但如果二者发生冲突，还是应该尊重"约定俗成"，特别是应该尊重"于今有理"的"约定俗成"。现略举数例说明。汉字简化中有一批同音或近音替代字，如"先後"的"後"用同音字"皇后"的"后"替代，"械鬥"的"鬥"用近音字"烟斗"的"斗"替代，"乾燥"的"乾"用"天干"的"干"替代，有人认为，这样的简化非常不科学，严重违背"于古有据"的原理，在繁简转换中造成了很大的麻烦，应该恢复这些繁体字。我们认为，在这里应该优先考虑"约定俗成"，在今天的汉字系统中找不到要恢复繁体的根据，现在大家已经接受并习惯了这些简化字，如果再改回去老百姓肯定不答应，徒增人们记忆的负担，而且还会产生新的混乱。诚如费锦昌（2004）所言，大陆老百姓已经在简化字系统中生活了几十年，无论从习惯上还是从观念上都把读写简化字视为天经地义，哪怕改动其中一两个字也可能在社会语文生活中掀起或大或小的波澜。我们在这方面有过比较大的教训，"象"和"像"的表义本来区分还比较明显，但在1964年的《简化字总表》中把二者合并，"像"作为"象"的繁体字废除了，后来在1986年重新发布的《简化字总表》中又把二者分开，确认"像"为规范字，不再作为"象"的繁体使用，这样的更改确实符合汉字的科学体系，"于古有据"了，但在现代语文生活中产生的混乱却不小，全国科技名词委还特此于2001年10月18日在中国科学院专门召开了"象与像用法研讨会"，但即使到了今天，二者的混乱还在很多人心中留有后遗。2013年颁布的《通用规范汉字表》并没有把某些不符合汉字传统理据的简化字恢复为繁体字就是充分考虑到了老百姓约定俗成的使用习惯。沈家煊在一次采访中打了一个很好的比方，电脑的键盘也有设计不科学的地方，但你能改吗？且不说更改的成本非常大，而且还可能引起新的混乱。在汉字读音方面也有这样的问题，这涉及到古今语音的演变。比如，"叶公好龙"的"叶"，根据古音应该读"shè"，但现在大家都习惯于读"yè"，而且现代汉语其他地方的"叶"都读成"yè"，所以读成"yè gōng"能保持语音的系统性，这是"于今有理"的约定俗成，而且这样符合语言文字总是在不断发展演变这一客观规律。语义和语法也会不断有变化，合理的接受今天人们约定俗成的语言使用习惯是一种明智的选择，否则规范将会成为一纸空文。五六十年代，有人认为"代表团所到之处，受到热烈的欢迎"不规范，因为受到欢迎的是人而不是地点，"打扫卫生""恢复疲劳"也不符合逻辑，应该说成"打扫垃圾""恢复精力"，但现实的语言生活告诉我们，语言本身的内在理据有时敌不过人们使用语言的习惯力量，积非成是在语言生活中是一种很常见的现象，根本不影响今天的语法系统，"约定俗成"在这里明显占了上风。

语言文字规范的具体问题错综复杂，梳理起来也是千头万绪，但都离不开应用二字。从应用角度来看，语言文字的规范包括两个层面：社会大众语文生活层面和特殊领域语文生活层面。费锦昌（2004）在讨论汉字规范时指出，汉字的使用分成两个层面，一个是社会通用层面，另一个是社会特用层面，这两个层面在字量、字形、字音、字义和字用方面都有所区别。王宁（2007）认为，汉字规范的分歧是如何处理科学性与社会性的问题，反映的是社会不同领域对汉字规范的要求。我们所讨论的规范理念主要是针对社会大众语文生活而言，至于某些特殊行业、特殊领域的语言文字规范问题则另当别论。

第三节　当代新词语规范验察

当代新词语的产出速度非常快，从承载的语义来看，绝大多数新词语都是记录新出现的事物、现象、思想、观念等方面内容，从构造方式来看，绝大多数新词语都是利用汉语已有的构词材料和构造规则创造出来的，无论是生成理据还是使用语境，其规范问题基本上都没有什么争议，如"按揭治病、半婚、北京蓝、避霾、冰桶挑战、打虎灭蝇、点赞党、二孩经济、非独家庭、高铁、动卧、公务的士、汉听、黄流、军老虎、空中小火车、一带一路、零翻译、亚投行、颜值、玉兔车、自由快递员"等。

目前关于新词语规范与否争议最多的主要是两类新词语，一是网络词语，二是字母词，这些新词语或者因为构造理据的不可思议，或者因为使用中造成心理冲击，从而导致诸多非议，引发了其规范性的争议。有人觉得这些成员影响了汉语的纯洁和健康，有人则认为这恰好是汉语充满生机和活力的体现。语言规范问题错综复杂，纷争自然难以避免，但细究就会发现目前大多数纷争并不是在同一范畴内进行的。比如"神马都是浮云"，有人觉得表现力很强，是规范的；有人却认为这样的表述是对汉语进行娱乐化的解构，不庄重不严肃，是不规范的。两种观点完全对立但又似乎双方都有道理，其实二者的视角并不一样，持规范观者着重于语言的生成理据，持不规范观者着重于语言的使用风格，二者所说的并不是同一个问题。以此看来，讨论语言规范首先要确定规范的对象到底是什么，否则很难达成共识。对此诸多学者也有过相关阐述。周一龙（1996）提出，在汉语规范化的理论和实践中，应该区分"语言"和"言语"这一对互相交叉的概念。语言规范是一种静态的规范、工具的规范、构件的规范，是一种标准下的规范；而言语规范则是动态的规范、技能的规范、整体的规范，是一种行为规范。从交际效果来看，言语失范对人造成的伤害一般要大于语言失范所带来的后果，语言失范多数是语言问题，而言语失范则经常要触及社会问题了。王希杰（1998）提出，在讨论语言规范化时，应当区分语言规范和言语规范，区分言语规范化和言语得体性。语言规范化是语言自身的问题，是语言体系的相对稳定性问题，言语规范化是某一个时代、某一个社会的语言使用中所约定俗成的相对稳定的一般原则，言语得体性是特定的交际环境中话语对于交际环境的适应程度的问题。语言规范化是语言习得或语言学习问题，而言语规范化和言语得体性是人的社会化的问题，言语得体性是社会文化风貌的最重要的组成方面，是民族文化素质的最重要表现。郑远汉（2006）提出，言语活动的规范或标准，必须概及语言和言语，只着眼于语言层面是不够的。作为言语活动工具的语言，有其自身的规则和系统，这是语言层面的规范，但是语言系统不等于、不可能代替言语行为,语言系统的规范与言语行为的规范之间也不能画等号;言语行为除了要接受语言系统规则的指导,同时需要与不同的交际环境相适应,必须同时从言语层面入手,正视言语规范具有多体性这样的现实,才能使我们有关规范的理论发挥更普遍、更切言语实际的指导作用。结构主义鼻祖索绪尔看到了言语活动的复杂性,从而提出要区分语言和言语,自此之后语言研究的对象就不再包罗万象,而是表现出了相对的明确性,不管是语言本体研究还是语言应用研究都要把语言和言语区分开来,只是不同的研究范式其关注点不一样,在语言规范问题研究中明确区分语言和言语很有必要,有利于从纷繁复杂的语言现象中抓住本质规律。

总的看来,新词语的规范涉及两个不同范畴的问题,一是新词语生成机制中的规范问题,二是新词语使用中的规范问题,前者属于语言的范畴,后者属于言语的范畴,两者都有规范与否的问题,但其规范的依据和标准并不一样,需要分别对待。本节主要从语言和言语区分的角度讨论网络新词语和字母词的规范问题。

一 网络新词语的生成及规范问题

所谓网络新词语指网民利用网络平台创造的新词语,它们主要流通于网络,在年轻人日常口语交际中也会出现。网络新词语繁衍生息的平台主要是网络聊天室、电子公告牌、论坛、微博、微信等电子平台,这是一个没有语言检查站的开放的平台,任何人只要有兴趣都可以依自己的爱好随意创造新的表达形式,如果能获得网民的认同就会很快传播出去,甚至流行开来。网络新词语从表现形式来看,可以说是五花八门,千奇百怪,但如果深究就会发现其生成过程都有一定的理据可循,而且这些造词理据都是汉语中很常见的造词依据,网络新词语的特别之处在于其对传统造词理据进行了无限地扩大,从而产生远远超出人们心理预期的视觉和意识冲击效果。网络新词语的生成理据包括多种类型,其规范性质各有差异。

(一) 缩略造词及规范问题

缩略是语言运用的常见手段,是为了用语的经济而对某些词语或句子中的成分进行有规律的节缩或省略。邢福义(1991)认为,缩略是现代汉语构词的一个补充,是快速传递语言的一种手段,也是现代汉语双音节化的一种发展趋势,现代汉语的语汇通过缩略而不断地得到充实和丰富。对固定短语进行缩略,要遵循三条原则,一是表义的明确无误,二是避免同音形式，三是如果已有通行的缩略词，就不能再进行不同的缩略。从以往的语言事实来看，缩略的对象一般指称性较强而陈述性较弱，比如"政协""公关""知青""五官""六书"等。

在当代网络新词语中，由于缩略而来的新词语非常多，特别是近几年缩略造词似乎成了一种潮流，各种各样的缩略新词语都出现了，其缩略的方式已经远远超出了传统的缩略规律，缩略而来的新词语甚至有点离奇古怪。从缩略的源语言的性质来看，网络缩略可以分成两种大的类型：词语缩略和句子缩略，二者的规范情况并不一样。

1. 词语缩略及规范问题

词语缩略即对几个语义相关的词语进行缩略，具体的缩略方式可以是提取语素，可以是标注数字，也可以是语义概括。如：

喜大普奔：喜闻乐见，大快人心，普天同庆，奔走相告。
冷无缺：冷漠，无理想，信仰缺失
药电睡：吃药，电疗，睡觉。
4逼青年：苦逼青年，二逼青年，装逼青年，傻逼青年。
白富美：形容女子皮肤好，经济能力强，长得漂亮，身材好，气质佳。
高富帅：形容男人在身材、相貌、财富上完美无缺，即长得高，长得帅，又有钱。
矮穷矬：形容男人没背景，没身材，长得还丑，又矮又穷又丑。
土肥圆：形容男性相貌平平，肥胖臃肿，形象不佳。

上述例子中"喜大普奔、冷无缺、药电睡"都是提取几个词语的某个语素构成新词语，这些被缩略的词语在语义上都密切相关，在语法性质上都是一种并列关系，无先后主次之分，因此缩略后的词语在形式上也不一定很固定，比如"喜大普奔"也可以说成"普大喜奔"。"4逼青年"很明显是用数字进行概括而产生的缩略形式。"白富美、高福帅、矮穷矬"这些缩略词语的产生并不是提取语素造成的，而是对相关语义特征进行提炼概括的结果。

从规范与否的角度来看，"白富美、高富帅"应该符合规范，这些缩略词语概括得非常好，有很强的表现力，而且在现实生活中确实有相对应的人群，也就是说这些词语记录了一个新的社会群体，所以很自然能够为广大民众所接受。"矮穷矬""土肥圆""4逼青年"从缩略方式来看也可以说是规范的，但其记录的内容带有明显的消极性甚至歧视性，因此可以归为言语行为的非规范用法，在正式语境中应该尽量少用。"喜大普奔、冷无缺、药电睡"这些缩略词语尽管缩略过程也符合汉语中提取语素进行缩略的基本规律，然而却违反了缩略应该表义明确无误的原则，这些缩略词语本身并没有明显的表现力，从字面上看又很难理解其含义，所以可以认为是不规范的。沈家煊（2016）认为，网民总是想用简单的方式来表达比较复杂的意思，像"喜大普奔"这种说法，想用简单的四个字来表达一个比较复杂的意思，但因为太简了导致很多人无法理解，因为太简单就不明晰，而要想明晰就要费更多的词语，就不经济，我想应该在"简单"和"明晰"之间取得一种平衡。

2. 句子缩略及规范问题。

句子缩略即提取一句话中的某些词或语素构成一个新词语。从缩略对象来看，主要有两种类型，一是单句的缩略，二是复句的缩略，也有紧缩句的进一步缩略。一般来说，由单句缩略而来的词以三音节为主，而由复句缩略而来的词则以四音节为主。如：

何弃疗：为何放弃治疗。
细思恐极：仔细想想，觉得恐怖至极。
累觉不爱：很累，感觉自己不会再爱了。
来信砍：来XX信不信我砍死你（XX为任意地名）。

上边例子中"何弃疗、然并卵"是单句缩略而成，而"细思恐极、累觉不爱"是对复句的缩略，"来信砍、无图言屌"是紧缩句的缩略。

单句缩略，可能是非主谓句的缩略也可能是主谓句的缩略。非主谓句的缩略一般是提取其各个组成部分的词或语素构成新词语；而主谓句的缩略，方式多种多样，五花八门，基本无规律可循。先看非主谓句缩略的情况。如：

请允悲：请允许我做一个悲伤的表情。
活撸辈：活该撸一辈子。

注孤生：注定孤独一生。
挽尊：挽救楼主尊严。
躺枪：躺着也中枪
战五渣：战斗力只有五的渣滓。
猜礼包：一种需要猜的礼包。

上述例子中，"请允悲、活撸辈、注孤生、挽尊、躺枪"都是动词性结构缩略而成，缩略后产生的新词语在结构关系上和原来的句子内部结构关系基本没有变化，但是"战五渣、猜礼包"缩略后结构关系发生了变化，其来源句都是偏正关系，但缩略后更容易理解成动宾关系。

主谓句的缩略过程带有很大的随意性，缩略后产生的新词语有的仍然保持了基本的主谓关系，有的则不再是主谓关系了。如：

我伙惊：我和小伙伴们都惊呆了。
语死早：语文老师死的早（指语文水平低下）。
年娇处：那年阿娇还是处女（形容对方知道的太晚，或所描述的内容过时）。
人干事：这是人干的事吗？
碎一地：节操碎一地

上述例子中，"我伙呆、语死早"是依据整个主谓框架来缩略的，而"年娇处"则是由句首状语、主语、宾语缩略而来，"人干事、碎一地"是由宾语缩略而来。

复句的缩略一般情况是两个分句的缩略，在其前后分句中分别提取一个双音节成分，也有少数情况是在多个分句的基础上缩略而成，缩略后产生的新词语一般是四音节形式，极少数构成三音节词语。如：

不明觉厉：虽然不明白对方在说什么，但是感觉很厉害的样子。
男默女泪：男生看了会沉默，女生看了会流泪。
十动然拒：十分感动，然后拒绝了他。
人艰不拆：人生已如此艰难，有些事就不要拆穿。
说闹觉余：其他人有说有笑有打有闹，感觉自己很多余。

裤脱我看：我裤子都脱了，你就让我看这个？（指被标题党文不对题的内容所蒙骗）
　　地命海心：吃地沟油的命，操中南海的心。
　　社病我药：社会生病了，为什么让我吃药？
　　艰拆装死：人生本艰难，万事别拆穿，你若再装逼，我定砍死你。
　　爷五死：爷爷五岁就死了。
　　醒工砖：醒醒，工头喊你起来搬砖。

　　从规范性视角来看，句子缩略成词语基本上是不规范的，传统上也没有这样的缩略形式。首先语言的缩略是以不影响基本信息传递为前提的，这一点在词语缩略中比较容易实现，如"高等学校""中年和老年""中国共产党中央委员会"等缩略成"高校""中老年""中共中央"虽然字数压缩了但信息量不变，因为在缩略过程中提取了核心或关键性语素。而句子是陈述性信息，表达的是一个全景事件，其核心语素很难提取，所以不适合缩略，网络上这些由句子缩略而来的新词语要么信息损耗非常严重，言不达意，要么不知所云。其次这种句子缩略无规律可循，带有很大的随意性，网民往往根据自己的兴趣随便拿一句话任意提取几个成分就生成了一个缩略词语，缩略词语在表义上非常含糊，即使经常上网的人也很难理解所有句子缩略语的含义。

　　从语言实践来看，这些句子缩略性词语基本上只停留在网络，而且流传得也不广泛，也就是说并没有被大多数网民所接受，但有一个词算是例外，就是"躺枪"，这个新词语流传得比较广，不仅网络，即使现实语言生活中也经常被人使用，为何"躺枪"具有较强的生存能力而流传开来呢？"躺枪"是由"躺着也中枪"缩略而来的，之所以能被接受首先是因为其来源句子具有很强的表现力，被民众所接受。"躺着也中枪"指"自己什么也没做，也没招惹别人，却被别人言语攻击给打击了"，这种情况在日常生活中并不少见，所以很容易在人心中产生心理共鸣，因此被经常使用，随着"躺着也中枪"使用频率的提高，慢慢地就缩略成了"躺枪"，这种缩略也是提取关键语素，不影响基本信息的传递。以此看来，"躺枪"之所以被接受原因有二：一是其来源句子具有较强的表现力，二是其缩略过程也符合汉语缩略的基本规则。不像"说闹觉余""社病我药""爷五死"等词语,一方面其来源句子本身没有明显表现力,不能获得民众共鸣,另一方面其缩略过程也无规则可言。

(二) 替代性造词及规范问题

一般说来,言语交际过程包括五个基本环节,编码、输出、传送、接收、解码,但这是传统的人与人直接交际过程,在现代网络交际过程中,人人交际有了一个中间工具——机器(电脑、手机等),这就需要多一个环节,在"编码"后多一个"输入"环节,即人需要借助键盘把语言输入电脑,然后由电脑屏幕"输出"。在借助键盘输入语言时,输入人往往想加快输入速度,或者为了避开某些敏感的文字形式,或者对输入的拼音不熟悉,从而利用键盘的机械界面,使用一些输入相对简单快捷或不那么敏感的形式来代替目标词语,当这些替代性形式定型化以后,就产生了网络上的替代性造词现象。这些替代性词语与目标词语之间往往具有某些相似之处,或者语音相似,或者语义相似,或者语形相似。常见的网络替代性造词现象主要包括:同音或近音汉字替代,谐音数字替代,拼音字母替代,表情符号替代,他们的规范要求各不相同。

1. 同音或近音汉字替代及规范问题

即利用同音或近音的汉字词去替代目标词语,此类替代的原因主要有三:一是键盘输入的随意性。使用拼音以词为单位进行输入时,往往会产生多个同音或近音词语,还有易混拼音输入也会产生近音词语,有些网民往往不进行认真选择就按下确定健,从而产生了大量同音或近音汉字替代现象。二是故意为之,造成调侃效果。社会生活中有很多不如意的现象,民众虽有怨言却无可奈何,有人就利用谐音手段仿照已有词语造出一些新词语,从而达到调侃效果。三是为规避网络过滤,网络作为一种特定的交际语域是属于生人社区,处于这个交际场的人相互基本不认识,在交际时也就少了很多顾忌,因此网络就成为了爆粗口的最方便场所,网络主管部门为了保证网络语言的文明,往往会进行一定的监管,一些带有明显辱骂性的词语就会被过滤掉,网民为了规避这种网络过滤,从而使用同音或近音词语来替代相关低俗词语。如:

a. 大虾(大侠)、茶具(差距)、洗具(喜剧)、果酱(过奖)、河蟹(和谐)、围脖(微博)、霉女(美女)、稀饭(喜欢)、神马(什么)、有木有(有没有)、衰锅(帅哥)、油墨(幽默)、涨姿势

（涨知识）、肿么办（怎么办）、先森（先生）

b. 蒜你狠（算你狠）、豆你玩（逗你玩）、姜你军（将你军）、鸽你肉（割你肉）、糖高宗（唐高宗）、油你涨（由你涨）、苹什么（凭什么）

c. 碉堡了（屌爆了）、草泥马（操你妈）、小婊砸（小婊子）、擦（操）、去年买了个表（去你妈了个逼）

上述 a 类主要是键盘输入的随意性造成的，b 类是网民故意为之的调侃性词语，c 类是为规避网络过滤而造出的近音词语。从语言规范性的角度来看，a 类带有很大的随意性，无规律可循，其词形也不固定，如"亚历山大（压力山大）"也可以是"鸭梨山大"，"斑竹（版主）"也可以是"板猪"，所以其生成过程本身就是不规范的。b 类是民众对近年来物价上涨的一种调侃性表达，这些词语从某种程度上记录了社会发展的轨迹和其间存在的问题，其生成过程是以谐音为手段，语义表达非常清楚，也被大多数人所接受，尽管在较正式的文本中不太出现，但在日常生活中使用并不少见，而且其修辞效果比较好，因此我们认为这类新词语不违背规范原则。c 类词语的生成原理是利用同音或近音词语替代辱骂性词语，目的是规避网络过滤，但是不管外在词形如果改变，其低俗的本质属性是怎么也改变不了的，此类词语的大量出现不符合文明社会的特征，不是高素质的体现，这是一种言语行为不规范的表现，作为一个文明的公民，应该尽量杜绝此类低俗词语的使用。

2. 谐音数字替代及规范问题

利用数字替代语音大致相似的汉字，一方面是因为用键盘输入时数字的输入速度要远远快于汉字的输入速度，另一方面在汉语表达中适当地插入一些数字往往能收到陌生化的审美效果，符合网民追新求异的文化心理。如：

847（别生气）、987（就不去）、881（抱抱你）、771（亲亲你）、7456（气死我了）、94（就是）、42（是啊）、748（去死吧）、5555（呜呜呜呜）、1573（一往情深）、3344（生生世世）、1314（一生一世）、01925（你依旧爱我）、0564335（你无聊时想想我）、1324320（今生来世深爱你）、1372（一厢情愿）、5846921（我发誓永久爱你)、20110（爱你一百一十年）、246437（爱是如此神奇）、3013（想你一生）、3207778（想和你去吹吹风）、440295（谢谢你爱过我）、507680（我一定要追你）、51020（我依然爱你）、51396（我要睡觉了）

从语言规范的角度来看，数字替代并不是规范用法。首先，谐音数字所替代的汉字并不是唯一的，同一个数字可以替代多个汉字，如"1"可以代表"唯一""你""起点"，"7"可以代表"请""起""气"，"8"可以代表"发""拜拜""不"，"9"可以代表"久""就""求"。这就造成表义上的不确定性，不符合词语表义明确的原则，如"94"既可以理解成"就是"，也可以理解成"就死""九死"，还可以理解成"酒肆"。网络上有些数字替代也并不准确，如"045692（你是我的最爱）、0487561（你是白痴无药医）"等理解起来也比较困难。其次，这种数字替代只用于网络还好，如果用于正式书面语言中，就会和书面语中真正计数的数字相混淆，造成表达的混乱。

3. 拉丁字母替代及规范问题

即用拉丁字母替代词语，包括汉语拼音字母替代和英文字母替代，一般使用音节的首字母替代整个词语，只有在替代个别单音节低俗词语时才使用一个完整的音节形式来替代相关词语。如：

a. GG（哥哥）、MM（妹妹）、BB（宝贝）、JJWW（唧唧歪歪）、KHBD（葵花宝典）、PXJF（辟邪剑法）、BXCM（冰雪聪明）、RPWT（人品问题）、PF（佩服）、wl（网恋）

b. GF（girl friend）、BF（boy friend）、SP（support）、LOL（Laugh Out Loud）、btw（by the way）、BRB（Be right back）、TTYL（Talk to you later）

c. BT（变态）、SL（色狼）、SJB（神经病）、PMP（拍马屁）、MPJ（马屁精）、kao（尻）、MD（妈的）、TMD（他妈的）、TNND（他奶奶的）、yy（意淫）

拼音字母替代的原因主要有两个：一是为了加快键盘输入的速度，如上边的 a 类和 b 类，a 类是用汉语拼音首字母替代，b 类是用英文单词首字母替代；另一方面是为了规避网络对低俗语言的过滤，如上边的 c 类。拼音字母替代和数字替代性质是一样，也具有替代的不确定性，比如"JJ"，既可以理解成"姐姐"，也可以理解成"交际""积极"等，甚至还可以理解成低俗词语"鸡鸡"，这样很容易造成误读。另外，利用拼音替代低俗词语也有违文明言语行为准则，不符合文明社会行为规范。总之，拼音字母替代性新词语无论是其生成过程还是使用过程都是属于不规范现象，在正式文本中应该加以杜绝。

（三）修辞造词及规范问题

修辞造词就是运用一定的修辞手段生成新词语，在汉语新词语的生成过程中，修辞造词一直占有很重要的地位。周洪波（1994）认为，"修辞现象与词汇现象密切相关，在一定条件下，修辞现象中以辞格构成的词语能够逐渐脱离语境的制约，转化为词汇现象，成为新词语产生的一种重要途径。"利用修辞手段造出来的新词语往往新颖别致，生动形象，能大大增强新词语的感情色彩和形象色彩。姚汉铭（1998）认为，"语言自身的形象化要求语言总是朝着有利于信息传递的方向发展的。修辞造词能增强语言的形象性，使受方加深印象。"在网络新词语生成过程中，修辞手段自然是很重要的一条途径，最常使用的修辞手段主要包括比喻、仿词、别解等。如：

a. 菜鸟（新手）、灌水（发无价值帖子）、潜水（只看帖不发帖）、楼主（发主题帖的人）、恐龙（丑女）、青蛙（丑男）、娘炮（女性化的男子）、清汤挂面女（朴素无粉饰的女子）

b. 负翁（仿"富翁"）、压洲（仿"亚洲"）、创伪（仿"创卫"）、春劫（仿"春节"）、院仕（仿"院士"）、言塞湖（仿"堰塞湖"）、擒人节（仿"情人节"）、剩斗士（仿"圣斗士"）、足囚协会（仿"足球协会"）、童养蟹（仿"童养媳"）

c. 产前（生小孩前）、团长（团购组织者）、省长（节省者）、麦粉（麦当劳粉丝）、卖场（出卖考场）、脱光（摆脱光棍身份）、偶像（呕吐的对象）、武大郎（武汉大学的男生）、不约而同（因很久没有被异性约而变成同性恋）、天使（天上的鸟屎）

上边的网络新词语分别是使用比喻、仿词、别解创造出来的。比喻是汉语最常用的修辞手段，比喻的最大特点是化抽象为形象，这非常符合汉民族的思维方式，近年来的网络新词语中使用比喻手段创造出来的非常多，如上述 a 类词语。仿词是仿拟某个现成的词语创造出一个形式类似、语义相关的词语，仿拟而来的词语往往具有较强的表现力，特别是其幽默调侃讽喻方面的效果往往比较明显，在传统的文学创作中用的比较多，现代网络语言中也大量使用仿拟的方式来造词，如上述 b 类。别解指对语言中某个固有词语进行重新分析临时赋予其原来不曾有的新的含义的修辞格，这是增强语言趣味性的一种修辞手段，现代网络语言中用别解造出来的新词语非常多，如上述 c 类。除了比喻、仿词、别解之外，在网络语言中使用修辞造词的还有借代、夸张等，如"校草（最帅男生）""换草（女性交换男性朋友）""绝世衰男"，等等。

从语言规范的视角来看，比喻、仿词、别解、借代、夸张等修辞造词的方式本身完全符合语言规范的原则，但其造出来的词是否能在汉语词汇系统中取得合法的身份需要区别情况讨论。先看比喻类新词语："菜鸟、灌水、恐龙、青蛙"等比喻造出来的新词语目前主要用于网络，但其生成过程符合语言规范，在格调上也不存在低俗问题，因此我们认为这些词有进入规范书面语的潜质，当然最后能否进入取决于语言生活的实践；"楼主、潜水"虽然其生成过程也是规范的，但因为这些词的语义特征决定了它们只适合网络发帖的语境，所以它们要进入规范书面语估计比较艰难；"清汤挂面女、经济实用男"等虽然产生于网络，但因为表现力强很容易为大家接受，所以很难说它们是不规范的；"娘炮"这样的词格调比较低下，估计很难被规范书面语接受。第二，"负翁、压洲、创伪、春劫、院仕、言塞湖、擒人节、剩斗士、足囚协会、童养蟹"等新词语，仿词的性质决定了它们中的绝大多数只适合临时使用，却很难在汉语词汇系统中固定下来。徐炳昌（1986）认为，仿词是一种修辞方式，是词语的创新……由于仿造出来的词语是临时性的，所以词典里一般不收。濮侃（1989）认为，仿词从某种意义上说也是新生词，不过这是修辞学上的新生词，是个人使用语言时为了增强表达效果而临时仿造出来的"新词"。仿拟出来的新词临时性强，对语境的依赖性也很强，它们能否固定下来，则需要时间的检验和证明，我们不排除个别词语会被规范书面语所接纳，但基本可以肯定其中绝大多数词语都会成为过客，慢慢淡出民众的视野。第三，别解造词与仿词一样，也具有很强的临时性，而且别解对语境的依赖性更强，"产前、团长、省长、麦粉、卖场、脱光、偶像、武大郎、不约而同、天使"等离开了语境，别解义就基本上消失了，所以这些词很难在规范书面语中取得合法地位。

(四) 拆合造词及规范问题

所谓拆合造词指对汉语中固有的词语或音节进行拆分或合并而造出某些网络新词语，有时理解起来像猜谜语一样。如：

  a. 弓虽（强）、走召弓虽（超强）、陈水（欠扁）
  b. 表（不要 bu yao→biao）、酱紫（这样子 zhe yang zi→jiang zi）、不造（不知道 bu zhi dao→bu zao）
  c. 次奥（操 cao→ci ao）
  d. 东东（东西）、饭饭（吃饭）、片片（照片）

上述 a 类的"走召弓虽"是对汉字"超强"的部件拆解而成，而"陈水"是把"陈水扁"这个专有名词拆开之后省略掉"扁"之后产生的。b 类是语音合并的结果，网民为追求输入的快速，往往将两个音节合并为一个音节，一般上字取声下字取韵，类似于古代的反切，当然语音可能有一定的讹变。c 类是语音拆分的结果，把一个音节拆分成两个音节，主要是网民为逃避低俗语言被过滤而采取的一种变异手段。d 类是把一个固有词拆开，取其中一个语素进行重叠，像儿童语言一样，显得充满童趣。从语言规范的角度来看，这些新词语的构造过程并不符合汉语的规范原则，而且造出来的新词语也没有很强的表现力，特别有些词语还有低俗性，所以这些新词语很难被规范书面语所接纳。

总之，网络新词语的规范问题涉及生成规范和使用规范两个范畴，其生成过程是否符合汉语基本的构词原则是确定其规范性的基本前提，同时词语使用规范也是一条非常重要的原则，即符合规范的网络新词语应该有较强的积极表达效果，能获得大多数民众的心理认同，那些低俗的、搞笑的网络新词语不应该也很难被规范的书面语所接受。

二 字母词的使用规范问题

字母词一般指汉语使用中出现的由西文字母构成或其中包含西文字母的词语。从构成形式看，字母词既包括全由西文字母构成的，也包括西文字母加汉字构成的,如 GDP、NBA、CT、WTO、GB、RMB、B 超、卡拉 OK、三 K 党、pH 值等。在当代社会,字母词已经成为了语言生活的重要成员,使用非常广泛。段业辉、刘树昇(2014)调查了 2013 年 4 月 1—7 日国内重要媒体的字母词使用情况,发现《人民日报》《光明日报》《中国体育报》等纸媒每个版面就会出现 4—5 次字母词,《经济日报》甚至出现 8 次字母词,而《新闻和报纸摘要》《全国新闻联播》《天下财经》《经济信息联播》等有声媒体每两分多钟基本就会出现一次字母词。侯敏(2016)调查了 1955—2015 年《人民日报》中 13 个年度的语料发现:在改革开放前,《人民日报》字母形式使用每年大约 200—500 个,500—1500 次,词种占比在 0.2%—0.3%左右;改革开放后,字母形式慢慢增多,尤其是 90 年代以后,有一个 10—15 年的急速增长期,词种比例占 1.4%,基本上达到了《人民日报》使用字母形式的上限,随后的 10 年,使用比例有所下降。以此看来,字母词尽管并未如某些人所言的威胁到汉语存在的程度,但确实已经成为当代语言生活中的重要成员,对其进行适当的规范和引导是完全必要的,是汉语健康发展的需要。

从词源来看,字母词基本可以分成两类,一类是源于汉语拼音的缩写,一类是源于外文的缩写,二者的规范要求有一定的差别,本部分从使用规范的角度分别加以讨论。

(一)汉语拼音类字母词的使用规范

汉语拼音类字母词指由汉语拼音缩略而成的字母词,一般是选取某个字或词的拼音首字母构成,有的全部由字母构成,有的则由字母和汉字组合而成,如 YW(硬卧)、YZ(硬座)、JT 票(纪念特种邮票)、D 版(盗版)。目前汉语拼音字母词主要使用于如下几个领域:

1. 文件标识类字母词的使用规范

国家机构在行使国家管理权力的过程中,往往会制定很多行为标准,作为各行业工作的主要依据,这就是国家标准。根据国际惯例,也为规范管理,国家标准都设置编号。国家标准的编号由国家标准的代号、国家标准发布的顺序号和国家标准发布的年号(发布年份)构成,如"GB3259—92 中文书刊名称汉语拼音拼写法""GB/T15834—1995 标点符号用法""GF3002—1999 GB13000.1 字符集汉字笔顺规范",这其中的代号"GB(国标)""GB/T(推荐性国家标准)""GF(规范)"就是由汉语拼音缩写而成的字母词。国家标准的种类和性质多种多样,都有对应的代号性字母词。如：GB（强制性国家标准），GB/T（推荐性国家标准），GB/Z（国家标准指导性技术文件），GBJ（工程建设国家标准），GBZ（国家职业卫生技术标准），GJB（国家军用标准），GHZB（国家环境质量标准），GWKB（国家污染物控制标准），GWPB（国家污染物排放标准），等等。除了国家层面的标准之外，各行各业都有相应的行业标准，其对应的代号性字母词数量更多。如：BB（包装行业标准），CB（船舶行业标准），CJ（城镇建设行业标准），CY（新闻出版行业标准）、DA（档案行业标准），DB（地震行业标准），DL（电力行业标准），DZ（地质矿产行业标准）、FZ（纺织行业标准），GA（公安行业标准），GY（广播电影电视行业标准），HB（航空行业标准），HG（化工行业标准），HY（海洋行业标准），JB（机械行业标准），JC（建材行业标准），JR（金融行业标准），JT（交通行业标准），JY（教育行业标准），LB（旅游行业标准），LS（粮食行业标准），LY（林业行业标准），MH（民用航空行业标准），MT（煤炭行业标准），MZ（民政行业标准），等等。

此类字母词的使用完全符合汉语规范。根据《汉语拼音方案》的规定，汉语拼音可以用来编制索引和代号。《汉语拼音方案》是经过国际标准化组织（ISO）批准的国际标准，使用汉语拼音编制代号符合规范标准国际化的需要，容易使我国的规范标准与国际接轨，容易为国际社会所接受。而且此类字母词一般也不单独使用，而是连同相关数字一起使用，一般不会引起歧解。如：

a. 防盗门应该有有关部门的检测合格证明，产品质量应符合国家标准 GB—17565—1998《防盗安全门通用技术条件》的技术要求。（例句来自北京语言大学 BBC 语料库）

b. 产品的组成部分，这一规定既是 GB9969.1 的基本要求，也是 GB/T1.3《产品标准编写规定》的明确要求。（例句来自北京语言大学 BBC 语料库）

c. 北京市新技术产业开发试验区 1997 年 12 月 2 日颁发的新准字第 GF1329 号批准证书，批准中青旅股份有限公司为新技术企业。（例句来自北京语言大学 BBC 语料库）

2. 火车标识类字母词的使用规范

在火车的票面上也使用字母进行识别,如"G2356""D1342""K3215"等分别代表不同性质的火车,这些字母是汉语拼音的首字母缩略。火车标识字母对应火车性质如下:G(高铁),D(动车),K(快车),T(特快),C(城际列车),L(临时列车),P(普通列车),Y(临时旅游列车),这些字母都对应着某个词,所以也是字母词。作为火车标识的字母词一般也不会单独使用,而是与数字合在一起使用,其性质也是用于编号,相当于一个代码,因此其使用是符合汉语规范的。

3. 电视台名称类字母词的使用规范

各省电视台名称都是字母词,一般都使用省名的拼音字母缩略形式和英语 television 缩略形式 TV 组合而成,如"GDTV(广东电视台)""ZJTV(浙江电视台)""HLJTV(黑龙江电视台)""JSTV(江苏电视台)""JXTV(江西电视台)""TJTV(天津电视台)""YNTV(云南电视台)""BTV(北京电视台)"等,只有中央电视台全部是使用英文的缩写形式,CCTV(China Central TeleVision)。电视台名称使用字母词其着眼点估计是考虑与国际接轨,如果站在开放的国际视野来看,电视台名称使用字母词应该可以接受。中央电视台使用 CCTV 作为台标受到了很多人的非议,我们认为,作为一个全国性的电视台最好是使用汉字形式作为台标,但 CCTV 已经使用了几十年,具有了品牌效应,尽管很多民众并不知道"CC"是英文"China Center"的缩略,但这并不影响民众对"中国中央电视台"基本语义的认知,既然已经约定俗成深入人心,就没有必要再改成汉字形式了,其实也不太可能改了。

4. 考试类字母词的使用规范

目前出现了一些由汉语拼音缩略而成的考试类字母词,如 HSK、PSC、HZC,最早出现的应该是"HSK(汉语水平考试)",这是模仿 GRE(Graduate Record Examination 美国研究生入学考试)、TOEFL(The Test of English as a Foreign Language 非英语为母语者的英语能力考试)、CET-4(College English Test Band 4 大学英语四级考试)等字母词而造出来的词语。目前所看到的考试类汉语拼音字母词还有"PSC(普通话水平测试)""HZC(汉字应用水平测试)""WSK(外语水平考试)"等。从语言规范的角度来看,"HSK"应用于汉语国际教育领域符合汉语国际化的现实需求,但不太适合用于国内的非汉语国际教育领域,因为非汉语国际教育领域的绝大多数民众都不明白"HSK"的含义，也找不到一定要在汉语文本中使用拼音字母词缩略形式的依据。至于"PSC""HZC""WSK"等汉语拼音字母词，它们与汉语国际教育无关，其使用完全没有必要，基本上是多此一举，徒增民众的认知成本，如果这些字母词能接受的话，那么"语文考试"就可以说成"YWK"，"数学考试"就可以说成"SXK"，"物理考试"就可以说成"WLK"，"公务员考试"就可以说成"GWK"，"事业单位考试"就可以说成"SYK"，这样就会没完没了的。

5. 其他类字母词的使用规范

其他类型的汉语拼音字母词如"RMB（人民币）""GCD（共产党）""ZF（政府）""JT 票（纪念特种邮票）""ZTZF 学习法（准备、讨论、整理、反馈学习法）""KSJ 心理学咨询所（跨世纪心理学咨询所）""D 版（盗版）"等，以及网络上大量出现的"JS（奸商）""GG（哥哥）""MM（妹妹）"等。此类字母词有的是为了规避网络审查而故意使用的，有的是追新求异而使用的，有的是为了经济性，方便输入或显示。从语言规范的角度来看，我们认为除了在特定的领域或场合使用外，一般规范的书面语不应该使用此类字母词。有的字母词使用完全没有章法，如"KSJ 心理学咨询所（跨世纪心理学咨询所）"，偏偏把"跨世纪"用字母表示，其他词语又用汉字表示，属于没有任何理据的混搭。"GG（哥哥）""MM（妹妹）"等字母词也完全没有必要，如果规范书面语中能接受此类字母词的存在，那所有的汉字词都可以用字母词代替了。"GCD（共产党）""ZF（政府）"等主要出现于网络语言中，是为规避网络审查而故意用拼音字母替换汉字词，在规范书面文本中一般不被接受。当然，"JT 票（纪念特种邮票）""ZTZF 学习法（准备、讨论、整理、反馈学习法）"等在集邮、学术研究等特定的领域使用符合语言的经济原则，有其合理性，不能简单认定为不规范的用法。"RMB（人民币）"这个词目前使用比较多，但我们认为很多用法都是不规范的，如：

  a. 这种药只能用 RMB 买。
  b. 虚拟财产也会通过现实中的 RMB 交易。
  c. 传说离职赔偿 9 亿 RMB，还有一说是 14 亿 RMB。
  d. 1000 多元 RMB 对于我这个学生来说也算是一笔很大的开支了。

e. 吃人家的嘴短，拿人家的手短，RMB 把他们彻底捆住。
f. 他能批我一个时尚杂志刊号和 1000 万块 RMB 启动资金吗？

上边句子都来自"人民网"，很明显，其中的字母词"RMB"没有任何特殊的表达效果，不应该是规范的表达形式，不应该提倡。当然，如果"RMB"以标识码的形式出现则另当别论，如"售价：国内 12.08 万元（RMB）"，这种表达似乎可以接受。

（二）外文类字母词的使用规范

外文类字母词指由外文词语缩略而成的字母词，既包括全外文字母类型的，也包括外文字母加汉字或数字类型的，如 CAAC（Civil Aviation Administration of China 中国民航）、CBA（Chinese Basketball Association 中国篮球协会）、ATM 机（Automated Teller Machine 自动柜员机）、4S 店（Sale Sparepart Service Survey 汽车销售店）。外文类字母词已经进入当代语言生活是不容争辩的事实，诸多专家学者对各类媒体的调查都显示了这一点。外文类字母词是外来词的一种，是族际、国际交往频繁必然出现的产物，在全球一体化、中国开放程度不断增强、国际地位不断提高的今天，我们不但不可能拒绝外来词，相反应该用一种开放的心态去接受外来词。但外文字母词毕竟是舶来品，特别是表音文字体系的外文字母词与表意性的汉字体系毕竟不是一回事，其视觉差异就非常明显，所以尽可能对此类外来词进行汉化处理符合民众的接受心理，也是汉语健康发展的需要，是规范使用汉语的必然要求，因此对外文类字母词进行适当的规范是必要的。国务院办公厅秘书局 2010 年 4 月 7 日发出了《关于加强对行政机关公文中涉及字母词审核把关的通知》，就要求政府公文规范字母词的使用。郭熙（2005）提出，在没有必要的情况下尽量不使用字母词，要分清场合，政府及有关部门的官方文件（或报告）应尽量避免使用外来的字母词。以此看来，所谓规范使用外文类字母词主要是针对一些比较正式的文本，比如政府及相关部门公文、中小学教材、主流媒体等受大众范围比较广的文本，至于某些专业和行业领域使用外文类字母词情况比较复杂，不好一概而论，因为不同行业领域有其自身特殊的要求。外文类字母词规范的基本方向是尽可能进行汉化，尽可能按照汉语的形式特征和内在规律进行加工改造，但这并不是说不能使用字母词，或者都必须对译成汉字形式才能使用，而是要讨论怎么使用的问题，对不同性质的外文类字母词汉化的要求应该有所差别。

外文类字母词的使用可以概括成三种形式：一是只用字母词，二是字母词加注汉字词，三是汉字词加注字母词。如：

a. 中国第一所 SOS 儿童村始建于 1984 年。

b. 据 BBC（英国广播公司）报道消息，33 岁的卡洛斯几周前曾透露过想继续为国家队效力的愿望。

c. 帕斯卡尔·拉米率领欧盟代表团于今天上午抵达北京，开始与中方就中国加入世贸组织（WTO）问题继续举行会谈。

上述 a 例是只使用了字母词"SOS"，b 例是使用字母词"BBC"但后面加注了汉字词"英国广播公司"，c 例是先汉字词"世贸组织"再在后加注字母词"WTO"，这三种形式都有其合理性，满足不同的需求。不同的字母词其规范使用的要求并不一样，既要考虑字母词本身的类型，也要考虑其使用的语域和语体特征。我们以《现代汉语词典》（第六版）附录所收的 239 个西文字母开头的词语为主要的考察对象，对外文类字母词进行基本分类，然后考察不同类型外文类字母词的规范问题。外文类字母词都是由外来词缩略而成的。外来词在借入汉语时，有的可以很方便地翻译成汉字词，如"free trade area"翻译成"自由贸易区"，但有的外来词要翻译成汉字词并不容易，如"MPEG 1 audio layer 3"就很难用一个简洁的汉字词来进行准确翻译，因此只能用"MP3"来表示，据此我们首先把外文类字母词分成两类：无对应汉译词语的字母词和有对应汉译词语的字母词，二者的规范要求并不一样。

1. 无对译外文类字母词的规范问题

所谓无对译外文类字母词指没有相对应的简洁的汉译词语的外文类字母词，如"PS"，只能对其基本语义特征进行描述，却无法用一个简洁的汉字词进行准确替代。此类字母词根据其使用情况大致可以分成两大类型。其一是使用面较广的字母词。如"MP3、MP4、卡拉 OK、KTV、QQ、K 歌、Wi-Fi、K 金、AA 制、T 恤衫、B 超、K 粉、PS、Q 版（可爱的卡通化版本）"，这些字母词在生活中很常用，流通范围广，民众大多明白其基本含义，但却很难用一个简洁准确的汉字词来替代，直接使用这些字母词能弥补汉语表达的空缺，所以我们认为此类字母词的使用不违背语言规范原则。其二是使用于特定领域的字母词。比如，用于股市的"A股、B股、H股、K线"，用于医疗领域的"B淋巴细胞、T淋巴细胞"，用于演艺领域的"AB角、AB指、T型台"，用于电子商务领域的"B2B（电子商务中企业对企业的交易方式）、B2C（电子商务中企业对消费者的交易方式）、C2C（电子商务中消费者对消费者的交易方式）"，用于军事领域的C^4ISR系统（指军队自动化指挥系统）"，用于其他领域的"F1（一级方程式锦标赛）、FLASH（一种流行的网络动画设计软件，也指用这种软件制作的动画作品）、CEPA（关于内地与港澳之间建立更紧密经贸关系的安排）、ICQ（一种国际流行的网络即时通信软件）、MV（一种用动态画面配合歌曲演唱的艺术形式）、ABC（常识或浅显的道理）"等。这些字母词也没有对译形式，但生活中不常用，一般用于某个特定的领域，有的民众熟悉度相对较高，如"A股、B股"，有的则非常陌生，如"B2B、C^4ISR"，但不管怎样，都没有准确简洁的汉字词能替代。我们认为此类字母词在特定领域直接使用能满足一定的交际需求，但在大众领域则应该使用字母词加注汉语解释的形式。关于无对应汉译词语的外文类字母词可以直接使用的观点，学界有大致相同的意见，郭熙（2005）就提出，汉语中没有相应的汉字词形式的字母词可以直接使用，如"A股""卡拉OK""MP3"等。苏培成（2012）也指出，有一种字母词，没有相应的汉字词，当然只能使用字母词，如"U盘、卡拉OK"。

2. 有对译外文类字母词的规范问题

很多字母词都有相对应的汉字词语，如"WTO"（世贸组织）、"GDP"（国内生产总值）、"WC"（公厕）等。此类有对译词语的字母词占外文类字母词的绝大多数，根据翻译的方式可以把此类外来词分成两大类，音译词和意译词，从实际语言生活来看，音译词数量较少，主要存在一些特定的专业领域，而意译词数量多，使用情况比较复杂。关于字母词使用规范与否争议最大的主要就是此类有对译形式的外文类字母词，很多人认为，这类词既然有汉译词，而且汉译词直观清楚明白，再使用字母词就有点不伦不类了，影响了汉语的民族特性。我们认为，语言规范从来都不是抽象的，而是由其具体的使用情况决定的，字母词也不例外。我们根据使用情况把有对应汉译词语的外文类字母词分成多个类型，不同类型的字母词其规范要求有一定的差别。

第一，音译类词语，包括专业领域词语和一般生活词语。音译类专业领域词语指通过音译借用的特定专业的词语。如"α粒子、α射线、β粒子、β射线、γ刀、γ射线、X刀、X射线、X染色体、X光、Y染色体",此类字母词一般都使用于特定领域,虽然有汉译词语,但因为专业性太强,没办法意译,只有音译,"α、β、γ"分别译成"阿尔法、贝塔、伽马"。很明显,相比于汉译词语,此类字母词形式更简洁更经济,能更直观地显示其现代科学的属性,所以我们认为此类字母词在自然科学文献中应该直接使用,在人文社会科学文献中既可以用字母词也可以用汉译词,都不违背语言规范的原则,但从语言生活的实际来看,人们似乎更习惯于使用字母词。我们于2016年6月18日随机搜索了北京语言大学BBC语料库的综合库,发现字母词的使用频次远远高于汉译词。具体数据如下表所示:

表 6-3-1

字母词	α粒子	β射线	α射线	β粒子	γ射线	γ刀
次数	119	257	54	20	1061	162
汉译词	阿尔法粒子	贝塔射线	阿尔法射线	贝塔粒子	伽马射线	伽马刀
次数	12	0	8	3	162	87

音译类一般生活词语指民众日常生活中常见的音译类词语,如"TNT(梯恩梯)、U盘(优盘)"。"TNT",是"trinitrotoluene"的缩写,指化学物品"三硝基甲苯",意译为"黄色炸药",音译为"梯恩梯",这个词的使用范围已经扩大到日常生活了,北京语言大学BBC语料调查显示,其字母词的使用频率(353次)要明显高于意译词(45次)和音译词(45次),但从规范来看,我们觉得最好还是使用意译词"黄色炸药",考虑使用这些材料的主要是生产建设一线的工人,所以使用"烈性炸药"也未尝不可。"U盘"也在民众生活中很常见,音译为"优盘",从生活实践来看,似乎"U盘"的使用频率更高,但从规范的角度来看,我们提倡尽量使用汉译词"优盘",使之尽可能成为地道的汉语词。

第二,国外或国际组织机构等名称。很多字母词来源于国外或国际性组织机构等专有名词的缩略,其规范原则得依据实际使用情况来确定。具体包括如下几种情况:其一是国外的组织机构,如"BBC(英国广播公司)、CNN(美国有线电视新闻网)、FBI(美国联邦调查局)、NHK(日本广播协会)、CIA(美国中央情报局)、NBA(美国篮球协会)"。从语言生活实际情况来看，字母词使用更常见，下边是我们检索北京语言大学 BCC 语料库的情况：

表 6-3-2

字母词	BBC	CNN	FBI	NHK	CIA	NBA
次数	2154	1725	1717	908	3407	14010
汉译词	英国广播公司	美国有线电视新闻网	美国联邦调查局	日本广播协会	美国中央情报局	美国篮球协会/美职篮/美国职业篮球
次数	943	266	699	126	806	183

尽管此类字母词使用频率相对较高，但此类词语大部分都有清楚准确的汉译词语，用汉译词语更能与汉语文本相融，也更容易被各阶层民众所接受，所以我们认为在规范文本中比较好的做法是直接使用汉译词语，当然考虑到开放的中国需要民众有开放的视野，让民众了解世界，也可以在汉译词语后加注字母词，如"英国广播公司（BBC）"。其中"NBA"情况比较复杂，尽管其汉译词语直观明白，圈外人更容易理解，但"NBA"已经成为体育界的品牌，深入人心，从语言约定俗成的角度来看，也不好说使用"NBA"就不规范，但主流媒体可以有意识地引导民众使用汉译词的形式。其二是一些有影响的外国专有名词，如"TMD（美国战区导弹防御系统）、NMD（美国国家导演防御系统）、GRE（美国等国家研究生入学资格考试）、GWAT（美国等国家管理专业研究生入学资格考试）、TOEFL（检定非英语为母语者的英语能力考试，音译'托福'）"。这些词语的规范使用应该区别对待，"TMD""NMD"等词语并不常用，应该尽量使用汉译词；而"GRE"尽管有对应的汉译词，但汉译词太复杂，使用汉译词不符合语言的经济原则，加之使用"GRE"的都是具有一定英文能力的人，所以我们认为除了在规范文本中使用字母词加注汉译词之外，其他一般文本可以直接使用字母词；而"TOEFL"有比较好的音译词"托福"，所以应该尽量使用汉译词，或者汉译词加注字母词。其三是国际性组织，如"WTO（世界贸易组织）、WHO（世界卫生组织）、APEC（亚太经济合作组织）、OPEC（石油输出国组织，音译'欧佩克'）、IOC（国际奥林匹克运动会）、IMF（国际货币基金组织）、ISO（国际标准化组织）"，此类字母词都有准确清楚的汉译词，所以应该尽量使用汉译词，或者使用汉译词加注字母词。其四是国际编码性专有名

词，如"ISBN（国际标准书号）、ISRC（国际标准音像制品编码）、ISSN（国际标准期刊号）"，此类字母词后边一般都接数字编码，如"ISBN 7—80068—803—8""ISSN 1671—3222"，此类字母词直接使用符合国际惯例。其五是国际通用性标识符号，如"SOS（莫尔斯电码）"，这是国际通用的紧急呼救信号，如果使用汉译词就失去了国际通用性，应该让民众熟悉这一字母词，所以此类字母词可以直接使用或者字母词加注汉译词。

第三，意译类领域性词语。指通过意译形式借用的外来词语，一般使用于某些特定领域或特定群体，该领域或群体之外的民众不太使用甚至不太了解这些词语，民众日常生活中不常用。大致有以下几类：金融领域词语，如"M0（流通中现金）、M1（狭义货币供应量）、M2（广义货币供应量）、ST（特别处理，股市用语）、PT（特别转让，股市用语）、ECFA（海峡两岸经济合作框架协议）、FTA（自由贸易协定，自由贸易区）、IPO（首次公开募股）、QDII（合格境内机构投资者）、QFII（合格境外机构投资者）"；信息电子领域词语，如"EDI（电子数据交换）、CAD（计算机辅助设计）、ICP（因特网信息提供商）、IDC（互联网数据中心）、ISDN（综合业务数字网）、ISP（因特网服务提供商）、MMS（多媒体信息服务）、MRI（磁盘共振成像）、CCD（电荷耦合器件）、CDMA（码分多址，一种数字通信技术）、CIMS（计算机集成制造系统）、GIS（地理信息系统）、PDA（个人数字助理）、DSL（数字用户线路）、HDMI（高清晰度多媒体接口）、OLED（有机发光二极管）、PDP（等离子显示板）、PET（正电子发射断层扫描装置）、CMOS（互补性氧化金属半导体）、CRT（阴极射线管）、EBD（电子制动力分配系统）、WAP（无线应用协议）、BD（蓝光光盘）、ADSL（非对称数字用户线路）、OCR（光学字符识别）"；教育领域词语，如"CAI（计算机辅助教学）、CET（大学英语考试）、BEC（商务英语证书）、MPA（公共管理硕士）、PETS（全国英语等级考试）"；还有其他诸多领域词语，如"pH（氢离子浓度指数）、PPA（苯丙醇胺）、PVC（聚氯乙烯）、RNA（核糖核酸）、DJ（音响调音师，音乐节目主持人）、GMDSS（全球海上遇险与安全系统）、hi-fi（高保真度）、MPEG（运动图像压缩标准）、NGO（非政府组织）、OEM（原始设备制造商）、PE（市盈率，聚乙烯）、PPI（工业品出场价格指数）、SDR（特别提款权）、SNG（卫星新闻采集）、SNS（社交网站，社交网络服务)、CIP(在版编目)、ED(男性勃起性功能障碍)、GMP(药品生产质量管理规范)、PM1(制造业采购经理指数)、ABS(防抱死制动系统)、NCAP(新车安全评价规程)、NG(不合格,不好,影视摄制术语)、CCC(中国强制性产品认证)、QC(质量管理)、QS(质量安全)"。此类字母词因为其记载的内容太专业,日常生活中也不太常用,一般的老百姓完全没有必要掌握其外文的表达方式,所以我们认为在正式规范的文本中应该使用汉译词,完全没有必要使用字母词。

第四,意译类大众化词语。指通过意译形式借用的外来词语,这些意译的词语一般形式简洁,语义直观,使用范围较广,各行业各阶层的民众都明白这些词语的含义甚至经常会使用这些词语。当然,意译类领域词语和意译类大众化词语之间的区分具有一定的相对性,不能截然分开,有的领域词语慢慢地会进入大众的使用领域。从民众对字母词和汉译词的熟悉程度来看,意译类大众化词语可以分为三类:第一类,字母词民众不熟悉,而汉译词语义直观很容易理解,如"AI(人工智能)、CATV(有线电视)、CD-R(可录光盘)、CD-ROM(只读光盘)、CD-RW(可擦写光盘)、CMMB(手持电视)、DC(数字相机)、e 化(电子化)、HDTV(高清晰度电视)、IPTV(网络电视)、LCD(液晶显示器)、LD(激光视频)、MD(迷你光盘)、MTV(音乐电视)、RAM(随机存取存储器)、ROM(只读存储器)、RS(遥感技术)、SIM 卡(用户身份识别卡)、SSD(固态硬盘)、VOD(视频点播)、FAX(传真)、GSM(全球移动通信系统)、IDD(国际直播电话)、SMS(短信息服务)、AIDS(艾滋病)、CDC(疾控中心)、HIV(艾滋病病毒)、ICU(重症监护室)、APC(复方阿司匹林)、API(空气污染指数)、OTC(非处方药)、STD(性传播疾病)、AM(调幅)、AV(音频和视频)、FM(调频)、AQ(逆境商数)、EQ(情商)、BRT(快速公交系统)、ITS(智能交通系统)、IMAX(巨幕电影放映系统)、LPG(液化石油气)、OL(办公室职业女性)、SOHO(小型家具办公)、UV(紫外线)、CI(企业标志)、EMBA(高级管理人员工商管理硕士)、CFO(首席财务官)、CPA(注册会计师)、CBD(中央商务区)"等。第二类,字母词和汉译词都为大众熟悉并经常使用,如"DNA 芯片(基因芯片)、IT(信息技术)、PC(个人计算机)、Tel(电话)、PM2.5(细颗粒物)、ATM 机(自动柜员机)、CBA(中国篮球协会)、CPI(居民消费价格指数)、vs(比赛双方的对比)、e-mail（电子邮件）、GDP（国内生成总值）、GNP（国民生成总值）、GPS（全球定位系统）），IQ（智商）、MBA（工商管理硕士）、PK（对决）、POS机（销售店终端机，商场电子收款机）、SARS（非典型肺炎）、TV（电视）、WC（厕所）、UFO（不明飞行物）、EMS（邮政特快专递）、SCI（科学引文索引）"等。第三类，字母词已经深入人心，使用频率较高，汉译词倒不为大众熟悉，使用频率较低，如"CD（激光唱片）、DV（数字视频）、BP机（无线寻呼机）、DVD（数字激光视频）、IC卡（集成电路卡）、IP地址（网际协议地址）、IP电话（网络电话）、IP卡（电话卡）、LED（发光二极管）、VCD（激光压缩视盘）、VIP（贵宾）、WWW（万维网）、USB（通用串行总线）、DOS（磁盘操作系统）、CEO（首席执行官）、BBS（电子公告牌）、CPU（中央处理器）、OA（办公自动化）、CT（计算机层析成像）、DIY（自己动手做）、DNA（脱氧核糖核酸）、ETC（电子不停车收费系统）、SPA（水疗）、SUV（运动型多功能车）"。

　　关于这三类意译类大众化词语，从语言规范使用的角度来看，第一类词语，民众对其字母词并不熟悉，而汉译词则简洁直观，因此我们认为在规范文本中应该使用汉译词，也不需要加注字母词；第二类词语，字母词和汉译词民众都很熟悉，我们认为主流媒体和规范文本中应该尽量使用汉译词，或者在汉译词后边加注字母词，引导民众多使用汉译词；第三类词语，字母词使用更频繁，有时甚至只知字母词而不知汉译词，其规范可以分步骤进行，先可以用字母词加注汉译词的形式出现，让民众慢慢熟悉此类字母词对应的汉译词，等条件成熟时再完全使用汉译词。

　　总之，除了少数无对译词语之外，绝大多数字母词都有汉译词语，而且使用汉译词语语义直观很容易理解和接受。我们认为字母词规范使用的一个基本倾向是尽可能使用意译词，少数情况下使用音译词，万不得已才使用字母词，这样才能使这些词语尽可能在最大范围内流传，同时意译词更符合中国民众的接受心理，甚至"表现着汉族人民的民族自尊感"（王力《论汉族标准语》）。当然这是规范使用的一个基本价值取向，并不是说字母词不能使用，毕竟语言的使用不可能整齐划一，特别是不同类型的文本、不同类型的人群其价值取向和使用习惯不一样，在文化多元观念多元的今天不可能完全禁绝字母词的使用。我们说的规范使用字母词主要是针对正式的书面文本，比如政府公文、教育教材、有较大影响的主流媒体，它们应该起一个导向作用，引领字母词的规范使用，绝不可以为追赶潮流而乱用甚至滥用字母词。

三 新词语规范的基本依据

讨论新词语规范得有一个基本的准绳，即必须确定规范的依据到底是什么。根据目前学界讨论的有关语言规范问题大致可以看出，学者们认同的新词语规范的依据主要包括四个方面：一是依据成法，二是依据约定俗成的原则，三是依据文化，四是依据语言交际工具的本质属性，我们认为第四个依据更符合客观实际。

第一，依据成法。即依据汉语传统上已有之法则，传统上有的法则是规范的，传统上没有的法则就是不规范的，学界一般称之为"于古有据"。很明显，古代汉语是没有字母词的，如果以"成法"作为判断依据的话，所有字母词都是不规范的。估计这也是很多反对字母词的人共同的心声：汉语千百年来都没有使用字母词，作为汉民族人民的交际工具没有任何不适，很好地完成了交际任务，而且优雅精练，举世瞩目，并且承载了丰富灿烂的中华文化，可见在今天使用字母词完全没有必要。这一观点看似很有道理，但问题是语言是发展的，文字也是发展的，所以"成法"也会变化。汉语从古至今就发生了很大的变化，宾语的语序变化、量词的出现、实词的虚化、体标记的出现、浊音清化、调类减少等等，都说明了汉语的发展变化从来就没有停止过。文字形体也发生了很大的变化，从甲骨文、金文到小篆、隶书、楷书、行书等，文字的形态越来越简化，符号本身的表意性也在不断减弱。既然语言文字从古至今一直在变化，而且越是社会变动比较快、文化碰撞比较强烈的时代，语言文字的发展变化就快，所以字母词的出现就不能完全说违背了语言文字发展的规律，而且从某种意义上说也是符合汉语发展的规律。汉语在千百年的发展过程中与别的民族语言发生过很多接触、借用甚至融合，主要表现为两种情况：一是与周边少数民族或邻国语言的接触、借用、融合，但因为汉文化远比周边少数民族或邻国文化要先进，所以借用少数民族或邻国的语言成分并不多，因此意译或音译成为了主要的选择；二是与欧洲国家的接触，汉文化并没有占明显优势，但因为相距太远，交通又不便，接触有限，所以借用的成分也非常有限，因此意译或音译也能解决问题。到了近现代尤其是当代，中国的发展已经落后于西方，向西方学习成为现代中国发展的必要条件，加之交通和通讯的发展，使中西交往甚是频繁，大量的外来词进入了当代语言生活，意译和音译已经不能满足需要了，最直接最快捷的方式就是形译，从而导致字母词的大量出现。因此字母词的出现是时代发展、汉语言文字发展难以回避的事实。正是在这个意义上，我们认为以"成法"作为判断字母词使用规范的依据不一定符合语言文字发展的基本规律。

第二，依据约定俗成的原则。约定俗成是现代语言学的一条基本原则，即语言形式和语言意义之间的关系是约定俗成的，用什么样的形式表示什么意义并没有什么本质的必然的联系，而是由使用这种语言的人们约定俗成的。如果大多数人都使用某种形式，那么这种形式就是合法的，至于是不是符合逻辑并不重要，语言生活中很多表达形式并不符合逻辑，但大家都这么使用，也就习以为常甚至积非成是了。约定俗成的原则看起来很有道理，也确实被很多语言事实证明具有很强的解释力，但是约定俗成也有其不足之处，到底多少人约定才能俗成呢？什么样的人约定才能俗成呢？在多大范围内的约定才能俗成呢？这些标准都不太好把握。特别是在今天互联网非常发达的社会，约定俗成更加难以把握。比如"表（不要）、酱紫（这样子）、不造（不知道）""偶像（呕吐的对象）、天使（天上的鸟屎）""BT（变态）、SL（色狼）、MPJ（马屁精）""847（别生气）、987（就不去）、881（抱抱你）"等网络词语，是网民约定俗成的表达形式，年轻人中使用的人数并不少，但我们很难说这些表达是规范的。可见，在网络时代，约定俗成并不一定能解决所有的问题，仅仅以约定俗成作为字母词规范的依据似乎还不够。

第三，依据文化。语言文字不仅仅是交际交流的工具，同时也是文化的载体，任何一种语言文字都承载了特定族群的文化。语言文字的发展演变往往伴随着文化的碰撞与交融，语言规范与否的争议也自然涉及到文化的认同问题，古今中外概莫能外。19世纪历史比较语言学时期就有西方学者认为古代语言比现代的语言进步，古代英语形态变化非常丰富，是美丽的语言，现代英语形态变化减少了，所以没落了。在中国也有人认为，古代汉语高贵典雅，而现代汉语已经流俗化，繁体字体现了中华文化，而简化字则隔断了中华文化。很多人认为字母词使用不符合规范就是基于文化因素，字母词承载的是西方文化，在汉语中使用字母词是一种缺乏文化自信甚至崇洋媚外的表现。我们认为，语言文字肯定承载了民族文化，但如果完全以文化作为判断语言规范的依据似乎也难以施行，因为不同人群的文化心理是不一样的。有人认同古代文化，有人认同现代文化；有人认同典雅文化，有人认同潮流文化甚至俗文化；有人只认同自己的族群文化，有人则认同不同民族文化的交融。不同的文化心理有明显差别，有时甚至难以调和，所以争执难以避免，因此把文化作为判断字母词规范与否的主要依据也难以施行。

第四，依据语言的本质属性，交际工具。语言规范涉及诸多方面的问题，既离不开古人的"成法"，也不能回避今人约定俗成的习惯，与文化也息息相关，但其中最核心的问题是要抓住语言的本质属性——人类交际的工具。作为交际的工具，语言的最大功用就是满足民众日常交际的需要。"成法"也好，约定俗成也好，文化也好，都会随着社会的发展而发生变化，但语言的交际功能永远不会改变，语言永远是为满足交际而存在的。以此看来，语言规范的主要依据就应该是如何有效服务使用该语言的民众。江蓝生（2012）提出，规范是为应用服务的，它从应用中来，到应用中去，源自实践，服务实践。规范总是滞后的，不进入使用领域就没有规范的必要，总是先用了，然后再加以规范，语言使用者是不会在一旁等着你规范好了他才来使用的。当来不及规范时，先借用一下英语缩略词作为过渡也未尝不可，企图取消过渡期，一步到位的想法过于天真，与客观事实和字母词应用的规律不相符。汉语对外来词的吸收有一个动态发展的汉化过程，往往经历了照搬模仿，到两相融合，再到实现本土化。比如从e-mail到"伊妹儿"再到"电邮"，反映的就是这个带普遍性的规律。正是在这个意义上，所以语言规范应该是分领域分层次的，正式的通用性较广的书面文本和特定语域的文本其规范的要求是不一样的。比如，在政府公文中一般认为应该少用甚至不用字母词，但在科技文献中使用字母词又是必需的，这完全是由语言生活的实际决定的，是语言交际功能决定的。

总之，新词语规范应该立足于语言的工具功能，再综合考虑古之"成法"和今之习惯以及语言的文化功能，只有这样才能找到新词语规范的科学依据。

第四节 "中和诚雅"的当代语言规范观

语言规范观是指导语言（包括文字）规范实践的语言意识形态，正确的语言规范实践来源于科学语言规范观的指导。科学语言规范观的内涵一直是语言规范工作者和研究者用心探讨的重要课题。自上世纪 50 年代以来，我国语言规范观的历史大致可以分成两个时期：一是匡谬正俗时期，二是对匡谬正俗的反思时期。50 年代至 80 年代初期，语言文字工作者和研究者基本上都持匡谬正俗的语言规范观，认为语言文字规范化就是要纠正那些不正确的、混乱的读音和字形，改正那些文理不通、逻辑混乱和有歧义的表达方式。80 年代中期以后，社会语言生活发生了急剧变化，人们的思想观念也出现多元化特征，匡谬正俗的语言规范观受到了普遍质疑，新的语言规范观不断出现，其中影响最深远的是"约定俗成"的规范观，即语言规范与否是由民众在长期的语言实践中确立或形成的。"约定俗成"在理论上肯定没有问题，但在操作层面上会遇到困难。多少人"约定"才能"俗成"？哪些人"约定"才能"俗成"？"约定"了多久才能"俗成"？这些问题很难有一个确切的说法。在约定俗成的宏观理念下，又产生了很多新的规范观，如"动态规范观""发展规范观""追认观""预测观""语用为本的规范观"等等，这些规范观固然都有其科学精彩之处，但大多形成于 20 世纪 90 年代或 21 世纪开头的几年，是适应当时特定时代背景而出现的。语言不仅仅是一种工具，更是一种文化。讨论语言规范问题离不开语言所依存的时空文化语境。不同时代所面临的问题并不相同，语言规范的目标自然也有差异；不同时代的文化特征差异非常明显，人们的语言意识语言观念自然会有不同，这些都会影响民众的语言规范理念和实践。时至今日，社会语言生活和语言意识都发生了很大的变化，需要新的语言规范观来指导今天的语言规范实践。我们立足中国语言规范的历史演进和当今宏观社会语境提出新的语言规范观——"中和诚雅"的当代语言规范观。

一　中国语言规范的历史演进

学界一般认为，语言规范宏观上包括三种类型：地位规范、本体规范、使用规范。尼日利亚学者 Bamgbose Badan 称之为代码规范、特征规范、行为规范。代码规范，即某种语言的标准变体，或从一组语言中选出并由官方或全民使用的某一种语言；特征规范，指口语或书面语在任一平面上（语音、音位、形态、句法、正字法等）的典型特征及其产生和使用的规则；行为规范，指与言语行为相联系的一套行为规范包括与别人交往时预期的行为模式，对所说内容的解释方式以及对别人言语行为的一般态度（戴昭铭，1998）。简单说来，所谓地位规范就是确立某种语言在某一民族中的通用语地位，本体规范是确定某种语言的语音、词汇、语法以及文字形式的基本规则，使用规范是指语言使用要与特定的社会文化相适应。这三种类型的规范本质上应该是相伴相生、不可分割的，但不同时代背景之下，语言规范的目标有所不同，这三种规范类型的重要性和地位往往有所差异。中国古代的语言规范最关键的是要确立一种共同语，所以语言的地位规范非常重要；近代以来，经过一系统的政治文化运动，共同语基本确定下来，但共同语的各项标准还比较模糊，所以中华人民共和国成立初期，语言的本体规范成为一项最重要的任务；进入21世纪以来，民众的文化水平大幅度提高，各种新的思潮出现，民众的语言意识形态语言伦理道德都发生了很大的变化，社会语言生活多姿多彩而又千奇百怪，因此语言使用规范就成为了当代语言规范研究中最重要的课题。

（一）古代语言规范：以确立国家通用语为核心内容

语言地位规范指确定某种语言作为某个国家或地区统一的交际工具。在王朝或政权更替过程中，语言地位规范工作显得尤其重要，这个工作也确实从来没有停止过，从周代"雅言"、汉代"通语"、元代"天下通语"至明清"官话"、民国"国语"、今天的"普通话"，政权执掌者和某些有识之士一直在致力于语言的地位规范，即确立一种全国通用语。最早的有记载的通用语是"雅言"，即"夏言"（濮之珍，1987），也就是周天子居住地的方言，在各方言中居于比较高的地位。估计当时用"雅言"去读解经文是对读书人的基本要求。《论语·述而》云："子所雅言，《诗》《书》、执礼，皆雅言也。"可见孔子在正式场合和文化活动中都是自觉使用雅言。我国第一部百科性质的辞书《尔雅》就是以雅正之言解释古语词和方言词，使之接近于标准语"雅言"。黄侃（1980）认为："《尔雅》之作，本为齐壹殊言，归于统诸。"周以后，经历了几百年动乱的春秋战国时期，全国性的通用语已经不复存在。《吕氏春秋·知化》云："夫齐之与吴也，习俗不同，言语不通，我得其地不能处，得其民不能使。"可见，国家的不统一也造成了各地语言的差异，影响了相互的沟通。秦朝统一六国之后马上着手全国通用语的确立。许慎在《说文解字·叙》中对这段历史记载得很清楚："……其后诸侯力政，不统于王。恶礼乐之害己，而皆去其典籍。分为七国，田畴异亩，车涂异轨，律令异法，衣冠异制，言语异声，文字异形。秦始皇帝初兼天下，丞相李斯乃奏同之，罢其不与秦文合者。斯作仓颉篇。中车府令赵高作爰历篇。大史令胡毋敬作博学篇。皆取史籀大篆，或颇省改，所谓小篆也。"尽管秦朝的工作主要是在文字的规范统一方面，但不容置疑，文字的规范统一对共同语的确立有很明显的促进作用。到了汉朝，随着国家的统一和强盛，语言的统一性大大加强，在扬雄的《方言》中出现了"通语"的名称，就是通行于四方的共同语，这种共同语基本是以汉朝都城所在地的秦晋方言为基础发展起来的。到了魏晋南北朝时期，由于社会动荡，出现了大规模的人口迁移，导致其语言情况"南染吴越，北杂齐虏"（《颜氏家训·音辞篇》）。由于洛阳是东汉乃至魏晋时期的政治文化中心，所以洛阳方言的影响非常大，洛阳太学书生诵读经典的读书音"落生咏"享有比较高的声誉（吴弘毅，2007），为各方言区人所模仿。颜之推提出"以帝王都邑，参校方俗，考核古今，未知折衷"的主张，即以都城的语音作为规范语言的基础语音，也就是取南方金陵语音和北方洛下语音两相折中，作为南北通用的标准语音。这种主张，奠定了隋唐统一中国后的语言规范的理论基础（郭龙生，2008）。隋唐以至宋，主要通过颁布官修韵书来确立和推广通用语的语音标准，比较重要的如隋代陆法言的《切韵》，唐代孙愐的《唐韵》，宋代陈彭年、丘雍的《广韵》等。因为洛阳、长安、开封等地区一直是当时的政治文化中心，所以这些地方的方言就具有了通语性质。元朝定都大都以后，统治者规定，学校教学要使用以大都语音为标准音的"天下通语"，国家的主导性或基础性方言由中原地区向北偏移。明朝和清朝继续以北京作为都城，全国各地奔赴北京的人自然越来越多，慢慢地外地人都学会了北京话，但又多少带有地方口音，北京奔赴全国各地的人也很多，也把北京话带到了全国各地，因此北京地区方言作为全国通用语的基础方言地位进一步巩固，称为"官话"。但这种"官话"并不是地道的北京话，而是带有各地浓重的地方口语，从而产生各种变体，如"北京官话""西北官话""山东官话""江淮官话""西南官话"等等，这些"官话"的变体之间尽管各有差异，但相互交流基本没有问题，统称为"蓝青官话"。明清的"官话"一开始应该只是在官场和读书人中使用，但后来使用范围不断扩大，就不再局限于宗庙朝廷、公文辞章和吟诗作赋，而是成为有着广泛的社会基础、为社会各阶层所使用的通行语（李葆嘉，1995）。

纵观中国古代近代语言规范的历程，语言规范的主要内容就是选择某种方言作为全国通用语，所以语言地位规范一直处于语言规范的核心位置。尽管期间也有过一些语言本体规范和使用规范的行动，但相对来说都处于次要的地位。应该选择何种方言作为国家通用语呢？古代的主要依据有两个：一是政治的因素，即一般以都城所在地方言作为全国通用语；二是通用度的因素，即以某种流通范围较广的方言作为通用语，而通用度和政治又息息相关，一般都城的方言由于具有政治、经济、文化方面的优势，所以民众有学习和使用的现实需求，因此流通范围更广。中国两千多年的封建社会，王朝的都城尽管几经变迁，但基本都停留在黄河中下游地区及华北平原，从西安至洛阳、开封，以至北京，政治上的优势决定这些地方的方言先后成为全国性的通用语，通用度非常广，其使用范围已经不仅仅局限于这些新老都城所在地，而是广泛存在于华北、东北、西北、西南、江淮等广大地区，虽然不同地区的方言有一定的差异，但相互之间的可懂度比较高，在这纵横数千公里的范围之内相互之间通话基本没有障碍，最终成为了现代汉民族共同语的基础方言——北方方言。

（二）清末民初语言规范：地位规范和本体规范并行

1. 清末民初的语言地位规范

到了清朝末年，由于封建制度的腐败和帝国主义的入侵，中华民族出现了空前的危机，为挽救民族危亡，一批进步人士积极探索救国救民的道路，政治经济文化等诸领域都出现了要求改良的呼声和行动。很多有识之士认识到，语言不统一是妨碍国家发展进步的一个重要因素，因此确立全国通用语就成为了一种重要的社会思潮。"要救中国先要联合中国人的心；要联合中国人的心，先要统一中国的言语，这才是变弱为强的下手第一着。""书同文，语同音，人同心"成为当时社会一致的民心民意（王理嘉，2011）。1902年（光绪二十八年），京师大学堂总教习吴汝纶去日本考察学政，看到日本推行国语（东京话）十分成功，回国后就向清政府建议，推行以北京话为标准的"国语"。到1911年，清政府正式采用"国语"的名称，并通过了"统一国语办法案"。中华民国成立后继续推行国语教育，先从统一汉字读音做起，1913年教育部召开"中国读音统一会"，确立以"京音为主，兼顾南北"且保留入声的"老国音"。由于"老国音"是一个"人为杂凑，折中南北，牵合古今"的产物，在实际生活中难以应用（黎锦熙，1934），所以不断有人提出修订，1924年国语统一筹备会决定以北京语音为标准音（"新国音"），并开始在全国学校推广。1926年，在全国国语运动大会的宣言中说："这种公共的语言并不是人造的，乃是自然的语言中之一种北京的方言，就是标准的方言，就是用来统一全国的标准国语。这是自然的趋势，用不着强迫的。"至此，以北京语音为标准音的"国语"作为全国通用语的地位最终确定下来。与国语运动同时进行的白话文运动则打破了文言文一统天下的局面，使白话文获得了在社会语言生活中的正统地位，这也是语言地位规范的一个非常重要的组成部分。总之，伴随着近代几十年风起云涌的大规模社会运动，我国语言地位规范的主要工作也就基本完成了。

2. 清末民初的语言本体规范

中国古代的语言规范工作主要是地位规范，当然地位规范和本体规范是相伴相生的，《尔雅》《方言》以及其后的大量音韵学著作都在语言本体规范方面发挥了重要作用，然而大规模的语言本体规范工作则肇始于清朝末年民国初年，基本完成于20世纪五六十年代。

古代传统的语言地位规范主要是确定以哪种方言（主要是方言语音）作为全国性的交际工具，但要求比较宽松，对具体的语言标准（主要是读音标准）并没有作出明确规定，民众实际使用的语言往往既有自己方言的成分也有共同语的成分。在古代交通和通讯都不发达的情况之下，实现"书同文"已属不易，要实现"语同音"确实难度很大，所以确定一个全国统一的读音标准基本不太可能，但到了近代，统一全国的语音标准有了一定的社会物质条件，从而催生了近代轰轰烈烈的语文现代化运动。清末以来的切音字运动、国语运动乃至大众语运动既是在进行确定民族共同语的语言地位规范，同时也是在进行共同语的本体规范。当时盛行的切音字运动不仅仅是要确立一种通用语读音，同时也在确定拼读规则，所以是地位规范和本体规范同时进行。揭开切音字运动帷幕的卢戆章的《一目了然初阶》（1892）虽然拼的是厦门方言，但设计拼读的首创之功不容置疑，而且他是主张"国语（南京话）统一"的。王照的《官话合声字母》（1900年写成）主张用"京话（北京官话）"作为民族共同语，同时确定了基本的拼读规则"声韵双拼""声介合母（把声母和介母合在一起）"。王照不但设计了官话字母，还不遗余力地推行官话字母并取得了很好的成绩，至1910年被清摄政王查禁为止，共推行了10年时间，影响遍及13个省，编印书籍达6万余部，"各地私相传习，一人旬日而通，一家兼旬而遍，用以读书阅报，书写议论，莫不欢欣鼓舞，顶礼祷祝。"

（韩德铭，1958）1913年中华民国政府召开了有各省代表参加的"读音统一会"，会议以投票的方式决定了几千个汉字的标准读音，作为汉字的国定读音（"国音"）。由于当时议定的"国音"是南北方言的杂糅（后来被称为"老国音"），到1924年，"国语统一筹备会"决定放弃"老国音"，改为以北京语音（即"京音"）为标准的"新国音"。1932年，教育部正式公布了《国音常用字汇》，作为规范字音、推行国语的标准字典。至此"国语"的基本语音标准（北京语音）就大致确定下来了。

近代以来词汇和语法的本体规范也是伴随着地位规范而展开了。中国古代的书面语和口语长期是分离的，书面语的规范标准一直是典雅的文言文，而口语则没有什么明确的规范标准。近代的白话文运动要求废除文言文使用白话文，实现"言文一致"，也就是要确立白话文在语言生活中的正统地位，这本身是一种语言的地位规范，但其具体实施过程自然会涉及到白话文使用标准这一语言本体规范问题。苏培成（2010）认为，晚清到民国时期汉语书面语的改革，包括两个方面的内容：一方面是提升白话文的社会地位，另一方面是加强白话文自身的建设。

白话文运动最初是一种文学主张。白话文并不是凭空产生的，自唐宋以来就在民间流传，但主要限制在通俗文学范围内，一直难登大雅之堂。近代以来新思想蓬勃兴起，传统的文言文因为严重脱离口语，束缚思想的自由表达，因此提升白话文的呼声非常强烈，但当时对白话文内涵的理论认识还比较模糊，并没有提出明确的白话文标准，只是提出若干文学主张。提倡"诗界革命"的黄遵宪（1868）提出"我手写我口"；梁启超在《清代学术概论》（1920）中提出"务为平易畅达，时杂以俚语韵语及外国语法，纵笔所致不检束"的"新文体"；胡适的《文学改良刍议》（1916年初发1917年调整）提出文学革命写作要点的"八事"：一曰须言之有物，二曰不模仿古人，三曰须讲求文法，四曰不作无病之呻吟，五曰务去滥调套语，六曰不用典，七曰不讲对仗，八曰不避俗字俗语。陈独秀的《文学革命论》（1917）提出"三大主义"：推倒雕琢的、阿谀的贵族文学，建设平易的、抒情的国民文学；推倒陈腐的、铺张的古典文学，建设新鲜的、立诚的写实文学；推倒迂晦的、艰涩的山林文学，建设明了的、通俗的社会文学。在白话文写作实践方面，鲁迅做出了卓有成效的努力，先后发表了《狂人日记》（1918）、《孔乙己》（1919）、《药》（1919）等白话文小说，胡适也创作了一些白话诗，结集为《尝试集》（1920）。

相关白话报刊也相继出现，1918年5月《新青年》完全改用白话文，1918年12月创办白话周刊《每周评论》，1919年1月傅斯年、罗家伦创办白话月刊《新潮》，同期，还有北京的《国民公报》、上海的《时事新报》，也都是宣传、实践白话文的重要阵地。"五四后大批白话文的报刊相继出现，鲁迅、郭沫若、田汉、叶圣陶、冰心、朱自清、瞿秋白、矛盾、巴金、柔石、老舍等一大批新文学的奠基人以白话文学创作的实绩确定了推行白话文的牢固基础。五四以后，白话文的汉语书面语的正统地位得到确立。"（于根元，2005）很明显，在白话文地位得到确立的同时，白话文词汇、语法本体规范的基本框架也确定下来了，鲁迅、郭沫若等现代文学巨匠们所创作的文学作品即成为了现代白话文规范的蓝本。诚如胡适所言："造将来白话文学的人，就是制定标准国语的人。"（《新青年》1918年第4卷第4号）经过白话文运动，白话文的社会地位得到提升，但那时的白话文还不够成熟，出现了半文半白和过于欧化的倾向，而且主要局限于知识分子的圈子里，并没有进入普通民众的语言生活。于是在20世纪30年代又开展了"大众语运动"，强调用语要浅显易懂，并且比较明确提出要学习人民群众的语言，还讨论了普通话（指普遍通行的都市混杂方言，不同于今天的普通话）的含义，鲁迅、瞿秋白、陈望道、傅东华等都发表过相关论述。总之，经过五四白话文运动的激烈的抗争，白话文逐渐取代了文言文，占据了书面语的主流地位，初步实现了言文一致。传统的书面语经历了"新文体""白话文"和"大众语"这三个阶段的蜕变，逐渐演变为现代白话文。

（三）中华人民共和国初期的语言规范：以确定普通话各项标准为主要内容

肇始于清朝末年的语言规范工作伴随着近代社会改良运动而展开，取得了巨大的成效，基本完成了我国的语言地位规范工作。正如罗常培、吕叔湘（1955）二位先生所言："在汉语近百年的发展中，已经逐渐形成一种民族共同语，这就是以北方话为基础方言的'普通话'。"中华人民共和国成立后，语言规范的主要工作是进行本体规范，即确定民族共同语的语音、词汇和语法规范标准。1955年10月召开的"现代汉语规范问题学术会议"明确提出"语言的'规范'指的是某一语言在语音、词汇、语法各方面的标准"。当然，如前文所述，语言本体规范工作在清末就已经开始了。

经过清末民初的语文现代化运动，现代汉民族共同语即普通话实现了口语和书面语的基本一致。对于口语而言，确定统一的语音规范标准显得至关重要，这是实现"语同音"的基本前提。所以中华人民共和国语言规范的重点工作是确定普通话的语音标准并推广普通话。关于民族共同语的标准问题，中华人民共和国建立后学界进行过相关讨论，最后达成共识，普通话应该以北方方言为基础方言，以北京话为基本的语音标准。张奚若在1955年的全国文字改革会议中作报告《大力推广以北京语音为标准音的普通话》指出："汉语作为整个语言（包括语法和词汇）来说，它的规范应当以经过文学语言（书面语言）加工了的北方话为基础；汉语的发音，应当以北京语音为标准。这两点都是历史演变的自然结果。"胡乔木在大会的总结发言中重申了这一观点：普通话"以北京语音为标准音，同样是一个历史发展的必然的结果。""北京音已经取得了全国公认的地位。"在确立北京语音作为普通话的基本语音标准之后，还进行了一系列的具体读音问题审订工作，最终在1963年发表了《普通话异读词三次审音总表初稿》，共审订了1800多条异读词和100多个地名读音。至此，现代汉民族共同语的语音标准基本确定下来，即语音的本体规范工作基本完成，之后有关语音规范工作都是在此基础上的补充和细微的修正。

关于语法和词汇的规范标准，总的依据是以典范的现代白话文著作为语法规范，以北方方言为基础方言。罗常培、吕叔湘在《现代汉语规范问题》（1955）的报告中明确指出："从历史上看，文学语言（白话）的方言基础显然比北京话大，要重新把它的语法和词汇限制在北京话范围之内，显然是不可能；我们只要求它内部一致，不混乱。""什么样的词汇（词的形式和用法）和什么样的语法（语法格式和用法）应该被承认为现代汉语的规范？我们知道，语言的规范是随着文学语言的发展而逐渐形成的，因此，应该从现代文学语言的作品里找我们的规范。更明确一点可以这样说：现代汉语的规范就是现代的有代表性的作品里的一般用例。"在搭建并推广现代汉语语法规范体系的过程中，吕叔湘、朱德熙、张志公等先生作出了不可磨灭的历史功绩。吕叔湘、朱德熙在《人民日报》（1951年6月至10月）连载的《语法修辞讲话》为纠正社会上语言使用的混乱现象作出了卓越贡献，张志公主持编写的《暂拟汉语语法教学系统》（1956）构建了一个为大多数人普遍接受的汉语语法体系并在教学层面加以推广，在汉民族共同语的语法规范知识普及中发挥了重要作用。至此，汉民族共同语的基本语法规范就大致确定下来。词汇规范的工作主要体现在辞书编写上,中国科学院语言研究所编写的《现代汉语词典》(1960 年发行试印本,1965 年发行试用本,1973 年正式出版内部发行,1978 年正式出版公开发行),在现代汉语的词汇规范及推广方面发挥了重要作用。

总之,到 20 世纪五六十年代,我国的语言本体规范工作基本完成,现代汉民族共同语的语音、词汇、语法规范标准基本确定下来,并且相关规范知识得以向社会推广普及。

(四) 当今语言规范的重点:言语行为规范

上文所述,语言规范的主要任务具有明显的时代性,至清末民初,我国的语言地位规范工作就已经完成,到 20 世纪五六十年代,我国语言本体规范工作也基本完成,当今语言规范的重点转向了言语行为规范。

当今社会生活的特征导致了语言伦理发生了很大变化,因此言语行为规范显得尤其重要。自近代一百多年以来,中国社会急剧变化,经历多次大范围的社会动荡和政治运动,特别是市场经济的飞速发展,全球化步伐的加快,人口流动加快,相对封闭的言语社团基本被打破,人们的生活圈子从熟人社会进入了生人社会,或者进入了半熟半生的社会。社会学大师费孝通在《乡土中国》(1998) 中最早提出"熟人社会"的概念,指出传统的中国乡土社会是一个熟人社会,人们的生活圈子非常有限,有一套大家心照不宣的行为规则和语言习惯,在进入现代社会的过程中,乡土社会的生活方式和语言习惯都具有了一定的不适应性。"乡土社会的一个特点就是这种社会的人是在熟人里长大的。""历世不移的结果,人不但在熟人中长大,而且还在熟悉的地方上生长大。""他们活动范围有地域上的限制,在区域间接触少,生活隔离,各自保持着孤立的社会圈子。""在我们社会的急速变迁中,从乡土社会进入现在社会的过程中,我们在乡土社会中所养成的生活方式处处产生了流弊。陌生人所组成的现代社会是无法用乡土社会的习俗来应付的。于是,土气成了骂人的词汇,'乡'也不再是衣锦荣归的去处了。"姚亚平(2006)认为,在传统社会中,人们的社会关系往往是扩大了的家庭和家族关系。家庭关系中的血缘和亲情原则也就成为社会关系的原则。人们之间的交往发生在熟人之间,是一种亲人与亲人、熟人与熟人的交往,人与人之间的相互联系主要依赖血缘纽带和地缘关系结成的网络。在传统熟人社会中,尊卑有序,长幼有序,在长期的文化熏陶之下,人际交往有一套自古传承下来的言语行为规范,人们的言语选择会尽量符合传统的审美标准。当代社会已经进入生人社会或半熟半生社会，周围陌生人居多，特别是城市，甚至连邻居都成了陌生人。正如英国社会学家齐尔格特·鲍曼所说："我们所生活的世界几乎被陌生人所充斥，而使得它看起来像是一个普遍的陌生世界。我们生活在陌生人之中，而我们也是陌生人。"在这种生人社会的宏观语境之下，人们的语言心理、语言伦理都发生了很大变化，各种千奇百怪的语言表达形式大量出现，因此传统语言规范理念受到了巨大的挑战。传统的熟人社会是依靠亲缘关系、情感和面子来运作的，而现代生人社会则依靠契约和规章制度来运作。在现代生人社会，人们的处事方式和语言价值观都发生了巨大的变化，语言文化、语言伦理、语言观念都在重构，语言规范的重点应该转移到言语行为规范上来，迫切需要建立一套适应生人社会的新的言语行为规范标准。新的宏观语境对语言本体规范也提出了挑战，传统的"匡谬正俗"规范观已经显得捉襟见肘。我们立足中国传统文化和当今新形势，提出"中和"的语言本体规范观和"诚雅"的言语行为规范观。

二 当代"中和"的语言本体规范观

如上文所述，经过 20 世纪五六十年代以来全国范围内轰轰烈烈的语言规范化运动，以及后来专家学者和管理部门的不懈努力，目前汉民族共同语本体规范的主要工作已经基本完成，形成了一些权威的规范蓝本。《异读词审音表》《汉语拼音方案》《普通话水平测试大纲》《现代汉语词典》《新华字典》等形成了语音规范的蓝本，以《现代汉语词典》为代表的一批权威辞书形成了词汇规范的蓝本，以《语法修辞讲话》《暂拟汉语语法教学系统》为指导的一批《现代汉语》教材形成了语法规范的蓝本。今天的语言本体规范主要是对已有规范进行必要、局部、与时俱进的补充修正，语音规范包括对某些语音不明确的字词进行审音以及对某些字词语音变化的确认吸收，词汇和语法规范主要是对新词语和新语法现象的确认吸收，其中规范的焦点主要是新出现的语言现象。

社会永远向前发展，语言也会永远发展变化，新的语言现象总会层出不穷，不论是语音、词汇还是语法都会出现发展变化。语音变化，既包括古音到今音的变化，也包括一些新近词语的读音变化。比如，"力能扛鼎"的"扛"，古音"gāng"，现在多读"káng"；"唯唯诺诺"的"唯"，古音"wěi"，现多读"wéi"；"拾级而上"的"拾"，古音"shè"，现多读"shí","呼天抢地"的"抢",古音"qiāng",现多读"qiǎng";"的士"的"的",最初读"dí",现在一般读"dī";"拜拜"最初读"bàibài",现在读"báibái"。语法变化,近二三十年来出现了很多传统上很少见的新的语法组合。比如,"很中国、很男人、很绅士、很领导"等"很N"结构,"被就业、被慈善、被高速、被平均"等"被XX"结构,"比领导还领导、比兄弟还兄弟、比雷锋还雷锋"等"比N还N"结构,"很黄很暴力、很傻很天真、很丑很嚣张、很陈很冠希"等"很X很Y"结构,"羡慕嫉妒恨、空虚寂寞冷、忠厚老实憨、动心喜欢爱"等三个谓词连用的"VVV"结构,"登陆广州、亮相香港、出台新规、落户南昌、签约恒大"等动宾结构加宾语的"VN+N"结构,"痛,并快乐着;富裕,并痛苦着;累,并幸福着"等"X,并Y着"结构,"严重同意、严重关注、严重赞同、严重鄙视"等"严重V"结构,"非常男女、非常周末、非常柠檬"等"非常N"结构。词汇变化更明显,新出现的词汇数不胜数,仅收进国家语委策划、商务印书馆出版的《汉语新词语》每年就有几百个,至于网络词汇简直就是数不胜数。

当今语言规范争议的主要对象就是这些新的语言现象,尤其是新的词汇和新的语法组合,有人认为某些新词语和新的语法组合违背了汉语传统的习惯,是不规范的,有人则认为这些新词语和新的语法组合很有表现力,是规范的。这种争议直接导致各种语言规范观的产生。我们立足中国传统文化和民众的文化心理,提出"中和"的语言本体规范观。"中",即"中庸";"和",即"和谐"。"尚中贵和"是中国文化基本精神的一个非常重要的内容,在中国文化发展过程中发挥了非常重要的作用,是中华民族一条非常重要的行为准则。语言作为文化的一个重要组成部分,自然离不开其所依托的文化,语言规范的理念自然离不开民族的基本文化特征和文化心理。传统的"中和"思想可以作为当代语言本体规范观的基本指导思想,具体包括"持中"的规范原则与"和而不同"的规范理念。

(一)"持中"的规范原则

"中"即"中庸",这是中国传统哲学的概念,由儒家孔子首先提出,后学不断阐发,形成完备的思想体系于《中庸》一书。《中庸》开篇,程子曰:"不偏之谓中,不易之谓庸。中者,天下之正道;庸者,天下之定理也。"《中庸》曰:"喜怒哀乐之未发,谓之中。""中也者,天下之大本也。"朱熹注曰:"中者,不偏不倚、无过不及之名。庸,平常也。"

"中"的基本内涵是不偏不倚，既不"过"亦无"不及"，这既是天地万物的本质状态，也是对客观世界应该选择的一种态度。张岱年、方克立（2004）认为，"中"，指事物的"度"，即不偏不倚，既不过度，也不要不及；"中"也指对待事物的态度，既不"狂"，也不"狷"。儒家主张用"持中"的手段来处理事物，即要把握合适的"度"，所谓"允执其中"（《论语·尧曰》），这是天地的正道，天地的定理。道家传统也提倡"守中"的思想。老子云："多言数穷，不如守中。"（《老子·22章》）庄子云："得其环中，以应无穷。"（《庄子·齐物论》）。"持中"作为一种为人处世的基本行为准则，不仅仅中国传统文化提倡，西方文化也一样重视。英国哲学家罗素曾说：一种可以使人们幸福生活的伦理学，必须在冲动和控制两极之间找到中点。这本质上也是一种"持中"的理念。

　　作为中华传统文化重要内容的"持中"思想，历经千百年的浸润，已经深入国人的灵魂深处，成为国人重要的办事原则和处世哲学，在指导当今的语言规范工作中既有重要的理论价值更有很强的现实意义。语言（包括文字）一直在发展变化，总会有新的结构形式出现，特别是在今天文化多元、传播技术发达的背景之下，很多新的语言形式大大超出了一部分人的心理接受限度，比如西洋化明显的字母词、千奇百怪的网络语言，对此，有人支持，说是增强了汉语的表现力，有人反对，说是影响了汉语的纯洁和健康。客观科学的态度应该是，既不能放任自流，也不要严防死守，而是要把握一个合适的度，这就是"持中"的语言规范原则。董琨（2007）提出，"中庸之道，在我们这里已经颇有些年头被赋予贬义了，至今似乎亦未见正式平反。……中庸之道实在是认识和解决许多问题的利器。对汉字性质的认识及态度固然如此，解决汉字改革的遗留问题恐怕亦是如此。"周有光（2002）在讨论汉字的繁简问题时提出："汉字本身有两面性，一方面是'技术性'，另一方面是'艺术性'。重视技术性的人们成为汉字的'改革派'，重视艺术性的人们成为汉字的'国粹派'。"要"认清汉字的两面性，使'技术性'和'艺术性'两个方面各得其所，在'两难'（dilemma）之间，取中庸之道而前进。"当代社会对新语言形式争议较多，如果能取中庸之道的"持中"原则，反对者多一点宽容心理，支持者多一点规范意识，将有利于语言的健康发展以至社会的团结和谐。当代"持中"的语言规范原则包含三方面的内涵：

　　第一，对当代新语言形式要区别对待，不可一概肯定或否定。

语言是社会生活的反映，二者具有共变的关系。新时期以来，社会飞速发展，城镇化进程加快，国际交流增多，网络虚拟空间扩大，信息化脚步越来越快，语言文字的使用情况表现出复杂、多元、多变的态势，语言生活发生了翻天覆地的变化，新的语言形式异彩纷呈，令人目不暇接。对待这些新的语言形式，既不能一味否定，也不能毫无选择。沈家煊（2016）认为，有些网络语言不仅对语言学研究起到了推动作用，对社会的发展也有推动作用，比如"被房奴""被自杀"等新被字句，不应该一棍子都打死，对其中一些好的东西，应该采取积极的、欢迎的态度。有的新语言形式具有很强的表现力，是当代多彩社会生活的真实映照，尽管他们在结构形式或语义组配上与传统的语言搭配习惯相去甚远，但恰恰体现了语言在当代的生机和活力，如"创伪、院仕、压洲、负翁、擒人节、童养蟹、十面霾伏、足囚协会"等利用谐音造成的新词语生动形象地讽喻了某些社会现象，具有较强的表现力，应该得到肯定。当然也有的新语言形式纯粹是无厘头的搞怪搞笑，如"来信砍、请允悲、注孤生、挽尊、语死早、年娇处、体亏屁思、醒工砖"等无厘头缩略而成的新词语，很明显是搞怪搞笑的结果，应该进行规范。

　　第二，对当代新语言形式要辩证看待，科学分析各种形式的存在价值和语境效果。

　　语言形式的选择往往与交际语境有密切的关系，正式严肃的交际语境往往要使用规范标准典雅的词语，而一般的交际语境则可以使用随意调皮的词语。对语言规范与否的判断很大程度上是看其与交际语境是否适配，所以对当代新语言形式规范性的判断离不开当代新的交际语境。网络平台是一个与传统差异非常大的交际语境，在这种交际语境之下产生了很多与之适配的新词语，如"大虾、茶具、稀饭、衰锅、肿么办、神马""827、20110、3013、51396""BB、WL、GF、BF、PMP、SJB"等网络上流行的多种类型词语，尽管它们与传统的纸质文本语境不能适配，但与网络平台的交际语境却能很好适配，既有陌生化的审美特征，符合一部分人追新求异的心理需求，又能方便快捷地输入，满足网络快捷交际的需要，所以不应该被一味地否定。郭熙（2004）指出，不管我们是否喜欢，超规范和所谓不规范的现象都将永远存在下去，因为它虽不为"受良好教育者"所接受，却有自己的社会基础，有自己的社会功能。语言生活应该多元化。过去所提倡的规范化显然是一种一体化的做法。当我们进入一个新的时代的时候，多元化已经是不可避免的了。总之，网络词语也好，字母词也罢，既然存在于当代语言生活中，就一定有其独特的价值，在特定的言语交际环境中能发挥独特的作用，或快捷，或方便，或娱乐，或调侃，不可用传统纸媒的语言使用习惯来批评网络平台的语言使用现状。

第三，对当代新语言形式不要过度干涉，可以顺其自然，实现语言的自我优化。

当代社会飞速发展，语言也发生了前所未有的变化，各种千奇百怪的语言形式大量出现，对此，有人提出要净化我们的语言环境，要纯洁我们的语言。其实语言永远是向前发展的，"语言是有生命力的，语言是一种永远在发展变化的、互相制约渗透的、有生命力的、开放式的、能够自我完善的网络系统。"（周洪波，2010）语言的变化不以任何人的主观意志为转移，对语言新形式的抗拒本质上是思维惰性的表现。索绪尔认为，集体模型具有的特征是集体惰性："集体惰性对一切语言创新的抗拒。这点超出了其他的任何考虑。"（叶起昌，2013）从"持中"思想出发，对新语言现象大可不必如此紧张，其实语言是一个自组织系统，有一种自我优化功能，有表现力的语言形式会保留下来，而那些搞怪的语言形式往往保留时间不会太长，只是昙花一现而已。比如，国家语委 2006 年公布了 171 个新词语，我们于 2011 年在大学以上学历人士中调查发现，这些新词语的知晓度只有 0.249，可见绝大多数新词语都淡出了人们的视野。沈家煊（2016）认为，由于我们时代的节奏快，变化快，所以语言的新陈代谢节奏也随之加快。语言在发展中会有大量说法被淘汰，也会有一些东西保留下来，能够保留下来的大部分是能够为老百姓喜闻乐见的，是符合汉语的发展规律的。

（二）"和而不同"的规范理念

"和"，即"和谐"，这是中国传统文化的基本精神之一。《周易》云"乾道变化，各正性命，保合太和，乃利贞。首出庶物，万国咸宁。"《中庸》云"喜怒哀乐之未发，谓之中；发而皆中节，谓之和。""和也者，天下之达道也。致中和，天地位焉，万物育焉。""太和""中和"都是一种"和"的状态，就是天地万物各在其位，各得其所。正如王夫之在《周易外传·说卦》中所言："天地以和顺为命，万物以和顺为性。""和"是中国传统文化的基本价值取向，其基本内涵就是不同事物同生共处，相互依存，不过分强调一方而否定另一方，既包括宇宙自然的和谐，也包括人与自然的和谐,特别是强调人与人之间的和谐,孟子提出"天时不如地利,地利不如人和",就是要强调"人和",即社会各群体之间的和谐相处,不同阶层、不同集团之间不带任何偏见或成见,相互接受对方的存在方式,只有达到了"和"的状态,宇宙万物和人类社会才能各安其位,各得其所。钱逊(2001)认为,"和"的内容就是万物"各得其所",是表示一种关系、一种秩序,表示事物的存在形式。宇宙和宇宙间一切事物,就是以"和"的形式存在着,都存在于"和"的关系或秩序中。

"和"与"同"是应该区分开的。"同"就是"同一、统一",就是绝对的一致,不允许异质事物的存在。"和"就是要"去同",只有不同的事物在一起才能达到和谐的美的状态,所谓五味相和才能产生香甜可口的食物,六律相和才能形成悦耳动听的音乐。西周末年的史伯就已经认识到"和实生物,同则不继。以他平他谓之和,故能丰长而物归之。若以同裨同,尽乃弃矣。"(《国语·郑语》)张岱年、方克力(2004)解释说,不同事物之间彼此为"他","以他平他"即把不同事物联结在一起。不同事物配合而达到平衡,就叫作"和","和"才能产生新事物。如果把相同事物放在一起,就只有量的增加而不会发生质的变化,就不可能产生新事物,事物的发展就停止了。传统哲学重视"和而不同""和实生物、同则不继"的信念。只有求"和"才能实现社会的和谐与美好,绝对求"同"就不会有发展不会有创造不会有生命力。孔子提出"君子和而不同,小人同而不和。"(《论语·子路》),把对"和"与"同"的取舍作为"君子"和"小人"的区分标准,表现出了明显的"重和""去同"的价值取向。中国古典哲学中"和"与"同"不一样,"同"不能容"异";"和"不但能容"异",而且必须有"异",才能称其为"和"。譬如一道好菜,必须把许多不同的味道调和起来,成为一种统一的新的味道;一首好乐章,必须把许多不同的声音综合起来,成为一个新的统一体。只有一种味道,一个声音,那是"同";各种味道,不同声音,配合起来,那是"和"。(冯友兰,1999)中国传统哲学思想中的"和"是要允许不同文化成分、不同行为方式的共存,要理解容纳异己,要欣赏不同文化风景,不但要懂得各自欣赏自己创造的美,还要包容欣赏别人创造的美,把各种美组合在一起才能实现最完美的理想状态,这就是费孝通先生提出的"各美其美,美人之美,美美与共,天下大同"。正因为中华文明能包容各种异质要素的存在，所以在数千年的发展过程中能长盛不衰，生生不息。

社会在发展，语言也在发展，当代社会发展的速度远远超过以往任何时代，当代语言也以前所未有的速度向前发展，新的语言形式和表达方式大量出现。语言的背后是文化，是使用语言的人群，网络词语、外来词语等新的语言形式是与新的时代文化相适应的，传统上整齐划一的语言表达习惯已经不能适应当代多元文化的现实语境。王建华（2000）认为，当代社会环境的宽松、文化的多元化、教育的普及，使得越来越多的人有机会在语言文字领域崭露头角乃至于纵横驰骋。大众自主的语言意识前所未有地充分显现出来。以往的语言文字规范似乎可以由少数专家学者确定，大众只有"遵照""照办"的份。现在却不同了。大众成为语言文字应用和规范的主人翁和主力军。苏培成（2010）认为，社会的语言规范观念不断进步，语言价值观趋向多元，主体性与多元化的辩证统一已经成为我国语言生活的基本格局，"纯洁语言"的口号已经不合时宜。在当代多元文化背景之下，应该理性看到语言的发展变化，对新的语言形式多一点包容，需要秉持"和而不同"的规范理念，以构建和谐的当代语言生活。当代"和而不同"的语言规范理念主要包括两方面内涵：

第一，理性认识语言的发展变化，包容各种新的语言现象。

语言的活力在于不断发展变化，不断吸收新的养料，不断创新。汉语在长期的发展过程中一直不断吸纳新的养料，既有经典的书面语言传统，也吸收通俗的民间语言成分，同时还能吸收周边民族和外国的语言成分，各种要素成分和谐共处，大大丰富了汉语的表现力。毛泽东在《反对党八股》中明确指出：要向人民群众学习语言，人民的语汇是很丰富的，生动活泼的，表现实际生活的；要从外国语言中吸收我们所需要的成分；还要学习古人语言中有生命的东西。毛泽东认为，学习、吸纳和运用民间的、外国的、古人的语言中有用的东西，能避免语言的枯燥无味，使语言充满生机和活力。当代中国语言生活多姿多彩，各种新的语言形式日新月异，我们需要坚守传统"和而不同"的语言文化理念，既要吸收古代的语言形式，也要吸收外来的语言形式，更要允许各种依托新媒体而产生的新语言形式的存在，让各种语言成分各得其所，各安其位。每种语言要素都有其独特的交际功能和文化价值，是难以被替代的。比如："886、7456、酱紫、有木有"等网络语言，尽管与传统的书面语言有很大差异，但在网络社区交际非常方便,而且有陌生化的审美效果,深得网民喜欢,因此应该认可这是汉语的一种重要的功能变体;"被慈善、非常男女、严重同意"等结构虽然超越了传统语法组合的规则,但其表现力非常强,在特定语境中能收到非常明显的语用效果,因此不可轻易就否定这些新的搭配方式;"NBA、GDP、GPS、PC、ITS"等字母词虽然在形式上与汉语差异巨大,但却有一定的活力,想完全禁绝几乎不可能,诚如李宇明(2013)所说,"不管如何看待字母词,字母词的社会使用谁都无法禁绝,哪怕是用行政命令。古今中外无数事例早已证明,对语言生活的管理'堵'不如'疏',辞书根据自己的特点酌情收录字母词,便是对字母词使用的疏导。"新语言形式的出现是不以任何人的意志为转移的,是适应当代信息化、国际化、文化多元化而产生的,即使是权威的专家学者也没有办法改变这个事实,因为这些新形式确实丰富了汉语的表现力,满足了新时代人们多样化的交际需求。秉持"和而不同"的语言规范观,对这些新的语言形式多一点包容,少一点"规范"或"非规范"的主观定性,符合语言发展的需要,也符合社会生活发展的需要。毕竟语言永远是向前发展的,一些新词语或语法的变异,没必要彻底否定,也没必要过于肯定,而应该由社会语言生活来检验,语言是一个自组织系统,富有表现力的语言形式会沉淀下来,不符合大多数人使用习惯的语言形式会慢慢消失。比如"的士""工商管理"等词语刚开始出现时受到了很多批评,但现在已经完全被接受了;而"给力"在2010年前后红极一时,很多人写文章证明这个词具有可接受性,2012年的《现代汉语词典》(第六版)也收录了这个词,但时至今日,"给力"似乎正在慢慢淡出,其生命力到底如何有待进一步观察。

第二,尊重不同群体的语言使用习惯,构建和谐的语言生活。

语言是人类交际和思维的工具,语言的背后是人。任何社会中的人都不会是整齐划一的,社会是由各色各样的人群构成。世界之所以多姿多彩,恰是因为世界上的人群多种多样。人群的多样性造成了语言表达的多样性和丰富性。李宇明(2012)指出:"时有古今,地有南北,人有三百六十行。不同时空、不同行业的人的语言聚集起来,决定了语言不可能是匀质、纯净的。语言的非匀质性,既说明语言规范的必要性,也说明'语言纯洁观'的不可取。"不同群体的语言使用习惯差别很大,南方人和北方人语言有差异,东部人和西部人语言有差异,老年人和年轻人语言有差异，高学历者和低学历者语言有差异，阅历丰富者和阅历不丰富者语言有差异，专业领域内的人和专业领域外的人语言有差异，网络原住民与网络移民、网络观光客、网络局外人①语言有差异。有人喜欢通用统一的表达方式，有人喜欢地域性的表达方式；有人喜欢正统的表达方式，有人喜欢奇异的表达方式；有人喜欢高雅的表达方式，有人喜欢低俗的表达方式；有人喜欢本土化的表达方式，有人喜欢西洋化的表达方式。当代语言生活之所以丰富多彩，恰是因为多种多样表达方式并存。语言规范工作应该尊重不同群体的语言使用习惯，随意贬低某些群体的语言使用习惯，不利于和谐语言生活乃至和谐社会的构建，其实也于事无补。郭熙（2004）认为，语言权威和语言使用者之间存在种种矛盾。语言权威指控制着或促进语言运动的各种渠道的人，包括语法学家、词典编纂者、语言教师、书刊编辑、语言改革家和语言政策的制定者等等；语言使用者是指使用该语言的人。语言权威和语言使用者之间的矛盾主要表现在对语言使用的态度上。前者总是试图约束或控制后者对语言的运用。他们制定出各种标准要使用者遵循，目的是有利于语言使用者更好地完成交际活动；但使用者在不少情况下似乎并不领情，他们对各种用心良苦的规范表现出置之不理的态度。显然，这是二者不同的语言观所造成的。……除此以外，语言使用者的教育程度、语言素养、社会群体要求等等也决定了他们不可能按照语言权威所设想的模式去使用语言。而更有意思的是，在语言发展的过程中，真正能左右语言的并不是语言权威，而是广大的语言使用者。"和而不同"的语言规范理念就是要尊重不同群体的语言使用习惯，特别是语言规范工作者要尊重某些群体的使用习惯，不管是奇形怪状的网络语言还是"非我族类"的外来词语甚至字母词，都应该受到尊重，少说三道四，少做语言警察，只有这样才能构建和谐的语言生活，也真正有利于保持语言的生机和活力。

"持中"的规范原则与"和而不同"的规范理念相辅相成，不可分割。"中"与"和"在中国传统哲学中相互依存不可分割。《中庸》曰：

---

① 李宇明根据对互联网的依赖程度，把人群划分为四类：一类是网络原住民，是伴随着网络长大的一代人；第二类是网络移民，是伴随着报纸广播电视长大的，但觉得网络很好，就迁移到网络上来了；第三类是网络观光客，有时会到网络上转悠转悠，但还是习惯读报纸、听广播、看电视；第四类是网络局外人，由于缺乏条件基本不上网。（《关注网络原住民（文化世象）》《人民日报》2016年9月15日）。

"喜怒哀乐之未发,谓之中;发而皆中节,谓之和。中也者,天下之大本也;和也者,天下之达道也。致中和,天地位焉,万物育焉。""中"是大本,是天下之根本,是达到"和"的不偏不倚的处事原则和人生态度;"和"是达道,是人们追求的理想目标。"中"是要把握好对事物的适度原则,"和"是要实现异质事物的和谐统一,"中"为体,"和"为用,"中"是实现"和"的方法,"和"是"中"的外显。只有实现了"中和",世间万事才能各安其所,各就其位。在当代语言生活多姿多彩的宏观语境之下,秉持"中和"的语言本体规范观就是不要从构造理据上轻易否定新的语言结构形式,某些搭配方式可能传统上没有,但不等于现在不能有,更不等于以后不会有。如"很中国、非常周末、被慈善"等,不应该轻易否定。譬如"洗个澡""鞠个躬""幽了一默"等表达形式,曾经有人认为是不规范的,但现在都被大家接受了。有的词语形式也许不符合传统的视觉观感,如"1314、9494、GG、BB、OPEC、IQ"等,虽然它们外观上有点标新立异,确实不太适合出现在正式文本中,但不等于就应该完全封杀,它们在特定的交际语境中还是有存在价值的。苏金智(2012)提出"功能互补,和谐共存,各就各位,不错位越位"的文化和谐论,在指导语言本体规范方面有重要的参考价值,不同语言形式都应该有生存空间,它们各有自己的特定功能,相互不可以替代也不能替代。总之,以"中和"的语言本体规范观来审视各种新异的语言现象,实现和谐共存,有利于汉语的丰富和发展,有利于消解各言语社团的对立情绪,有利于构建和谐的语言生活。

三 当代"诚雅"的言语行为规范观

上文所述"中和"观主要是对语言本体规范而言,指不要总是用传统的语言习惯轻易否定某种新的语言形式,但这不等于说各种语言形式可以随意地使用于各种交际语境。语言规范除了语言本体规范之外,还有更重要的言语行为规范。对此,有诸多学者做了相关阐述。周一龙(1996)指出,语言规范和言语规范是两种不同范畴的规范,语言规范是一种静态的规范、工具的规范和构件的规范,而言语规范则是动态的、技能的、整体的规范。语言失范主要表现在错别字、破词和病句等,而言语失范则常能对人起到某种误导作用。从交际效果来看,言语失范对人造成的伤害要大于语言失范所带来的后果。语言失范多数是语言问题,而言语失范则经常要触及社会问题了。王建华（2000）认为，语言文字应用规范应区分不同层面，如语言层面、语用层面和社会层面。语言层面的规范标准主要是"对"与"错"的问题，即语言的结构是否规范，包括语音、词汇、语法、文字、标点符号以及修辞的正确合范或失范。语用层面的规范标准为是否"得体"，即是否符合语用的"合作原则"或者说"目的—意图原则"，包括切合具体语境，选用恰当的语体，采取不同的语用策略等。社会层面的规范标准主要为"是非、善恶与美丑"，要求语言所表达的东西与特定社会的道德建设、精神文明建设、法制建设和审美要求相适应，要求语言文字应用健康、高雅、文明、有美感，限制和清除语言文字应用中的不文明的、低级的、丑恶的现象。社会发展到新的世纪，要求语言文字的注意力投向语用层面的规范和社会层面的规范；同时还要注意避免将语言层面的规范标准误用于其他层面。我们讨论的言语行为规范主要指语言使用是否符合社会的是非美丑标准。

言语行为规范是一个系统的工程，不仅仅涉及语言本身，还涉及到社会诸多层面的问题，事关社会的和谐与稳定，所谓"出言陈辞，身之得失，国之安危也。"（刘向《说苑·善说》）当代言语行为规范应该从低层次和高层次两个视角来考虑，前者是最起码的要求，后者是唯美的价值追求。姚亚平（2006）认为，中国语言伦理观念正在发生从重视最高要求转向重视起码要求的变化。哈佛大学教授傅伟勋认为，中国儒家文化有个问题，就是只提倡人人努力成德成圣的"最高限度的伦理道德"（maximal moralia），漠视"最低限度的伦理道德"（minimal moralia）。西方文化的心理依据是人性恶，强调"最低限度的伦理道德"，要求人人遵守起码的约定俗成的"法律与秩序"，至于"最高限度的伦理道德"则是超越世俗法规的宗教道德之事。中国传统文化的心理依据是人性善，所期望的则是人的最高限度的道德追求，是一种"道德的理想主义"，不预设"最低限度伦理道德"踏板，一下子就要求达到"最高限度的伦理道德"，所谓"六亿神州尽舜尧"。我们认为，在当代生人社会中，应该区分言语行为规范的低层次要求和高层次要求，低层次要求是言语行为的最起码要求，基本标准是致"诚"，即至少要达到"真实无妄、不自欺、不欺人"，高层次要求是言语行为的审美追求，目标是求"雅"，即追求"典雅、淡雅、古雅"，二者合称为"诚雅"的言语行为规范观。

（一）致"诚"：言语行为规范的最低要求

中国传统文化中，"诚"属于哲学的范畴，是天地存在的根本，是不以人的意志为转移的天道，是万物滋生的自然规律，是人安身立命的基础，是一种高尚的道德品质，一种人生态度，一种做人的境界。《中庸》有言："诚者，天之道也；诚之者，人之道也。"朱熹注曰"诚者，真实无妄之谓，天理之本然也。诚之者，未能真实无妄，而欲其真实无妄之谓，人事之当然也。"孟子也提出"诚者，天之道也；思诚者，人之道也。"（《四书章句集注·孟子·离娄上》）可见，在中国传统文化特别是儒家文化中，"诚"，就是真实无妄，这是天下事理的根本，尽量追求真实无妄是人的行为的基本准则。"诚"是天地和谐运行的基础和前提，是万物的根本，也是人的本性，宇宙万物皆生成于"诚"。《中庸》有言："诚者，物之终始。""唯天下至诚，为能尽其性；能尽其性，则能尽人之性；能尽人之性，则能尽物之性；能尽物之性，则可以赞天地之化育；可以赞天地之化育，则可以与天地参矣。"如果天下能够"至诚"，天地之性就能被认知，人性也能被认知和发掘，从而使天地万物运行得更好。"诚"是一种赞化万物的手段，是人之所以为人的基础和开始。后世的诸多理学大儒都强调"诚"在天地万物中的价值。宋朝张载提出"天所以长久不已之道，乃所谓诚。"（《张载集》）程颢提出"诚者天之道。"（《二程集》）朱熹提出"天地之道，可一言而尽，不过曰'诚'而已。"（《四书章句集注》）周敦颐提出"诚，五常之本，百行之源也。"（《周子通书》）清代王夫之亦言"诚者，天之道也。"（《读四书大全说》）"诚"在个人的修身养性过程中也发挥关键性的作用，是提高个体道德水平的一条重要途径。《大学》有言："欲治其国者，先齐其家，欲齐其家者，先修其身。欲修其身者，先正其心。欲正其心者，先诚其意。"（《大学·第一章》）"诚其意"是治国、齐家、修身、正心的前提和基础，是一种道德约束力，是个人待人接物的基本原则，是处世之道，是行事必须遵守的基本道德规范。

"诚"的内涵非常丰富，在孔孟思想体系中是表示"真实无妄、不自欺、不欺人"，也表示"诚信""真诚""实在"等含义，《说文解字》云："诚，信也。"《增韵·清韵》云："诚，无伪也，真也，实也。""诚"适应于社会生活的各个领域，对言语行为规范的指导集中体现为"修辞立其诚"（《乾·文言》）。关于"修辞立其诚"的内涵学界多有论及。朱玲（2004）认为，"诚"包括六方面内容：话语内容符合事实，不胡编乱造；话语内容充实，不花言巧语，言而无物；话语中流露出的情感真诚，反对虚情假意；"诚"为"敬"，映照出言者维护尊卑秩序的戒慎恐惧的心理；"诚"即"成"，通过修辞而立"诚"是居业成功、虽危无咎的前提；真诚的道德修养必然表现于美好的言语行为，美好的言语行为才能成就真诚的道德修养，这就把修辞的焦点引向人的内心世界，同时又把道德修养落实于人的言辞谈吐。姚亚平（2006）认为，"诚"者，"善"也。一个"诚"字，乃是中国语言在作功能评价、道德评价时的最高标准。言辞诚恳，乃是与人为善，它要求的是说话人与听话人的心灵沟通，是说话人心灵与人格的展示。中国语言文明提倡"道""气""情""意""德""行""信"，都是"诚"的派生物，都是"善"的要求。……中国的语言运用的最高追求就是"尽善尽美"，语言研究也以"善""美"作为评价的最高标准。所谓"善"就是修辞活动与所修之辞表现出来的说话人对听话人与对人生的诚意。这种从伦理的角度对运用语言的人提出道德上的规范，一直是中华民族语言文明的一个基本核心。

当代语言生活丰富多彩，显示了社会的活力，另一方面语言生活中的问题也不少，大话、空话、套话、假话、粗话、痞话随处可见，我们提倡"言之以诚"，这是言语行为的最低要求，最起码的要求，"诚"的具体内涵包括如下几方面内容。

第一，诚信：言语真实，不欺诈。

诚信是社会的基本道德观念，是中华传统文化中非常重要的价值观，中华民族一直奉行"言而有信""一诺千金"的诚信准则。两千年前孔子就说过："人而无信，不知其可也。"然而，进入当代社会，道德诚信出现了前所未有的多元、多样、多变的复杂情况，尽管主流是健康进步的，但在某些特定的领域和特定的人群也确实存在诚信缺失的严重问题，诚信危机成为不可回避的现实问题。诚信危机最主要的表现就是讲假话，这种现象在各种商业广告中表现得非常明显，试看 2015 年国家工商总局公布的一些虚假广告，都涉嫌诚信的缺失。

（1）十大传世名画：号称"国宝十绝——中国十大传世名画""由国际收藏家协会监制""限量发行""中国梦文化惠民工程"。

（2）金斗寻宝：号称"中国最有价值的五大文玩投资手串套组""中国第一套最昂贵的红木手串大全""世界前几位的顶级材质""中国第一套正规发行带有国家检测手串套组"。

（3）陈老师泄油瘦身汤：宣称"已经有几万人喝陈老师泄油瘦身汤瘦下来了""不到一个月，一般人都达到理想体重，体重200多斤的，3个月内也能拥有标准的好身材"。①

这些广告的一个共同特点就是讲假话，无中生有，抬高自己的身价，对消费者进行误导。诚信本是公司企业生存发展的最高准则，但今天充斥于商业领域的大量虚假广告严重影响了民众的信任，很多企业因此陷入诚信危机甚至导致最终破产。孙家洲（2008）在提出"诚信"大面积缺失的基本事实后进一步指出，如果"守信用"这一伦理道德的底线被完全突破，影响所及就是国家、民族的信誉问题、形象问题、前途问题。言语诚信问题并不是小事，而是事关国家民族形象的大问题，当代言语行为规范的首要任务是引导全社会恪守言语诚信，不讲假话，不进行言语欺诈。如果人人都能恪守言语诚信，就能优化社会风气，增进人际信任，凝聚社会力量，最终促进社会发展。

第二，真诚：言之有物，不讲空洞套话。

真诚即以诚相见，以诚待人，体现在言语行为中就是讲话要有内容，有一说一，不讲空话套话不着边际不得要点的话。言语真诚言之有物一直是中华民族的一条重要的行为准则，《周易·家人》云："君子以言有物而行有恒。"作为受人尊重的君子就应该言之有物，古人一直在提倡说话写文章要言之有物。言之无物、内容空洞的文章毛泽东称之为党八股。党八股现象自延安整风以后很长一段时间得到了有效的遏制，但近年来似乎有明显反弹的倾向，其中最显著的表现就是程式化的官场语言，很多官员讲话听起来高屋建瓴、冠冕堂皇、言之凿凿，其实根本没有什么内容，基本都是空话套话。有人总结了当今官场语言的一些特点。一是文稿结构的模式化，即文章的小标题按固定的模式组织语言，看起来整齐划一，但其实内容空洞，基本不涉及实质性问题。二是词汇使用抽象而不切实际，大量使用通过"性、感、多、点、不、化、新、力"等类词缀造出的一些看起来很高端但其实抽象空洞的词语，如"紧迫性、自觉性、坚定性、时代性、实践性、全局性"等，其本质是乱造概念、哗众取宠，使听众云里雾里。三是喜欢堆砌辞藻，构成排比句，看起来一气呵成，但其实内

---

① 广告案例出自《2015年十大虚假广告 你见过几个？》，新华网2015年10月8日。

容空洞，泛泛而谈。官场的程式化语言初听起来句句在理，但仔细分析起来则并没有什么实际内容，也不针对任何具体问题，不管在哪种场合面对哪些人和事都这样使用语言，成为一种套路。

这是文风不正的问题，不仅仅存在于官场，只是官场最典型，文风问题广泛存在于社会各行各业之中，专家写论文、记者写新闻、员工写总结、学生写作文等都存在文风问题。中国社科院研究员刘跃进（2016）认为，文风问题由来已久，积弊较深。形式主义、功利主义、庸俗主义的文风表现得比较突出，繁缛、华丽、冗长、沉闷。究其实质，就是背离了实事求是原则，脱离了社会的发展。在学术界，项目体、学位体盛行，穿靴戴帽，堆垛学问。有的作者故作高深，把文章写得晦涩难懂。有的论著或贩卖西方概念，用文法不通的欧化句子唬人，或掉进传统书袋子，专门挑些生僻少见、生拼硬凑的字眼。这类著作通常有个共同的毛病，即大搞繁琐哲学，添枝加叶，看似内容丰富，其实言不及义。结果，懂行的不看，不懂行的看不懂。在文化艺术界，正如习近平总书记在文艺工作座谈会上指出的那样，一些创作，以功利为出发点和最终目标，无病呻吟，缺乏真情实感，为作而作，低水平重复，粗制滥造。还有行政公文，也依然不同程度地存在着"长、空、假"的问题。有些文件洋洋洒洒不着边际，套话官腔连篇累牍，枯燥乏味，死气沉沉。文风问题绝不是个人的小事，而是关系党和国家民族前途和命运的大问题。习近平 2010 年 5 月在中央党校开学典礼的讲话中指出，在一些党政机关文件、一些领导干部讲话、一些理论文章中，文风上存在的问题仍然很突出，主要表现为长、空、假。长，就是有意无意地将文章、讲话添枝加叶，短话长说，看似面面俱到，实则离题万里。空，就是空话、套话多。照抄照搬、移花接木，面孔大同小异，语言上下雷同，没有针对性，既不触及实际问题，也不回答群众关切，如同镜中之花，没味、没用。假，就是夸大其词，言不由衷，虚与委蛇，文过饰非。不顾客观情况，刻意掩盖存在的问题，夸大其词，歌功颂德。堆砌辞藻，词语生涩，让人听不懂、看不懂。

文风不是小事，人们从文风状况中可以判断党的作风，评价党的形象，进而观察党的宗旨的贯彻落实情况。当代言语规范的一项非常重要的内容就是要在全社会提倡真诚的文风，即讲话和写文章要有具体内容，反映实际问题，不要堆砌辞藻而言之无物。习近平提出改进文风要在三个方面下功夫：一是短，力求简短精练、直截了当，要言不烦、意尽言止，观点鲜明、重点突出；二是实，要讲符合实际的话不讲脱离实际的话，讲管用的话不讲虚话，讲有感而发的话不讲无病呻吟的话，讲反映自己判断的话不讲照本宣科的话，讲明白通俗的话不讲故作高深的话；三是新，力求思想深刻、富有新意。这三点意见针对性强，切中要害，是指导构建真诚言语行为规范的纲领性意见。

第三，实诚：言辞朴实，不虚饰浮文。

言语行为的实诚就是说话或写文章要言辞朴实，不要过于夸大化，不要堆砌形容词或其他修饰性词语，特别是不使用极端程度性词语。郭沫若早在1958年就说过，现在有些文章有个毛病，就是爱堆砌形容词，而且总是爱用最高级的形容词。如形容一个人的美，就说"非常非常的美"或"极端极端的美"。在当代语言生活中，使用虚浮的极端性词语很常见，比较常用的词语如"超级、顶级、特级、顶尖、终极、极限、最最最"等，刁晏斌（2011）称之为言语奢华现象，指出这一现象在现代汉语阶段内大规模出现过两次，一次是在"文化大革命"中，另一次是在改革开放以来。并进一步阐述了言语奢华的两种情况，一是好用极限词，二是用词过量、重复堆砌。极限词如"超级巨星、顶级高手、特级氧吧、顶尖品牌、极限考验、极品厨师"等，词语的重复堆砌如"最最可惜、最最热烈、最最耻辱、最最愚妄、最最幸福、最最神奇、最最狐媚、最最新潮、最最疼爱、最最缺乏、最最看重、最最搞笑、最最对不起、最最讨人喜欢、最最催人老、最最西面"等。我们在百度上随机搜索一下"最最最、超级、终极、特级"等词语，其使用次数竟分别高达1亿、1亿、0.831亿、0.633亿，由此可见这些词的使用频率之高。很多商家在给商铺命名时特别喜欢扩大化，大多冠以"XX城""XX中心""总经销""广场""帝国""皇家""皇宫""富豪"等，如"天鹅湖之夜城、红太阳鞋城、红太阳购物广场、天皇星网络城、恒美内衣城、金都娱乐美食不夜城、名豪美发中心、摩登美发中心、合得来休闲中心、又一村休闲中心、道县华盛皮鞋总经销、正宗道县皮鞋总汇、红太阳购物广场、万客隆购物广场、凯撒皇宫、锦都皇冠酒店、富豪酒店、皇太子歌舞厅、宫廷桃酥王、花花王子休闲中心、大富豪形象设计中心、皇家凯歌大剧院"等等，这些店名或者随意扩大化，或者攀龙附凤，或者称羡财富，总之是极尽语言奢华之能事，虽然主要存在于商业、娱乐等领域，但在一定程度上反映了追求虚浮、世俗化、娱乐化的普遍社会心理，这也是人心不古、世风不正的表现。当代言语行为规范的重要内容就是要提倡朴实的言语风格，不故意夸大其词，堆砌辞藻。目前国家相关部门也在进行这方面的努力。2015 年修订的《中华人民共和国广告法》被称为史上最严厉的广告法，其中有条款明确规定，广告不得使用"国家级、最高级、最佳"等用语。2016 年 2 月 15 日，新华社在《新闻阅评动态》第 315 期发表《新华社新闻报道中的禁用词（第一批）》中明确规定了媒体报道中的禁用词，其中社会生活类禁用词包括，产品、商品报道中的"最佳""最好""最著名"等，医药报道中的"疗效最佳""根治"等，药品报道中的"药到病除""最新技术""最高技术""最先进制法""药之王""国家级新药"等，文艺界人士中的"影帝""影后""巨星""天王"等。如果国家权威部门和主流媒体起好带头示范作用，实诚的言语风气就会慢慢在整个社会形成。

第四，德诚：遵守语言公德，避免低俗化。

语言不仅仅是一种交际符号，更是一种文化符号，言语的方式不仅仅影响交际的效果，更传递某种文化水平和道德素养。个人的言语方式体现的是个人的文化素养，《论语》有云："一言以为知，一言以为不知。"（《论语·子张》）就是说，言语行为能反映一个人的道德修养。社会中大多数人的言语方式则体现了社会的整体文化道德状况，是衡量一个社会、一个国家、一个民族整体素质高低的一个重要指标。任何人使用语言其实都不仅仅是个人的事，而是反映了整个社会的精神风貌和道德水平，个人的言语使用方式应该遵守社会的基本语言伦理道德。传统社会中有一套符合"仁义礼智信"的言语行为规范准则，进入近代以来，由于社会转型太快，民众观念改变非常大，在语言使用上出现了某些低俗化的倾向，低级庸俗甚至恶俗下流的语言现象时有所见，这种情况在网络上比较常见。2015 年 6 月，人民网舆情监测室发布《网络低俗语言调查报告》指出，现实生活中的市侩、低俗、恶俗甚至反文化现象常在互联网上出现，一些生活中的污言秽语经由网络变形而广泛传播，网民自我矮化、自我丑化的一些词汇也在网络间疯狂生长。比如，"草泥马""尼玛""艹""我中艸芔茻""装逼""滚粗""屌丝""土肥圆""穷矮矬""绿茶婊"等。对 25 个（组）常用的网络低俗词语进行信息检索发现，2014 年全年，16 个（组）网络低俗用词的原发微博数量达到千万次以上，其中 4 个（组）网络低俗用词的原发微博数量达到了亿次以上。而且一些市场类刊物、文化类报纸甚至党报党刊管理下的都市晨报、都市晚报等纸质媒体也使用了网络低俗语言的标题，如《绿茶婊只是明骚 女汉子才是暗贱》《马年将到"草泥马"给您拜年了》《让明星情侣"撕逼"飞一会》等。互联网作为一种特殊的传媒，尽管不可能完全消除低俗语言现象，但也不应该成为低俗甚至恶俗语言狂欢的场所。诚如《互联网周刊》主编姜奇平（2015）所言："网络表达的一个底线就是，优美达不到，但美还是要的，丑就错了。雅达不到，俗也可以，但低俗就过了。"

  在日常生活中，语言低俗化现象也不少见，大街小巷有些商铺在命名上也出现了低俗化现象。我们调查显示，有些商铺名称喜欢以自贱或辱骂作为其卖点，如"土老帽餐馆""疯子外贸店""傻子菜馆""变态辣鸡翅""狗屎面""孙子烧烤""小兔崽子童装店""妈的酸梅汤""他奶奶个熊""塔玛蒂""衣冠勤售""大瓣烧烤"等。《工人日报》（2008年9月8日）曾刊文《四川：低俗店名过多凸显"短视"》说：四川大量出现"滚龙火锅、烂眼火锅、歪火锅"等故意"挑逗"顾客的含有贬义的店名，因为这几个名称在当地都是含有贬义的称呼。更有甚者，有些商铺名称中竟使用低级下流的词汇，色情倾向非常明显。如"包二奶内衣""迷你魂发廊""柔情按摩室""野花香酒家""销魂夜总会""丈母娘水豆腐""泡二奶（奶茶店）"，三峡在线（www.sxzx.net）搜集的此类店名有"奶子河马店客栈""风流理发店""啃他鸡""名鸡名肉——一身以做鸡为快"等，这些店名虽然吸引眼球，但给人的感觉是黄色、下流、恶心，严重损害了社会精神文明。

  自改革开放特别是21世纪以来，我国出现了文化的大转型，严肃的正统文化和传统审美价值观正被一些人所抛弃，而通俗的大众文化甚至低俗文化正慢慢成为一部分人追逐的时尚，在这一过程中很容易产生一种低级的、琐细的文化。当代言语行为规范的一项重要任务就是引领社会语言生活往积极阳光的方向发展，体现高尚的精神风貌和语言伦理道德。贾康（2016）认为，在一种语言的成分及其发展中，需要把握不同因素的高下之分、雅致与粗鄙之别，形成必要的社会辨识和引导。……一个在社会中安身立命、追求品位之人，毕竟要在语言的运用和选择上总体而言倾向于高雅、优秀、有教养——不妨碍有时要追求有力度，但总应自觉地摈弃粗野、鄙俗和下流——特别是在公众场合。一个社会中必然动态发展的语言风格，往往会受到有影响的领袖人物、明星、专家或时尚潮流中的某些变化因素的语言示范与引领,而我认为值得推崇的这类因素发挥能动作用之方向,应是引导大众辨识美丑,引领文明与品位上升。虽不排除(甚至应追求)"雅俗共赏",但一定要警惕"审丑"式的语言污染。《中华人民共和国国家通用语言文字法》明确规定:"国家通用语言文字的使用应当有利于社会主义物质文明建设和精神文明建设。"2010 年 7 月 23 日,胡锦涛总书记在主持中共中央政治局第 22 次集体学习时强调,我们一定要从战略高度深刻认识文化的重要地位和作用,要精心打造中华民族的文化品牌,要坚持社会主义先进文化前进方向,坚决抵制庸俗、低俗、媚俗之风。党的十八大报告也指出,要弘扬中华优秀传统文化,坚决抵制低俗现象。

总之,言语行为是人类其他社会行为的基础,言语行为既是个人的事,也体现整个社会风貌。社会言语行为的质量高下,影响着人际之间的合作,影响着社会生活的质量,也影响着社会的和谐与稳定。诚如陈汝东(1998)所言,如果一个社会出言不逊、污言秽语等现象充斥,言语不实、言行不一等现象司空见惯,假话、空话比比皆是,诬告、诽谤、诋毁、断章取义、随意曲解等十分普遍,毫无疑问,其社会冲突将十分频繁,人际关系将严重不和,势必会导致社会动乱,因而也难以谈到精神文明与物质文明建设。所谓"乱之所生也,则言语以为阶。"(《周易·系辞》)反之,如果整个社会保持良好的言语交际秩序,人人遵守言语道德,言语文明,这无疑会大大减少社会冲突,促进社会合作,也会提高社会生活和生产的质量、效率,促进社会的精神文明和物质文明建设。海德格尔将语言视为"道",提醒我们要尊重语言与人之法则。人类对大自然的过度开发与破坏,已经造成有目共睹的严重后果。语言之道也不能违背。作为"道"的"本真话语"缺席,道德伦理丧失,假话、大话、空话、套话盛行,这是很严重的。海德格尔一生为之奋斗的正是唤醒并提高人的语言意识,这并不是件可以延缓和无足轻重的小事。敬畏语言,尊重人之法则,就是尊重人自身(叶起昌,2013)。所以在当代文化转型、观念多元的宏观语境之下,言语行为规范的主要内容是尽量避免语言的假、大、空、俗,引领民众说话写文章要真实不欺诈,不讲空洞套话,朴实不虚夸,文明不低俗,构建一种"诚信、真诚、实诚、德诚"的"四诚"言语行为规范观。

(二)求"雅":言语行为规范的高层次要求

"雅"始见于《诗经》。《诗序》云:"故《诗》有六义焉,一曰风,二曰赋，三曰比，四曰兴，五曰雅，六曰颂。""雅"本是六义之一，但作为朝廷的乐歌具有明显教化作用，带有鲜明的政治色彩。《毛诗序》云："言天下之事，形四方之风，谓之雅。雅者，正也。言王政之所废兴也。"东汉郑玄《〈周礼〉注》有云："雅，正也，古今之正者，以为后世法。""雅正"是儒家文化的一个重要的道德理想和文艺批评标准，具有维护封建统治、教化人伦的作用。《论语·述而》曰："子所雅言，《诗》《书》执礼，皆雅言也。"此后，"雅"作为一种艺术风格得到进一步的发展，成为了中国古典美学中的重要范畴，其审美内涵体现了中华民族独特的美学精神。历代文人大都提倡以"雅"为美的文艺创作思想和评判标准。魏晋南北朝时期是我国文艺理论发展的一个高峰时期，其中"雅"就是一个重要的创作范畴。曹丕在《与吴质书》中说："徐干《中论》成一家之言，辞义典雅，足传于后。"可见曹丕是把"辞义典雅"作为最高的审美标准，认为这是作品不朽的重要基础。南朝文学理论家刘勰在《文心雕龙》中将文章分成八种基本风格，其中居于首位的即为"典雅"。"若总其归途，则数穷八体：一曰典雅，二曰远奥，三曰精约，四曰显附，五曰繁缛，六曰壮丽，七曰新奇，八曰轻靡。"（《文心雕龙·体性》）唐代诗人王昌龄曾把诗分为五种"趣向"（即风格），其中"古雅"也是位列第二，"一曰高格，二曰古雅，三曰闲逸，四曰幽深，五曰神仙。"（《诗格》）南宋词人及诗词评论家张炎在其词论专著《词源》中极力提倡"雅正"的审美标准和审美理想，要鄙弃庸俗之作，要追求"古雅"之境，弘扬"雅正"美学风范。南宋诗论家严羽在其《沧浪诗话·诗法》中提出："学诗先除五俗：一曰俗体，二曰俗意，三曰俗句，四曰俗学，五曰俗韵。"明显是去俗求雅的审美追求。纵观中国古代文学理论的发展历程，"求雅"的审美旨趣一直占有很重要的地位，是中国古典美学中一个不可或缺的重要主题，构成东方美学体系中一个重要内容。

"雅"的内涵，随着时代的发展也有所发展。儒家经典中"雅"即为"正"，是古代的成法，可以作为后世的楷模和依据。之后慢慢演绎为文艺理论的范畴，多指文辞严整、语出经典、温柔敦厚的文章风格。刘勰认为，只有以儒家经典为规范，才有典雅之作。《文心雕龙》云："典雅者，熔式经诰，方轨儒门者也。"意为取法经典，依据儒家经典立论。作为文艺理论范畴的"雅"，其传统内涵主要是"古雅""典雅"，在此基础上进一步引申出幽远淡泊的"淡雅""清雅""优雅""风雅""雅致"等多种审美形态甚至生活态度，成为中国古代知识分子灵魂深处一种高尚的生活情趣和价值追求。这种求"雅"思想也是中国古代语言使用规范的基本理念和核心思想，戴昭铭（1998）概括为"雅正"的语言规范观，"雅正"规范观追求的是一种从现实语文生活中提炼而成的理想化的语文标准，具有一种语文审美的倾向，即力求维护一种被认为是正确的、好的、合乎标准的语文形式，它概括和体现了我国古代优良的语文传统。在这一规范理论指导下，中国古代产生了大量堪作后世典范的优秀作品。

"雅"与"俗"相对，一直是中国传统社会中两种不同的文化形态，雅文化更多活跃于殿堂、庙堂与学堂，俗文化则主要受宠于市井、市民与市场，但二者从来都是相伴相生，不可分割，在历史上也一直存在此消彼长的状况，有的时期雅文化占主流，有的时期俗文化会兴起。但不管哪个时期，也不管哪个国家，"雅"总是一种高层次的审美理想和价值目标，它能引领着社会风尚向着积极健康的方向发展。近几十年来，社会语言俗化现象非常普遍，这是当代语言生活主体平民化、草根化的必然结果，也是社会自由开放的表现。诚如王建华（2000）所言，从五四时期到50年代乃至80年代初期，大众的语文观念、语文标准和语文生活很大程度上受到诗人作家们典雅文学语言的影响，受到语言学研究者制定的语言标准的影响，受到知识分子的日常语言实践的影响。奉知识分子创作出来的作品为至范。……到了80年代，在市场经济和民主平等意识的大潮中，普通大众开始普遍重视自身的追求、自我的地位，他们的生活方式和价值判断不断分化和发展，他们的语言观和语言实践远远走出了语言学工作者的视野。在社会大潮中，既需要面对现实，也需要仰望星空，需要有一种高境界的审美追求，需要"雅"的言语行为规范理想。在市井之间，语言的俗化无可厚非，但在庙堂之上，应该使用端庄典雅的语言；闾里市民，俗化的语言更方便交际，但文人雅士，高雅的语言更能显示素养。言语行为的"俗雅"要区分人群和场合，不能全民皆俗，不能全方位皆俗，应该给"雅语"留下一定的时空语境，在特定的时间、特定的空间、特定的人物，必须要坚守"雅语"的操守。但目前社会上出现了本该"雅"却"俗"的言语风格，如，通缉令是一种很严肃的文体，其语言不能俗化、娱乐化，但2012年上海徐汇区发布了一个淘宝体通缉令，把严肃的法律文书视为儿戏，随后福州、烟台等地也跟风使用。内容如下：

（1）上海："亲，被通缉的逃犯们，徐汇公安'清网行动'大优惠开始啦！亲，现在拨打110，就可预订'包运输、包食宿、包就医'优惠套餐，在徐汇自首还可获赠夏季冰饮、编号制服……"

（2）福州："亲，现在起至12月31日止，您拨打24小时免费客服热线110，包全身体检、包吃住，还有许多聚划算优惠套餐……您对此满意吗？满意请给全五分评价噢！！"

"亲，快回家吧！在外吃不好、睡不好，白天不敢出门，晚上怕见警灯，这哪是人过的日子？亲，回来了，警察会听你诉说的。"

（3）烟台："各位在逃的兄弟姐妹，亲！立冬了，天冷了，回家吧，今年过年早，主动投案有政策，私信过来吧。"

淘宝体初见于淘宝网卖家对商品的描述，表述方式亲切、可爱，近年来流行范围较广，成为了一种特定的说话方式。通缉令能使用淘宝体吗？尽管有人觉得淘宝体通缉令很人性，把冰凉的宣传内容变得富有温情，体现了警方的亲民意识。但是，更多的人认为，通缉令体现了国家法制的威严，公安局发表通告是一件很庄严的事情，淘宝体这种娱乐化的表达方式与通缉令的性质背道而驰，与警察的形象也很不相符。时任教育部语信司副司长的田立新在《2011年度中国语言生活状况报告》新闻通气会上表示，像通缉令之类的政府公文不宜用"淘宝体"，需要维护法律的严肃性，司法不应带有更多的娱乐性。中国政法大学教授邹玉华（2012）认为，通缉令是上级发布的缉捕犯罪嫌疑人的命令，这种命令的下达方式必须是一种书面语，不能是口语，其话语往往带有命令的语气，具有庄重严肃的特点。淘宝体通缉令造成了明显的戏谑效果，是用娱乐化的语言消解了法律的权威，模糊了善恶的界限。警方发布淘宝体通缉令是在开自己的玩笑，开法律的玩笑。

在大学校园，近年来也出现了语言表述功能错位的问题，在一些庄重的场合出现了语言表述俗化的现象。比如，大学校长的毕业致辞，本该追求严肃、严谨、庄重、典雅的语言风格，应该多用书面词语，但有少数校长却大量使用网络流行语，把庄严神圣的毕业典礼变成了迎合学生的类似于脱口秀的娱乐舞台。其始作俑是某知名学府的"根叔"，在2010年名为《记忆》的毕业致辞中因大量使用网络语言而走红，其表述方式被称为"根叔体"，之后，模仿者甚众，形成了一股不大不小的风潮。下边列举一段"根叔"毕业致辞的内容：

> 我知道，你们还有一些特别的记忆。你们一定记住了"俯卧撑""躲猫猫""喝开水"，从热闹和愚蠢中，你们记忆了正义；你们记住了"打酱油"和"妈妈喊你回家吃饭"，从麻木和好笑中，你们记忆了责任和良知；你们一定记住了姐的狂放，哥的犀利。未来有一天，或许当年的记忆会让你们问自己，曾经是姐的娱乐，还是哥的寂寞？……

根叔的致辞，自然赢得了无数次掌声和尖叫，因为他一改传统校长在学生心中那高不可攀的威严的形象，塑造了一个非常亲善友好的校长形象，充满了父辈脉脉温情。但我们想说的是，掌声和尖叫之后是什么？大学毕业致辞是大学生最后一次接受大学教育，接受大学的精神洗礼，是大学校长送给大学生最后一次也是最重要的一次精神食粮，学生们会带着校长的嘱托走向社会，创造自己的人生，校长的毕业致辞将成为学生一辈子的精神食粮。参加毕业典礼的学生不需要搞笑，不需要娱乐，他们需要的是受用终生的灵魂力量。"根叔体"明显不符合此情此景。知名学者陈平原（2011）公开批评道：表面看，根叔的演说很生动，贴近年轻人的生活感受；可仔细观察，此乃社论（工作报告）加文艺腔（对偶、排比、夸饰）加网络语言。如此大杂烩，每段话都有特定听众，也都能收获若干掌声，可整篇文章合起来，不成体统，俗不可耐，热闹有余而深邃不足。西安交大教授焦垣生等（2013）认为，纵观"根叔"的演讲，除却加入网络流行语使整个致辞显得很"潮"、很贴近学生生活以外，并没有更深的思想挖掘，也无对自己职责的探讨。学生们为"根叔"鼓掌叫好，是出于对"'根叔'关心学生生活、与学生文化距离很近"的肯定。大学校长的毕业演讲承载了重要的含义。它不仅仅是对毕业生四年大学生涯的总结，更是为其以后的人生做指引。一方面，大学校长对于毕业演讲的需求，绝不仅仅是说几句体己话，归纳一下"你们肯定记得这些事件、这些流行语"就够了的；另一方面，大学校长的致辞也不应如此放低身段，一味地盲目地迎合学生，而使语言在此场合下失却了它应有的价值和尊严。

在当今俗文化大行其道、语言俗化成为潮流的宏观背景之下，需要有一部分人坚守"雅"文化和"雅"的语言风格,以此支撑着社会的核心价值和传统的审美文化。语言的"雅"包括两方面的内容:一是在语言形式上追求庄重典雅精致,不轻浮不肤浅;二是在表达内容上强调人生启迪、道德教化,不能无聊搞笑。我们今天也还有很多人在坚守"雅"语言的操守,比如"感动中国年度人物"颁奖辞。自2002年以来央视推出了感动中国年度人物评选活动,在颁奖晚会上,主持人会介绍获奖人物的事迹,然后通过一段短小的颁奖词做出陈述和评价,以此让大众了解获奖对象的事迹及高尚的人格精神,最终达到教化效果。略举数例如下:

(1) 他是一位真正的耕耘者。当他还是一个乡村教师的时候,已经具有颠覆世界权威的胆识;当他名满天下的时候,却仍然只是专注于田畴,淡泊名利,一介农夫,播撒智慧,收获富足。他毕生的梦想,就是让所有的人远离饥饿。(2004年感动中国年度人物袁隆平)

(2) 他于花甲之年临危受命,远离故土只为续写使命传奇。为了达成和平,他游刃于战火之间,为了挽救生命,他斡旋在死亡边缘。"苟利国家生死以,岂因祸福趋避之"。2004年,这个老人不知疲倦地奔走。前方,是他必赴的使命;身后,是让他骄傲的祖国。(2004年感动中国年度人物孙必干)

(3) 生于忧患,以自强不息成就人生传奇。逝于安乐,用赤诚赢得生前身后名。他有这样的财富观:民族大义高于金钱,赤子之心胜于财富。他有这样的境界:达则兼济天下。(2006年感动中国年度人物霍英东)

(4) 彩云之南的才女,黄土高原上的琼英。携小平手五十八载,硝烟里转战南北,风雨中起落同随。对她爱的人不离不弃,让爱情变成了信念。她的爱向一个民族的崛起,注入了女性的坚定、温暖与挽扶。(2009年感动中国年度人物卓琳)

(5) 离乱中寻觅一张安静的书桌,未曾向洋已经砺就了锋锷。受命之日,寝不安席,当年吴钩,申城淬火,十月出塞,大器初成。一句嘱托,许下了一生;一声巨响,惊诧了世界;一个名字,荡涤了人心。(2014年感动中国年度人物、国家最高科技奖获得者、中国氢弹之父于敏)。

这些颁奖辞用词典雅，如"耕耘、田畴、颠覆、临危受命、游刃、斡旋、忧患、赤诚、赤子、兼济天下、琼英、携手、搀扶、寻觅、锋锷、淬火、荡涤"等都是书卷气息浓厚的词语，能给人一种庄严的神圣感，同时调动多种修辞手法，使语言铿锵有力富有美感。颁奖辞的内容也都是凸显了人物为国家大义、民族振兴所做出的奉献，积极向上，充满了正能量。典雅的语言形式与高尚思想内容的完美结合，使颁奖辞整体上呈现出一种典雅美，能给听众带来灵魂的震动，最终收到有效的教化效果。

总之，"雅"和"俗"在社会语言生活中一直各自扮演着自己的角色，我们从来不否定俗化的语言有特定的交际场合和交际功能，但是，典雅的语言也应该坚守自己的阵地，在一些正式甚至庄严的语境中，应该使用典雅的语言，特别是传统纸媒、权威人士、社会名流、公众人物、专家学者等在"雅语"的使用方面要充分发挥示范和引领作用，学校教育在这方面更要有所作为。

小　　结

讨论语言规范离不开特定的社会文化语境，讨论当代中国的语言规范既离不开中国的传统文化特征，也离不开中国语言规范的历史进程。一般认为，语言规范包括地位规范、本体规范和使用规范三方面。中国古代自有封建王朝开始，就一直在进行语言的地位规范，这个工作到清末民初基本完成，确立了以北方方言作为现代汉民族共同语的基础方言。汉语的本体规范工作随着地位规范一直在零星进行，但大规模的本体规范工作则肇始于清末民初，基本完成于20世纪五六十年代，至此汉语的语音、词汇、语法的规范标准基本确定下来。

当代的本体规范工作主要是对已有规范进行必要的、局部的、与时俱进的补充修正。语言永远是发展的，新的要素也不断出现，旧的要素也会不断发生变化，对这种变化的态度就是语言规范观。我们立足中国传统文化，提出"中和"的语言本体规范观，"中"即"中庸"，"和"即"和谐"。"中和"的语言本体规范观包括"持中"的规范原则与"和而不同"的规范理念。

当代语言规范的一项重要任务是进行言语行为的规范，因为当代社会生活的特征导致了传统的语言伦理发生了很大的变化。我们认为，在当代生人社会中，应该区分言语行为规范的低层次要求和高层次要求，低层次要求是言语行为的最起码要求，基本标准是致"诚"，即至少要达到"真实无妄、不自欺、不欺人"，高层次要求是言语行为的审美追求，目标是求"雅"，即追求"典雅、淡雅、古雅"，合称为"诚雅"的言语行为规范观。致"诚"的低层次言语行为规范包括诚信、真诚、实诚、德诚四方面内容。求"雅"的高层次言语行为规范包括两方面的内容：一是在语言形式上追求庄重典雅精致，不轻浮不肤浅；二是在表达内容上强调人生启迪、道德教化，不能无聊搞笑。在当今俗文化大行其道、语言俗化成为潮流的宏观背景之下，需要有一部分人坚守"雅"文化和"雅"的语言风格，以此支撑着社会的核心价值和传统的审美文化。

参考文献

1. 著作

曹炜:《现代汉语词义学》,北京大学出版社 2004 年版。
陈建民:《中国语言和中国社会》,广东教育出版社 2001 年版。
陈原:《社会语言学》,学林出版社 1983 年版。
陈章太:《语言规划研究》,商务印书馆 2005 年版。
戴昭铭:《规范语言学探索》,上海三联书店 2003 年版。
冯胜利:《汉语的韵律、词语与句法》,北京大学出版社 2009 年版。
葛本仪:《现代汉语词汇学》,山东人民出版社 2001 年版。
郭龙生:《中国当代语言规划的理论与实践》,广东教育出版社 2008 年版。
郭熙:《中国社会语言学》,浙江大学出版社 2004 年版。
费孝通:《乡土中国　生育制度》,北京大学出版社 1998 年版。
冯友兰:《中国现代哲学史》,广东人民出版社 1999 年版。
韩林合:《维特根斯坦哲学之路》,云南大学出版社 1996 年版。
何伟渔:《热词——采摘语言的鲜果》,上海锦绣文章出版社 2009 年版。
胡裕树:《现代汉语》,上海教育出版社 1995 年版。
黄侃:《黄侃论学杂著》,上海古籍出版社 1980 年版。
江蓝生:《近代汉语研究新论》,商务印书馆 2008 年版。
教育部语言文字信息管理司:《中国语言生活状况报告》,商务印书馆 2005—2011 年版。
黎锦熙:《国语运动史纲》,商务印书馆 1934 年版。
李如龙、苏新春:《词汇学理论与实践》,商务印书馆 2001 年版。

李宇明：《中国语言规划论》，商务印书馆 2010 年版。

李宇明：《中国语言规划续论》，商务印书馆 2010 年版。

李宇明：《中国语言规划三论》，商务印书馆 2015 年版。

李宇明、费锦昌：《汉字规范百家谈》，商务印书馆 2004 年版。

刘禀诚、聂桂兰：《汉语新词语构造理据研究》，江西人民出版社 2009 年版。

刘兴策：《语言规范精要》，华中师范大学出版社 1999 年版。

陆俭明：《八十年代中国语法研究》，商务印书馆 1993 年版。

鲁枢元：《文学与语言学》，学林出版社 2011 年版。

罗常培、吕叔湘：《现代汉语规范问题》，上海人民出版社 1998 年版。

吕叔湘：《汉语语法分析问题》，商务印书馆 1979 年版。

濮侃：《辞格比较》，安徽教育出版社 1989 年版。

濮之珍：《中国语言学史》，上海古籍出版社 1987 年版。

全国人大教科文卫委员会教育室、教育部语言文字应用管理司：《〈中华人民共和国国家通用语言文字法〉学习读本》，语文出版社 2001 年版。

任学良：《汉语造词法》，中国社会科学出版社 1981 年版。

沈善洪：《蔡元培选集》，浙江教育出版社 1992 年版。

申小龙：《汉语人文精神》，辽宁教育出版社 1990 年版。

史灿方、孙曼均：《语言规范与语言应用探索》，南京大学出版社 2008 年版。

施春宏：《语言在交际中规范》，中国经济出版社 2005 年版。

苏培成：《当代中国的语文改革和语文规范》，商务印书馆 2010 年版。

苏新春：《词汇计量及实现》，商务印书馆 2010 年版。

苏向红：《当代汉语词语模研究》，浙江大学出版社 2010 年版。

王尔敏：《近代文化生态及其变迁》，百花洲文艺出版社 2002 年版。

王建华：《21 世纪语言文字应用规范论析》，浙江教育出版社 2000 年版。

王力：《中国语法理论》（《王力文集》第一卷），山东教育出版社 1984 年版。

文字改革出版社：《清末文字改革文集》，文字改革出版社 1958 年版。

吴启主：《现代汉语教程》，湖南师范大学出版社 1990 年版。

吴弘毅：《广播电视语言文字规范化研究》，中国广播电视出版社 2007 年版。

邢福义：《汉语语法学》，东北师范大学出版社 1996 年版。

邢福义：《邢福义学术论著选》，华中师范大学出版社 2003 年版。

杨小平：《当代汉语新词新语研究》，中国社会科学出版社 2012 年版。

杨振兰：《新时期汉语新词语语义研究》，齐鲁书社 2009 年版。

姚汉铭：《新词语·社会·文化》，上海辞书出版社 1998 年版。

姚亚平：《中国语言规划研究》，商务印书馆 2006 年版。

云贵彬：《语言学名家讲座》，中国传媒大学出版社 2006 年版。

叶起昌：《语言之社会规范说与自然说》，北京大学出版社 2013 年版。

于根元：《二十世纪的中国语言应用研究》，书海出版社 1996 年版。

于根元：《中国网络语言词典》，中国经济出版社 2001 年版。

于根元：《应用语言学前沿问题》，中国经济出版社 2006 年版。

张斌：《新编现代汉语》，复旦大学出版社 2005 年版。

张冰：《陌生化诗学——俄国形式主义研究》，北京师范大学出版社 2003 年版。

张岱年、方克立：《中国文化概论》，北京大学出版社 2004 年版。

张西平、柳若梅：《世界主要国家语言推广政策概览》，外语教学与研究出版社 2008 年版。

张小平：《当代汉语词汇发展变化研究》，齐鲁书社 2008 年版。

张再兴：《汉字的功能》，大象出版社 2007 年版。

周洪波等：《新华新词语词典》，商务印书馆 2003 年版。

周荐：《2006 汉语新词语》，商务印书馆 2007 年版。

周荐、杨世铁：《汉语词汇研究百年史》，外语教学与研究出版社 2006 年版。

周有光：《中国语文纵横谈》，人民教育出版社 1992 年版。

周有光：《周有光语言学论文集》，商务印书馆 2004 年版。

周有光：《汉语拼音　文化津梁》，生活·读书·新知三联书店 2007 年版。

周有光：《中国语文的时代演进》，人民文学出版社 2009 年版。

周有光：《我的人生故事》，当代中国出版社 2013 年版。

朱德熙：《语法讲义》，商务印书馆 1982 年版。

资中勇：《语言规划》，上海大学出版社 2008 年版。

宗守云：《新词语的立体透视》，广西师范大学出版社 2007 年版。

2. 译著

洪堡特：《洪堡特语言哲学集》，姚小平编译，湖南教育出版社 2001 年版。

克里斯蒂娜·科尔斯戈德：《规范性的来源》，杨顺利译，上海译文出版社 2010 年版。

罗素：《伦理学和政治学中的人类社会》，肖魏译，河北教育出版社 2003 年版。

萨丕尔：《语言论》，陆韦元译，商务印书馆 1985 年版。

苏·赖特：《语言政策与语言规划——从民族主义到全球化》，陈新仁译，商务印书馆 2012 年版。

索绪尔：《普通语言学教程》，高名凯译，商务印书馆 1980 年版。

赵元任：《什么是正确的汉语》，叶蜚声译，中国社会科学出版社 1985 年版。

3. 会议报告、论文集

胡绳：《在〈现代汉语词典〉学术研讨会上的发言》，《〈现代汉语词典〉学术研讨会论文集》，商务印书馆 2004 年版。

田小琳：《现代汉语词汇的开放性和包容性》，《第三届全国语言文字应用学术研讨会论文集》，香港科技大学出版社 2004 年版。

4. 期刊论文

晁继周：《语言规范、辞书编纂与社会语言生活》，《辞书研究》2005 年第 6 期。

陈昌来、朱艳霞：《说流行语"X 党"——兼论指人语素的类词缀化》,《当代修辞学》2010 年第 3 期。

陈汝东:《论言语道德》,《北京大学学报（哲社版）》1998 年第 1 期。

陈原:《变异和规范化》,《语文建设》1987 年第 4 期。

陈原:《关于新词语的随想》,《语文建设》1997 年第 3 期。

陈原:《关于新语条的出现及其社会意义》,《语言研究》1984 年第 2 期。

陈章太:《语言生活调查刍议》,《语言文字应用》1994 年第 2 期。

陈章太:《普通话词汇规范问题》,《中国语文》1996 年第 3 期。

陈章太:《论语言规划的基本原则》,《语言科学》2005 年第 2 期。

陈章太、谢俊英:《语言文字工作稳步发展的 60 年》,《语言文字应用》2009 年第 4 期。

陈章太:《关注中国语言生活》,《北华大学学报（社会科学版）》2011 年第 5 期。

崔丽红:《韩国的语言政策与国家意识探析》,《云南师范大学学报（哲社版）》2012 年第 3 期。

刁晏斌:《论当今的言语奢华现象》,《平顶山学院学报》2011 年第 1 期。

丁崇明:《语言变异与规范》,《北京师范大学学报（人社版）》2002 年第 6 期。

段业辉、刘树昇:《权威媒体字母词使用状况的调查与分析》,《语言文字应用》2014 年第 1 期。

付义荣:《漫谈"族"尾词》,《集美大学学报·哲社版》2009 年第 1 期。

高万云:《语言规范的整体性原则》,《语文建设》1998 年第 10 期。

耿云志:《近代中国的文化转型：问题与趋向》,《广东社会科学》2008 年第 3 期。

龚海燕:《论新世纪中国文学语言意识的变化》,《探索与争鸣》2009 年第 12 期。

龚千炎、周洪波、郭龙生:《发展链：语言规范的本质》,《语文建设》1991 年第 5 期。

顾设:《语言规范琐议》,《语文建设》1987 年第 2 期。

郭熙：《字母词规范设想》，《辞书研究》2005年第4期。

韩晨宇：《汉语三音节新词语与类词缀的发展初探》，《北京广播电视大学学报》2007年第3期。

何自然：《语言中的模因》，《语言科学》2005年第6期。

何自然：《语言模因及其修辞效应》，《外语学刊》2008年第1期。

黄佑源：《语言规范标准漫议》，《语言文字应用》1996年第2期。

侯敏：《关于新词和生造词的判定标准问题》，《语文建设》1988年第2期。

侯敏：《2010年度新词语解读》，《语言文字应用》2011年第4期。

侯敏、滕永林：《字母词使用六十年》，《语言战略研究》2016年第3期。

胡丽珍：《"奴"族新词语透视》，《五邑大学学报（社科版）》2008年第3期。

贾康：《我所感受的语言与语言生活》，《语言战略研究》2016年第2期。

江蓝生：《汉语词语书写形式的革新》，《中国社会语言学》2012年第2期。

焦垣生、魏炜、刘雯：《"根叔式"演讲对汉语规范的解构及对社会网络联系的建构》，《西安交通大学学报（社科版）》2013年第5期。

李爱萍：《中国目前的主要民生问题及其解决措施》，《求实》2010年第2期。

李葆嘉：《论明清官话的市民社会内涵》，《南京社会科学》1995年第4期。

李建国：《新词新语研究与辞书编纂》，《辞书研究》1996年第3期。

李行健：《词汇规范和对外汉语教学》，《语言教学与研究》1987年第4期。

李行健：《从语言发展和社会心理看某些词语的规范问题》，《语文建设》1987年第5期。

李宇明：《语言生活与语言生活研究》，《语言战略研究》2016年第3期。

林纲：《网络新闻语言与话语权变迁》，《社会科学家》2009年第11期。

刘楚群、龚韶：《词语族构造理据及规范问题分析》，《语言文字应用》2010 年第 2 期。

刘楚群、肖丹青《大学生对流行语的知晓度、理解度调查与分析》，《河池学院学报》2011 年第 4 期。

刘楚群：《"家庭煮夫"的前世今生》，《语文建设》2011 年第 6 期。

刘楚群：《近年新词语的三音节倾向及其理据分析》，《汉语学报》2012 年第 3 期。

刘楚群：《当代语境下城市和谐语言生活的构建》，《城市发展研究》2013 年第 1 期。

刘楚群：《"别解"造词理据及规范问题分析》，《江西师范大学学报（哲社版）》2013 年第 6 期。

刘楚群：《语言文字规范理念的若干思索》，《中国社会语言学》2014 年第 1 期。

刘楚群：《文化转型语境下语言文字规范纷争探析》，《中国社会科学院研究生院学报》2014 年第 4 期。

刘楚群：《新兴亲属义类词缀探究》，《江西师范大学学报（哲社版）》2016 年第 6 期。

刘楚群：《当今语言规范观：中和诚雅》，《江西师范大学学报（哲社版）》2019 年第 6 期。

刘福长：《规定性与描写性：孰为语言规范的根据?》，《语文建设》1993 年第 3 期。

刘福根：《传统语言文字规范理论与实践初探》，《语文研究》2000 年第 2 期。

刘叔新：《现代汉语词汇规范的标准问题》，《语文建设》1995 年第 11 期。

刘一玲：《大姐、小姐、姐和嫂》，《语文建设》1996 年第 3 期。

刘涌泉：《谈谈字母词》，《语文建设》1994 年第 10 期。

陆洋：《语言的规范与异化》，《现代传播》1999 年第 6 期。

吕叔湘：《大家来关心新词新义》，《辞书研究》1984 年第 3 期。

马庆株：《现代汉语词缀的性质、范围和分类》，《中国语言学报》1995 年第 6 期。

眸子：《语言生活与精神文明》，《语文建设》1997 年第 1 期。

裴文：《规范的语言和言语的规范》，《江苏社会科学》2001 年第 3 期。

齐沪扬、邵洪亮：《新词语可接受度的多角度审视——兼谈新词语的规范问题》，《上海师范大学学报·哲社版》2008 年第 2 期。

钱乃荣：《语言规范和社会发展》，《语文建设》1998 年第 12 期。

钱逊《"和"——万物各得其所》，《清华大学学报（哲社版）》2001 年第 5 期。

邱雪玫、李葆嘉《论当代汉语新词的词音结构多音节化》，《语言文字应用》2011 年第 1 期。

任建涛：《现代性、历史断裂与中国社会文化转型》，《厦门大学学报（哲社版）》2001 年第 1 期。

沈怀兴：《汉语词汇规范化问题的思考》，《语言文字应用》1998 年第 2 期。

施春宏：《语言规范化的基本原则及策略》，《汉语学报》2009 年第 2 期。

宋培杰：《浅析"亲属称谓名词"的类词缀化及构成新词的特点》，《语言研究》2002 特刊。

苏宝荣：《树立辩证的规范观，妥善处理语言文字规范的相关问题——再谈语文辞书规范的原则与方式》，《辞书研究》2005 年第 2 期。

苏金智：《"五四"的语言观及其现实意义》，《语文建设》1989 年第 2 期。

苏金智：《语言文字的传播与规范》，《语文建设》1993 年第 1 期。

苏金智：《论当前汉语外来词规范的原则》，《辞书研究》2002 年第 3 期。

苏金智：《文化和谐论》，《云南师范大学学报（哲社版）》2012 年第 3 期。

苏培成：《谈汉语文里字母词的使用和规范》，《中国语文》2012 年第 6 期。

孙家洲：《国学视野中的"诚信"问题》，《南都学坛（人文社会科学学报）》2008 年第 6 期。

王海燕：《新近文学中的调侃及其审美》，《江淮论坛》1992 年第 5 期。

王均：《网络时代的语言生活和语言教育》，《语文建设》2000年第10期。

王理嘉：《国语运动与汉语规范化运动》，《云南师范大学学报（哲社版）》2011年第6期。

王洪君、富丽：《试论现代汉语的类词缀》，《语言科学》2005年第5期。

王宁：《再论汉字规范的科学性与社会性》，《语言文字应用》2006年第1期。

王培光：《语感与语言规范》，《语言文字应用》1998年第4期。

王铁昆：《新词新语的规范问题》，《天津师大学报》1989年第2期。

王铁昆：《试论〈国家通用语言文字法〉颁行的意义及其特色》，《语文研究》2001年第4期。

王希杰：《语言的规范化和言语的得体性》，《语言教学与研究》1998年第1期。

魏丹：《语言文字法制建设——我国语言规划的重要实践》，《北华大学学报（社会科学版）》2010年第3期。

谢俊英：《新词语与时尚词语社会知晓度调查与分析》，《语言文字应用》2001年第1期。

辛斌：《当代语言研究中的游戏观》，《外语教学与研究（外国语文双月刊）》2003年第9期。

邢福义：《新词语的监测与搜获》，《语文研究》2007年第2期。

邢福义：《关注语言生活，做好语言研究》，《北华大学学报（社科版）》2011年第5期。

徐炳昌：《语言运用的辩证法》，《扬州大学学报（人社版）》1986年第1期。

许嘉璐：《关于语言文字规范问题的若干思考》，《语言文字应用》1998年第4期。

薛富兴：《文化转型与当代审美》，《文艺研究》2001年第3期。

扬·布鲁马特、高一虹、沙克·科霍恩：《探索全球化的社会语言学：中国情境的"移动性"》，《语言教学与研究》2011年第6期。

姚汉铭：《论新词语的文化分布、产生途径及成因》，《曲靖师专学报》1990年第4期。

姚汉铭:《试论新词语与规范化》,《语言教学与研究》1995年第1期。

姚喜双:《大力推广和规范使用国家通用语言文字》,《语言文字应用》2012年第2期。

于根元:《新词新语和语言规范》,《语文建设》1995年第9期。

于根元:《语言是开放的梯形结构》,《汉语学报》2005年第2期。

于根元、王铁琨、孙述学:《新词新语规范基本原则》,《语言文字应用》2003年第1期。

詹伯慧:《再论语言规范与语言应用》,《语言教学与研究》1999年第3期。

张斌:《话语新词规范化》,《咬文嚼字》2003年第10期。

张德鑫:《"水至清则无鱼"——我的新生词语规范观》,《北京大学学报》2000年第5期。

张弥:《中国特色社会主义民生理论的几个问题》,《科学社会主义》2009年第6期。

赵怀印:《词汇规范化应具有层次观念》,《语文建设》1993年第4期。

赵丽娜、沈向荣:《流行语的特点及语言学、心理学解释》,《江西科技师范学院学报》2007年第1期。

赵秋野:《俄罗斯哲学家施别特对洪堡特语言意识观的阐释》,《俄罗斯文艺》2012年第2期。

赵守辉、张东波:《语言规划的国际化趋势：一个语言传播与竞争的新领域》,《外国语》2012年第4期。

郑远汉:《语言规范和言语规范》,《励耘学刊》2006年第1期。

郑远汉:《有关语言规范的几个问题》,《语言文字应用》2007年第3期。

朱玲:《"修辞立其诚"——中国早期修辞理论的核心》《福建师范大学学报(哲社版)》2004年第6期。

祝玉深:《日语文字体系的宽容性与日本的国际化》,《哈尔滨工业大学学报(社科版)》2008年第3期。

周清海:《论全球化环境下华语的规范问题》,《语言教学与研究》2007年第4期。

周洪波：《修辞现象的词汇化》，《语言文字应用》1994年第1期。

周健：《当前使用字母词的几个问题》，《语文建设》2001年第2期。

周明朗：《语言意识形态和语言秩序：全球化与美中两国的多语（教育）战略》，《暨南学报（哲社版）》2009年第1期。

周一龙：《语言规范与言语规范》，《语言文字应用》1996年第3期。

邹韶华：《论语言规范的理性原则和习性原则》，《语言文字应用》2004年第1期。

Haugen：《语言学与语言规划》，林书武译，《国外语言学》1984年第3期。

A. Bamgbose, Language Norms. Preprints of The Plenary Session Papers, XIVth International Congress of Linguists, Berlin, 1987.

Crystal, David: A Dictionary of Linguisties and Phoneties. Oxford: Basil Blackwell Ltd, 1981.

Haugen, E. Planning for a Standard Language in Modern Norway, in Anthropological Linguistics, 1959.

后　　记

本书是国家社科基金 2013 年度一般项目"新词语规范及科学语言规范观研究"的成果，并获国家语委"十三五"科研规划 2019 年度后期资助项目的支持。

本项研究在我的学术生涯中具有非常重要的转折意义。我 1999 年考入广西师范大学中文系攻读硕士学位，师从范先钢先生。范老师是邢福义先生的弟子，专事语法研究，我跟随范老师自然也是做语法研究。在范老师的悉心调教之下，我慢慢学会了语法研究的基本思路和方法，培养了一定的语法研究能力，自认为对语言事实有比较好的学术感悟能力。我的硕士学位论文是《论形容词的动态性》，学位论文答辩主席是邵敬敏教授，邵老师对我的论文评价非常高，说我的论文不但内容不错，而且行文非常流畅，语言学的硕士论文能写得如此流畅很不容易。邵老师的评价对我从事学术研究鼓舞非常大，使我看到了自己的某些优势，此后我一直以老师之礼待邵老师，邵老师也一直关注关心我的成长。硕士毕业之后，我有幸考入了华中师范大学语言研究所攻读博士学位，加入了桂子山的语言学团队，师从汪国胜先生，也接受了邢福义先生的指导。沐浴在华中师范大学这个语法研究的重镇，我自然是做语法研究，博士学位论文是《动趋式"V 起来"的入句研究》。在华师的三年，接受了非常专业的语法研究训练，慢慢成长为一名真正意义上的语法研究工作者，博士毕业之后的最初几年一直从事语法研究，也发表了一些研究成果。

时间在缓缓地流逝，我作为一位高校教师，按部就班地教书育人做研究，并无多少波澜。在和学生交流过程中，发现了新词语和网络语言是非常有研究价值的语言原材料，而且取之不尽用之不竭，所以就撰写了几篇相关论文，之后对这些问题产生了越来越浓厚的兴趣。2012 年申报国家社科基金时，我立足语言规范这个视角，报了"新词语规范及科学语言规范观研究"，最终成功获批。经过 4 年的研究，2017 年课题结项，2019 年对结项成果进行进一步的深化研究，并申报国家语委的后期资助项目，最终也成功获批。2013 年至 2014 年，我有幸进入北京语言大学博士后科研流动站、教育部语言文字应用研究所博士后科研工作站从事博士后科研工作，师从李宇明先生和苏金智先生，我的研究视角慢慢转向语言生活、社会语言学。博士后期间主要从事两方面的研究，一是语言规范，二是老年人语言研究。本书属于语言规范的范畴，大部分内容都是在博士后期间完成的。我的博士后出站报告是《老年人口语非流利现象研究》，有关老年人语言的研究国内基本上还处在起步阶段，我的此项研究在学术上具有一定的领先性，产生了较好的学术反响，2017 年我以"老年人口语词汇产出及其衰老关联度研究"申报国家社科项目，2018 年成功获批为国家社科重点项目。

　　本书首先回顾了中国现代语言规范的历史进程，然后分析了当代新词语规范论争的表现及其深层文化原因，再深入阐述了新词语的造词效能和社会效益，最终构建了适应当代文化语境的"中和诚雅"语言规范观。本书的内容获得了国家社科结项评审专家的较好评价，特别是"中和诚雅"语言规范观的构建得到了普遍认可，下边摘录五位评审专家的定性评价意见："该成果在对大量新词语作构造理据及社会传播效应具体分析的基础上，构建了'中和诚雅'的当代语言规范观，具有创新性和科学性，对当代语言规范系统研究具有较深入的理论价值和应用价值。""该成果在理论研究方面，提出了'中和诚雅'的当代语言规范观，这是在前人基础上提炼出的新的科学语言规范观，具有较强的创新性，也是其突出的理论建树。""从应用价值上看，本课题对新词语规范原理的设想，特别是'中和诚雅'原理的提出，对今后新词语的具体规范具有较好的指导作用。""书中对新词语材料的分析较为细致，条理比较清楚。第六章阐述语言规范的当代新语境和语言规范的当代理念，提出'中和诚雅'的当代语言规范观。在分析论述中有一些个人的新见解，对于汉语词汇规范具有一定的参考价值。""此项成果对新词语的造词效能、社会效益的考察比较细致，内容丰富，对当代语言规范观的阐释也很有参考价值。"

　　本项研究之所以能取得比较好的成果，除了得益于李宇明老师和苏金智老师的悉心指导外，也得益于北京语言大学和教育部语用所这两个高端科研平台，这两个平台给我提供了大量的学术交流机会，特别是和高端专家交流的机会，大大拓宽了我的学术视野，我的很多思想火花和学术观点都来源于与顶级专家的直接交流，陈章太、傅永和、张旺熹、赵世举、郭熙、魏辉、侯敏、张维佳、郭龙生、施春宏、陈双新……这是一串列不完的很长的名字。李宇明老师和苏金智老师两个师门的很多同学也对我的研究提供过各种帮助。衷心感谢所有给予我指导帮助的各位专家学者以及兄弟姐妹。

语言文字规范问题由来已久且一直存在，从来就不仅仅是个人的小事，而是关系国家和谐稳定统一的大事，所谓"出言陈辞，身之得失，国之安危也"。不同时代语言文字规范的需求和矛盾有所差别，在当代文化多元、传媒发达、语言生活多样的背景之下，规范问题尤其复杂多变，一旦处理不当可能会导致思想的混乱甚至社会的动荡，所以绝不可以等闲视之。

语言文字规范永远在路上，愿我们提出的"中和诚雅"语言规范观对处理当代语言文字规范问题有所裨益。

刘楚群

2019 年 12 月 30 日